Naufrágios & Comentários

Leituras afins na Coleção **L&PM** POCKET:

Brasil: Terra à vista – Eduardo Bueno
A carta de Pero Vaz de Caminha
A conquista do México – Hernan Cortez
Os conquistadores – Júlio Verne
Diários da descoberta da América – Cristóvão Colombo
O livro das maravilhas – Marco Polo
O paraíso destruído – Frei Bartolomé de las Casas
Primeira viagem ao redor do mundo – Antonio Pigafetta

CABEZA DE VACA
ÁLVAR NÚÑEZ

Naufrágios & Comentários

Tradução de JURANDIR SOARES DOS SANTOS

www.lpm.com.br

L&PM POCKET

Coleção **L&PM** POCKET, vol. 155

Este livro teve sua primeira edição pela L&PM Editores, em abril 1987, no formato 14x21cm.
Primeira edição na Coleção **L&PM** POCKET: janeiro 1999

Capa: Marco Cena
Tradução: Jurandir Soares dos Santos
Tradução da introdução: Bettina Gertum Becker
Revisão: Delza Menin e Renato Deitos

ISBN 978-85-254-0953-9

C114n   Cabeza de Vaca, 1492-?   Pseud.
         Naufrágios & comentários / Álvar Núñez; tradução
    de Jurandir Soares dos Santos – 2 ed. – Porto Alegre:
    L&PM, 2009.
         240 p.; 18 cm – (Coleção L&PM POCKET)

    1. Expedições e conquistas. 2. Núñez, Álvar, 1492-?.
    I. Título. II. Série.
                                            CDD 910.4"1528"

Catalogação elaborada por Izabel A. Merlo, CRB 10/329.

© L&PM Editores, 1999

Todos os direitos desta edição reservados a L&PM Editores
Rua Comendador Coruja 314, loja 9 – Floresta – 90220-180
Porto Alegre – RS – Brasil / Fone: 51.3225.5777

Pedidos & Depto. comercial: vendas@lpm.com.br
Fale conosco: info@lpm.com.br
www.lpm.com.br

Impresso no Brasil

Sumário

APRESENTAÇÃO
Jornada em busca da iluminação 9

INTRODUÇÃO
Cabeza de Vaca e a utopia plausível 14
Notas 25

NÁUFRÁGIOS
Capítulo I – Da Espanha à Flórida, em busca de
   Apalache 29
Capítulo II – O fim da expedição 39
Capítulo III – Da ilha do Mau Fado à fuga para o
   deserto 57
Capítulo IV – Reencontro com a civilização 92
Capítulo V – O que aconteceu aos demais que
   entraram nas Índias 101
Notas 104

COMENTÁRIOS
Capítulo I – A pé, de Santa Catarina ao Paraguai 111
Capítulo II – Chegada à cidade de Ascensión 128
Capítulo III – Guerra e paz com os indígenas 147
Capítulo IV – Cabeza de Vaca explora o Chaco e
   o Pantanal 163
Capítulo V – Governador chega a Ascensión e é
   preso 205
Notas 227

CABEZA DE VACA

APRESENTAÇÃO

Jornada em busca da iluminação

Henry Miller

Desde minha jornada através do *Pesadelo Refrigerado**, tenho permanecido obcecado pela idéia de que a maior desgraça já imposta ao homem branco aconteceu neste continente. Mesmo quando criança, ficava impressionado com a história de que os índios haviam recebido os primeiros brancos como deuses. Mais tarde, já adulto, e particularmente como americano, não havia nada relacionado à desumanidade do homem com seu semelhante que me entristecesse mais do que o vergonhoso registro de nossas relações com os índios. Passei então a considerar essa fase da nossa história de outra maneira, de uma maneira ainda mais triste. Vi a recusa do homem branco em representar o papel que era esperado dele como uma oportunidade perdida – uma oportunidade de fato, e que talvez jamais lhe seja dada novamente.

Então surgiu a história de Cabeza de Vaca, dos milagres que realizou, não apenas para si mesmo como para outros. Foi o primeiro momento glorioso que encontrei na legenda sangrenta criada pelos conquistadores. Devo acrescentar que, na verdade, trata-se de um período glorioso para a história do homem como um todo porque De Vaca, num determinado momento, deixa de ser um personagem histórico e se

---

* Depois de dez anos como um expatriado na Europa, Henry Miller retornou aos Estados Unidos em 1939. Decidiu então viajar de carro pelo país. O relato cáustico e inconformado dessa viagem foi publicado em 1945, sob o título de *Air-Conditioned Nightmare,* que é a maneira como Miller define seu país. (N.E.)

torna um símbolo. É esta visão da jornada que me faz preferir seu relato ao de outros. Qualquer análise mais profunda deste livro eleva seu drama a um plano que pode ser comparado a outros eventos espirituais na cadeia dos esforços incessantes do homem em busca da autolibertação.

Para mim, a importância deste registro histórico não está no fato de que De Vaca e seus homens foram os primeiros europeus a atravessar o continente americano, que abriram caminhos que outros exploradores seguiram, ou que suas peregrinações provaram a existência de uma massa de terra de proporções continentais ao norte da Nova Espanha, ou mesmo porque, com seus inflamados protestos, De Vaca fez terminar – ainda que momentaneamente – as bárbaras capturas de escravos naquela região; mas sim porque, em meio a suas provações, depois de anos de infrutíferas e amargas peregrinações, um homem que já havia sido um guerreiro e um conquistador, fosse capaz de dizer: "Ensinarei o mundo a conquistar pela bondade, não pela matança". Porque, no curso de suas atribulações e triunfos, Cabeza de Vaca veio finalmente a compreender que "um homem é tanto quanto ele é perante Deus, e não mais", para usar as palavras de São Francisco. A jornada é o simples e comovente relato de um homem destituído de tudo e obrigado a agir em cada momento de sua vida sob a visão de Deus.

Tão terrível quanto estar separado de seus companheiros, permanecer nu e faminto durante dias e semanas, às vezes meses sem fim, tão terrível e humilhante quanto ser feito escravo pelo povo que tinham vindo conquistar, o pior mesmo "era abandonar pouco a pouco os pensamentos que vestem a alma de um europeu, e mais do que tudo a idéia de que o homem adquire força através do punhal e da adaga..." Quão eloqüentes são suas palavras quando, perto do final da jornada, ele encontra os outros membros da expedição, que tinham devastado a terra e escravizado os índios. "Ao encarar estes saqueadores", escreve, "fui compelido a encarar o cavaleiro espanhol que eu mesmo tinha sido oito anos atrás."*

Este tema retorna outra vez: o homem que eu era contra o homem que sou agora. A conversão não foi apenas profunda e completa, mas viva em sua consciência, a um grau quase intolerável de se ler.

Há uma tendência por parte dos comentaristas de não acreditarem nos prováveis milagres operados por Álvar Núñez Cabeza de Vaca. Incapazes de negar a veracidade desses fatos, buscam explicá-los insinuando que, conscientemente ou não, os espanhóis apenas imitaram os xamãs indígenas. Louvam a modéstia dos espanhóis, que atribuíram seu sucesso ao auxílio direto do poder divino, mas ao mesmo tempo tentam desculpar os exageros e equívocos nascidos de uma imaginação inflamada. Por essa atitude, parece-me que fogem por completo da questão dos milagres. Afinal, se De Vaca e seus homens são considerados suspeitos, que dizer então dos poderes efetivos dos xamãs?

O que me parece evidente é que os europeus civilizados de quatro séculos atrás já haviam perdido algo que os índios ainda possuíam – e, em determinadas regiões, possuem ainda. Nenhum de nossos *pajés* modernos, apesar da "superioridade" de seu conhecimento e equipamento, é capaz de realizar curas milagrosas. Parece ter sido esquecido que os espanhóis adquiriram seus poderes para curar apenas quando suas vidas estavam ameaçadas. Se tivessem sido hábeis e perspicazes observadores das práticas dos xamãs, teriam explorado esses poderes muito antes de atingirem tal extremo. Nada pode ser explicado ao, simplesmente, atribuir-se seu sucesso parcial ou provável a "um novo procedimento,

---

* Esta e todas as demais citações que Miller faz das palavras de Cabeza de Vaca não são textuais. Foram tiradas de uma novelização bastante precisa da trágica viagem do conquistador, feita em 1939 por Haniel Long e publicada sob o título de *The Marvelous Adventure of Cabeza de Vaca* (Frontier Press, 1941). Originalmente, o prefácio de Miller foi escrito para o livro de Long. (N.E.)

desconhecido e incrível". Estamos interessados é em saber como e por que esses métodos funcionavam e, se funcionavam, por que agora já não funcionam?

Acredito também, e por isso nunca cessarei de falar deste pequeno livro, que a experiência desse espanhol solitário e deserdado no sertão da América anula toda a experiência democrática dos tempos modernos. Creio que, se vivesse hoje e lhe mostrassem as maravilhas e horrores do nosso tempo, ele voltaria instantaneamente ao modo de vida simples e eficaz de quatro séculos atrás. Acredito que São Francisco faria o mesmo, assim como Jesus, Buda e todos aqueles que viram a luz. Não consigo acreditar em nenhum momento que teriam alguma coisa a aprender com nosso modo de vida.

As propostas deste acordo de boca mundial eu conheço, mas suas atitudes falam distintamente. De Vaca aprendeu que se cura pela fé, que se conquista pela bondade. "É curioso", escreve a Sua Majestade, "quando não se tem ninguém ou nada em que se confiar a não ser em si mesmo." Sim, é realmente curioso. "Para se entender o que significa não ter nada, é preciso não ter nada." Verdade. E, ainda assim, apenas um punhado de homens em toda a história se atreveram a esta experiência.

Os homens que governam o mundo prometem isto e aquilo, liberdade, honra, segurança e – trabalho. Suas promessas são vazias e têm se provado vazias sempre. Mas os homens vazios gostam de promessas vazias. O homem que aconselha: "Olhe para você mesmo, o poder está dentro de você!" é visto como um sonhador e um louco. Mas estes são os homens que fizeram milagres, que mudaram o mundo. Nenhum deles falou de posse, segurança, honra ou de liberdade. Falaram de Deus e de sua presença em todos os lugares, mesmo na alma de um descrente. Falaram dos ditames do coração, de dedicação e devoção, em servir o próximo, de caridade, de amor, de tolerância e indulgência, de humildade, de perdão. Cabeza de Vaca foi um dos poucos homens deste grande hemisfério que agiu sob estes princípios de fé. A história simples de sua iluminação, sua irrevogável mudança de coração, apaga os rastros sangrentos de Cortez e Pizarro e de todos os conquistadores da terra desde tempos imemoriais. Nos leva a acreditar, desde o fundo de nossos corações, que um homem pode parar em seu caminho e, ao encarar a verdade, exemplificá-la através da ação. Nos leva a acreditar ainda mais que, na verdade, nada menos do que isto jamais satisfará o homem. E acredito ser este o significado da jornada que estamos todos fazendo.

INTRODUÇÃO

Cabeza de Vaca e a utopia plausível

Eduardo Bueno

Foi enquanto se encontrava na ilha Terceira, no arquipélago dos Açores, aguardando o retorno à Espanha depois de dez anos de terrível peregrinação por pântanos, desertos e montanhas da América do Norte que Álvar Núñez Cabeza de Vaca deve ter recebido as primeiras informações precisas sobre a região do rio da Prata, da qual em breve se tornaria governador.

Era junho de 1537 e Cabeza de Vaca, então com 45 anos, estava voltando para casa como um dos quatro únicos sobreviventes da mais fracassada entre inúmeras expedições malsucedidas à Flórida. Chefiada por Pánfilo de Narváez, um truculento veterano da conquista de Cuba, essa aventura iniciada em julho de 1527 custara a vida de quase quinhentas pessoas em troca de nenhum resultado prático.

Apenas De Vaca, seus companheiros Andrés Dorantes e Alonzo del Castillo, mais o escravo mouro Estevan, foram capazes de sobreviver aos inúmeros naufrágios, vários combates contra os indígenas e quase três anos de escravidão. A seguir, se tornariam os primeiros homens do outro lado do Atlântico a cruzar os atuais estados do Texas, Novo México e Arizona; os primeiros a se defrontar com o bisão, a atravessar o rio Grande e a entrar em contato com tribos que, mais tarde, teriam um papel histórico bastante significativo, como os sioux e os zuni.

Mas a única informação realmente importante que puderam oferecer ao vice-rei da Nova Espanha, Antônio de Mendoza, quando por fim, depois de uma jornada verdadeiramente épica, conseguiram atingir a cidade do México, tendo caminhado, descalços e nus, mais de dezoito mil quilômetros desde os charcos da Flórida, era – como expedições posteriores amargamente descobririam – apenas uma lenda.

A notícia que De Vaca e seus homens traziam se transformaria num dos mitos mais duradouros da conquista do sudoeste dos Estados Unidos. E clamaria ainda muitas vidas antes de revelar-se lendária. Próximas aos desertos pelos quais cruzara Álvar Núñez com os mais de mil índios que o seguiam, perdida entre cactos imensos e dunas escaldantes, erguiam-se, segundo garantiam os indígenas, as riquíssimas Sete Cidades Douradas de Cíbola – cada qual maior e mais suntuosa do que Tenochtitlan, a capital asteca descoberta e conquistada por Cortez em 1519.

Embora originária de uma tradição medieval e provavelmente ibérica, bastante difundida em Portugal ao tempo de dom Henrique, o Navegador, a lenda das Sete Cidades[1] despiu-se de seu caráter insular e arrastou para o coração desértico da América do Norte pelo menos três expedições – uma delas sob a orientação de Estevan, o negro, que nela foi morto pelos zuni; outra chefiada por Francisco de Coronado, que acabaria por descobrir o Grand Canyon do rio Colorado.

Provavelmente, menos pelas riquezas fabulosas de Cíbola do que pelo fervor com que abraçara a defesa dos povos indígenas com os quais havia cruzado ao longo de seu caminho – e também, é claro, pelo enorme poder político que obteria –, Cabeza de Vaca retornou à Espanha disposto a convencer o imperador Carlos V a nomeá-lo Adiantado da Flórida e das novas províncias que ajudara a descobrir. Foi uma amarga decepção saber que tal título já havia sido concedido a Hernando de Soto nos primeiros meses de 1537.

É provável que De Vaca então tenha lembrado do que o piloto Gonzalo de Acosta, um português a serviço de Castela, lhe falara quando os navios de ambos se encontraram nos Açores. Voltando para casa depois de dez anos de desventuras, Cabeza de Vaca só havia chegado à ilha Terceira porque seu navio fora salvo do ataque de piratas franceses por uma armada de nove caravelas portuguesas. Já Acosta, ou da Costa, conduzia a nave Madalena, com a qual dom Pedro de Mendoza, o primeiro Adiantado do rio da Prata, abandonara Buenos Aires em princípios de 1537 e na qual morreria, fulminado pela sífilis, antes de chegar à Espanha. Acosta certamente descreveu as imensas dificuldades pelas quais passavam os primeiros povoadores do rio da Prata; a revolta dos índios querandis, que sitiavam Buenos Aires; a truculência e os desmandos de Domingo de Irala que se autoproclamara substituto de Mendoza e que, mais tarde, se tornaria o principal inimigo político de Cabeza de Vaca.

As provações, maus-tratos e perigos vividos por De Vaca nas vastidões desoladas da América do Norte, somados a um passado repleto de lutas e atribulações inúmeras, parecem não ter sido suficientes para aplacar a sede de aventuras deste homem intrépido e incomum. Ao perceber que não lhe restavam chances de retornar à Flórida como governador, passou a articular, junto ao Conselho das Índias, sua nomeação como o segundo Adiantado do rio da Prata. Em setembro de 1539, finalmente alcançou seu objetivo. E em 2 de novembro de 1540 zarpou de Cádiz, outra vez no rumo da América – só que agora em direção ao sul.

É então que a trajetória deste conquistador de vigor inquebrantável mas invariavelmente perseguido pelo fracasso se mistura, ainda que brevemente, à história colonial do Brasil. E mesmo que Cabeza de Vaca tenha permanecido apenas alguns meses em terras hoje brasileiras, sua experiência poderia ter significado uma radical mudança de curso no trágico relacionamento entre brancos e índios neste país – e em todo o continente. Caso suas estratégias de ação tivessem encontrado eco entre os demais conquistadores, o genocídio dos povos indígenas, as dificuldades pelas quais passaram os próprios colonizadores e talvez até a destruição dos ambientes selvagens, tudo poderia ter sido evitado. Hoje, enquanto as florestas tombam e os povos indígenas da América vão sendo rapidamente aculturados ou extintos, a utopia de Cabeza de Vaca – à medida que se torna cada vez mais inalcançável – revela-se inteiramente plausível.

Há muita polêmica em torno da data e do local de nascimento de Álvar Núñez Cabeza de Vaca. O mais provável é que tenha se dado em Jerez de la Frontera, no primeiro semestre de 1492. Como não existem provas documentais definitivas, alguns estudiosos preferem considerá-lo natural de Sevilha, enquanto que o ano de seu nascimento tem variado de 1490 a 1507 – data bastante improvável, uma vez que ele dificilmente seria nomeado tesoureiro da expedição de Narváez caso tivesse apenas vinte anos.

Álvar Núñez era filho de Francisco de Vera e de Teresa Cabeza de Vaca. Seu avô paterno, Pedro de Vera, morto em 1500, foi o conquistador das ilhas Canárias e um dos heróis da reconquista de Granada. O sobrenome mais nobre, porém, era herança de dona Teresa e fora concedido à família dela em 1212, quando um certo Martin Alhaja descobriu uma estreita passagem entre as escarpas rochosas da Serra Nevada e a assinalou com o crânio de uma vaca. Por esta passagem cruzaram os exércitos dos reis de Castela, Aragon e Navarro para vencerem a importante batalha de Navas de Tolosa, em 12 de junho de 1212. Agradecidos, os soberanos concederam ao camponês o título de nobreza que mudaria definitivamente o nome da família.

Álvar foi o terceiro de seis irmãos que muito cedo ficaram órfãos de pai e mãe – Teresa e Francisco morreram, com certeza, antes de 1505. As crianças foram criadas por Beatriz de Figueroa, irmã de Teresa, e enviadas para Sevilha em 1512. Neste mesmo ano, segundo o historiador americano Morris Bishop,[2] Cabeza de Vaca alistou-se na armada que o rei Fernando, de Castela, enviou à Itália para ajudar o papa Júlio II em sua luta contra os príncipes italianos e aliados franceses. Se assim foi, De Vaca deve ter participado da sangrenta batalha de Ravena, uma das primeiras a registrar o uso maciço de armas de fogo na Europa.

Em 1513, de volta a Sevilha, Cabeza de Vaca tornou-se servidor do duque de Medina Sinôdia, um monarquista, e durante doze longos anos mergulhou no fragor da guerra civil travada entre a monarquia e os nobres insurretos, chamados *comuneros*. Segundo Bishop, sua participação na defesa de uma das portas de Sevilha, a de Osário, foi heróica. Mais tarde, em 1527, aos 35 anos, ele foi designado tesoureiro da expedição de Pánfilo de Narváez e navegou rumo à América pela primeira vez.

Durante oito anos, depois de um naufrágio no litoral do Texas, De Vaca, Dorantes, Castillo e Estevan vagaram pelas áridas planícies do sudoeste americano, escapando de uma tribo apenas para caírem prisioneiros de outra. Até que um dia Castillo decidiu fazer o sinal da cruz sobre índios que estavam doentes e eles imediatamente se declararam curados. A partir de então os espanhóis passaram a ser considerados seres sobrenaturais e sua fama espalhou-se rapidamente por toda a região. À medida que avançavam em direção ao México, multidões de índios seguiam seu caminho, chamando-os de "filhos do sol". Depois de longa marcha, os sobreviventes finalmente chegaram ao México.

Graças a *Naufrágios,* onde narra toda sua extraordinária aventura, Cabeza de Vaca tornou-se homem relativamente famoso na Espanha. Portanto, não chegou a ser propriamente uma surpresa quando, ao saberem da situação aflitiva e destino incerto dos colonos do rio da Prata, os integrantes do Conselho das Índias o escolheram para o posto de Adiantado. Ainda mais que De Vaca se comprometia a investir 40 mil ducados de sua fortuna pessoal para montar a expedição. Em novembro de 1540, quando sua armada partiu de Cádiz, há mais de três anos nada se sabia na Metrópole sobre o que se passava na região do rio da Prata e em sua malfadada capital, Buenos Aires.

O que sempre esteve por trás da aventura de Cabeza de Vaca no Brasil e no Paraguai, bem como de toda a história da conquista e colonização do rio da Prata, eram as riquezas do Peru – ainda que, na época, elas fossem pouco mais do que uma miragem pois nada se sabia de efetivo sobre o império inca, com suas cidades imponentes, templos e tesouros grandiosos.

No entanto, desde que se iniciara a exploração da costa brasileira ao sul de São Vicente – mais especificamente desde que a armada de dom Nuno Manuel chegara ao rio da Prata em 1514, seguida, dois anos mais tarde, pela expedição de Juan Diaz de Solis –, portugueses e espanhóis concluíram que um reino tão rico quanto o México deveria de fato existir na costa oeste do continente. E que a maneira mais fácil de atingi-lo seria a partir do litoral sul do Brasil.

Entusiasmo para empreender essa marcha pelo vasto sertão desconhecido, no rumo do poente, não faltaria para os conquistadores que houvessem escutado dos índios do sul do Brasil, do Uruguai e do estuário do Prata, as notícias a respeito da Serra da Prata e do misterioso rei Branco que a controlava. De fato, tanto os embarcadiços da armada de dom Nuno quanto os sobreviventes da expedição de Solis voltaram para a Europa impressionados com a coerência entre os relatos feitos por tantas e tão variadas tribos. A certeza de que riquezas fabulosas deveriam estar próximas era tamanha que em poucos anos o rio, antes batizado com o nome de Solis, se tornaria em definitivo *rio de la Plata*.

A um marinheiro português chamado Aleixo Garcia, integrante da armada de Solis, caberia confirmar a existência efetiva destas terras opulentas graças a uma extraordinária caminhada desde a ilha de Santa Catarina até os contrafortes dos Andes. Depois que Solis foi morto na entrada do rio que durante algum tempo levaria seu nome, sua expedição decidiu retornar à Espanha. Uma das caravelas, porém, naufragou na ponta sul da ilha de Santa Catarina. Da tragédia salvaram-se, entre outros, Garcia, Melchior Ramirez, Henrique de Montes e um mulato chamado Pacheco. Durante mais de década estes náufragos viveriam entre os carijós que ocupavam a ilha.

Em 1524, porém, Garcia partiu em direção ao Peru lá chegando no ano seguinte. Trucidado pelos índios, nas margens do rio Paraguai, quando já empreendia a viagem de volta, ainda assim, ele conseguiu enviar a Santa Catarina mensageiros com peças e amostras de ouro e prata.

Nesta marcha épica, que Cabeza de Vaca iria parcialmente refazer, Aleixo Garcia fora acompanhado por várias dezenas de guaranis e usara o caminho milenar feito por estes índios, o *Peabiru* (ou "o caminho cujo percurso se iniciou"), que mais tarde os jesuítas do Brasil e do Paraguai denominariam de caminho de São Tomé. A trilha partia de Cananéia, mas podia ser atingida tanto a partir de São Vicente quanto do norte de Santa Catarina, seguindo depois por mais de duzentas léguas até o Peru, sempre com oito palmos de largura e cercada de ambos os lados por determinada erva "que crescia quase meia vara de altura, e mesmo que se queimassem aqueles campos, sempre nascia a erva e do mesmo modo".[3]

Antes que Cabeza de Vaca percorresse o *Peabiru*, outro português o faria, e também em busca das riquezas do Peru. Era Pero Lobo, que Martin Afonso de Souza mandara partir de Cananéia, em setembro de 1531, acompanhado por quarenta besteiros e quarenta espingardeiros, e que prometera retornar em dez meses, "com quatrocentos escravos carregados de ouro e prata". Lobo e seus homens foram mortos pelos índios na confluência dos rios Iguaçu e Paraná.

Depois da marcha de Cabeza de Vaca, narrada nos primeiros capítulos de seu segundo livro, *Comentários,* o caminho de São Tomé ficaria bastante mais conhecido. Foi largamente trilhado não só pelos castelhanos do Paraguai que queriam voltar para a Espanha partindo da costa brasileira, como também pelos escravagistas de São Vicente em busca de "peças" – como chamavam aos índios escravizados. Em 1553 o aventureiro alemão Ulrico Schmidl o utilizou ao partir de Assunção rumo a São Vicente. No século XVII, as bandeiras paulistas também se serviriam desta via de comunicação para destruir as missões jesuítas do Guairá.

Quando Cabeza de Vaca desembarcou na ilha de Santa Catarina em março de 1541, nada sabia sobre o abandono definitivo de Buenos Aires nem sobre a fundação de uma nova cidade rio acima, Assunção. Foi informado de ambos acontecimentos por colonos que haviam fugido de Buenos Aires num batel e que remaram, famintos e nus, até a ilha de Santa Catarina para escapar dos maus-tratos impostos pelos homens de Domingo de Irala que, desde a partida de Pedro de Mendoza e do desaparecimento de seu lugar-tenente Juan de Ayolas (a quem, aliás, Cabeza de Vaca deveria prestar obediência, caso este ainda estivesse vivo), haviam se tornado senhores da situação.

Ao saber da localização de Assunção e do caminho percorrido por Garcia menos de vinte anos antes, De Vaca decidiu ir por terra até a nova cidade. Sua estada de seis meses na ilha de Santa Catarina, bem como sua passagem pelo atual estado do Paraná contrastam brutalmente com a atuação dos portugueses nestas mesmas áreas. Já em 1580, a ilha de Santa Catarina encontrava-se inteiramente despovoada, pois os carijós – que os próprios portugueses costumavam chamar de "o melhor gentio da costa" – haviam sido escravizados pelos comerciantes de São Vicente. O planalto paranaense, por sua vez, seria no século seguinte palco de inumeráveis massacres perpetrados pelos bandeirantes.

Ao chegar em Assunção, Cabeza de Vaca encontrou o autoritário Irala preparando-se para mais uma entrada à procura da lendária Serra da Prata, em busca da qual, anos antes, se finara Juan de Ayolas. Como novo governador, De Vaca suspendeu a expedição e – pior! – estabeleceu uma nova política indigenista que proibia a escravidão e o abuso contra o gentio guarani. Ambas as medidas lhe trouxeram inimigos mortais entre os conquistadores. Indiferente aos protestos, o Adiantado iniciou uma bem-sucedida campanha de pacificação das tribos que viviam nas redondezas da cidade.

Quando tudo parecia em paz em Assunção, o próprio Cabeza de Vaca partiu em busca dos fabulosos domínios do rei Branco e sua inexaurível Serra da Prata. A expedição sofreu terrivelmente com as cheias e os mosquitos do Pantanal mato-grossense e retornou sem ter alcançado seu objetivo. Febril e enfraquecido, Cabeza de Vaca foi então dominado pelos homens de Irala, ficou aprisionado durante quase um ano e foi enviado à Espanha, ainda em ferros, para responder a um processo espúrio.

Dias após a rebelião, o regime escravocrata voltou a ser imposto aos índios que moravam em Assunção e aos que se avizinhavam com a cidade. Por causa disso Irala teve que sufocar – e o fez, a ferro e fogo – uma insurreição indígena que durou três anos e quase dizimou Assunção. Em 1549, porém, já senhor absoluto da situação, o novo Adiantado pôde empreender nova expedição: só então, ao atingir o território de Charcas, ele e seus homens compreenderam – com mais de dez anos de atraso – que o rei Branco era o inca, que a Serra da Prata era Potosi, e que o império que buscavam era o Peru, que fora conquistado por Francisco Pizarro em 1531. "Desfeito o erro geográfico, a região do rio da Prata é esquecida pelo conquistador e desprezada por seus sequazes. O caminho de Cabeza de Vaca perde todo seu valor e até a própria ocupação da costa sul brasileira fenece", assegura o historiador Caio Prado Júnior.[4]

Por esta época Cabeza de Vaca encontrava-se no exílio, em Oran, na Argélia. Partira de Assunção, como prisioneiro, no dia 7 de março de 1545, chegando à Espanha em fins de agosto. Pouco mais tarde, em dezembro, começaria a ser julgado em Sevilha. O processo se estenderia por oito longos anos. Contra o ex-Adiantado eram feitas trinta e seis acusações – grande parte das quais sem fundamento algum, conforme a opinião da absoluta maioria dos historiadores.

Mesmo assim, Cabeza de Vaca foi condenado a pagar 10 mil ducados ao Tesouro Real, preso e enviado a Madri. Seu defensor, Alonso de San Juan, recorreu da sentença, mas não pôde contar com o testemunho de habitantes de Assunção (muitos dos quais partidários de Cabeza de Vaca) – e, em Sevilha, encontravam-se apenas testemunhas de acusação, os colaboradores de Domingo de Irala, que tinham dinheiro e poder suficientes para fazer a longa e perigosa viagem da América à Europa.

No início de 1546, Cabeza de Vaca redigiu uma *Relación General de sus hechos, como apologia de su conducta e censura de sus enemigos,* onde expunha seus pontos de vista com relação aos assuntos mais polêmicos que envolveram sua administração: o tratamento que deveria ser dispensado aos aliados guaranis, o projeto para abolir a escravidão indígena e pacificar as tribos vizinhas a Assunção, o repovoamento de Buenos Aires, a exploração da Serra da Prata. O relatório não parece ter sido suficientemente convincente: no dia 18 de março de 1551, em Valladolid, De Vaca foi oficialmente destituído de seu cargo de Adiantado e enviado para o exílio na África.

Quanto tempo durou a punição é um assunto que os especialistas ainda discutem. É provável que a pena tenha sido comutada quatro anos mais tarde, já que em 1555, ano em que *Comentários* – livro escrito por Pedro Hernández, relator da expedição e do breve governo de Álvar Núñez – foi impresso e publicado em Sevilha, Cabeza de Vaca, ao que tudo indica, já estava de volta à cidade. Confusão maior, no entanto, cerca os últimos anos de vida, o local e a data da morte de Cabeza de Vaca.

É muito possível que ele tenha morrido em Sevilha, ainda que o inca Garcilaso de la Vega assegure que foi em Valladolid. A data também é bastante discutida: 1557, 1559 e 1564 são as mais citadas. A mesma desinformação cerca também os últimos anos da vida de Cabeza de Vaca. Segundo o historiador Ruy Díaz Guzmán, sua reabilitação foi tamanha que, depois do retorno do exílio, Álvar Núñez teria sido nomeado presidente do Conselho das Índias, recebendo um soldo anual de 2 mil ducados. Outras fontes, porém, asseguram que Cabeza de Vaca tornou-se prior de um convento em Sevilha, cargo que talvez tenha ocupado até sua morte.

O que parece indiscutível é que Cabeza de Vaca foi um homem bastante amargurado nos últimos anos de sua vida. Seu fracasso – como o de todos os conquistadores ligados à descoberta e exploração da região do rio da Prata, do rio Paraná e do Chaco paraguaio – foi imenso. O equívoco geográfico que todos estes homens compartilharam durante mais de trinta anos, a frustração de admitir que a Serra da Prata e o Rei Branco existiam de fato e, acima de tudo, a constatação de que tal reino – o Peru – fora conquistado por um punhado de aventureiros muito menos organizados e aparelhados do que praticamente todas as expedições que, pela via do Prata e do Paraná, haviam partido em busca destas fabulosas riquezas, deve ter arrasado definitivamente com o ânimo de Domingo de Irala e de todos os que o acompanharam nesta malsucedida saga que perdurou por mais de um quarto de século.

Ao contrário do fracasso imediatista de Irala, no entanto, o desmantelamento do projeto de Álvar Núñez Cabeza de Vaca de estabelecer um governo igualitário nos confins da América do Sul e fundamentar as bases de uma política indigenista infinitamente mais ética do que a de seus contemporâneos marcaria muito mais profundamente os destinos do continente. E ao ouro e à prata saqueados se somariam as centenas de culturas indígenas dizimadas em nome da ganância, do etnocentrismo e da prepotência. Arruinou-se assim a utopia do homem que chegou à América disposto a ensinar o mundo a conquistar "pela bondade, não pela matança".

NOTAS

1. BUARQUE DE HOLANDA, Sérgio. *Visão do Paraíso*. Companhia Editora Nacional. São Paulo, 1969.
2. BISHOP, Morris. *The Odissey of Cabeza de Vaca*. University of Texas Press. Texas, 1956.
3. RUYZ DE MONTOYA, Antônio. *Conquista Espiritual do Paraguai, Paraná, Uruguai e Tape*. Martins Livreiro Editor. Porto Alegre, 1985.
4. PRADO JÚNIOR, Caio. *Evolução Política do Brasil e Outros Estudos*. São Paulo, 1942.

Naufrágios

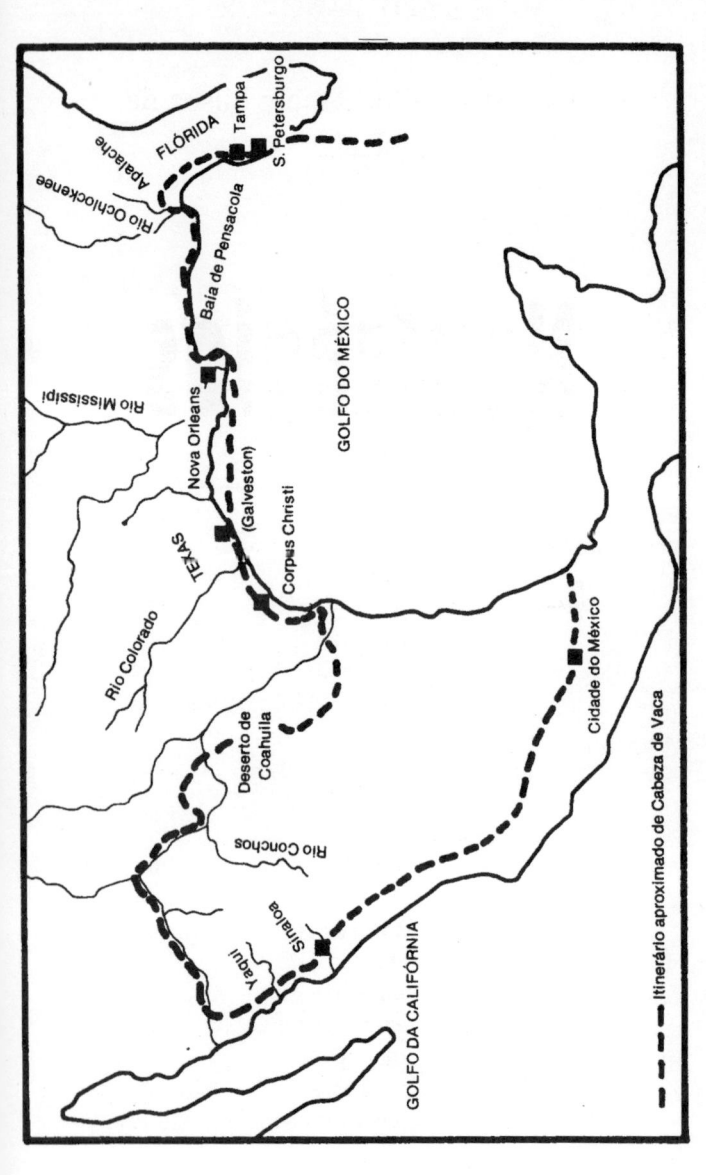

CAPÍTULO I

Da Espanha à Flórida, em busca de Apalache

Aos dezessete dias do mês de junho de 1527 partiu do porto de San Lúcar de Barrameda[1] o governador Pánfilo de Narváez,[2] com poder e mandato de Vossa Majestade[3] para conquistar e governar as províncias que estão situadas em terra firme e que se estendem desde o rio Las Palmas[4] até o cabo da Flórida. A armada que conduzia era composta por cinco navios que levavam seiscentos homens. Os oficiais que levava eram: Cabeza de Vaca, como tesoureiro e aguazil-mor; Alonso Enríquez, contador; Alonso de Solís, como feitor e inspetor; e um frade da Ordem de São Francisco, chamado frei Juan Suárez, que seguia como comissário, levando outros quatro frades da mesma ordem.

Chegamos à ilha de São Domingos,[5] onde permanecemos quarenta e cinco dias provendo-nos de algumas coisas necessárias, especialmente cavalos. Ali perdemos 140 homens de nossa armada, que resolveram ficar, dadas as vantagens e promessas que os da terra lhes fizeram. Partimos dali e chegamos ao porto de Santiago,[6] na ilha de Cuba, onde, em alguns dias de permanência, o governador se reabasteceu de gente, cavalos e armas. Aconteceu ali que um gentil-homem chamado Vasco Porcalle,[7] morador da vila de Trinidad, na mesma ilha, ofereceu ao governador algumas provisões que ele tinha em Trinidad, a umas cem léguas a noroeste do porto de Santiago. O governador resolveu ir com toda a armada para lá, porém, ao chegar a um porto chamado Cabo de Santa Cruz, na metade do caminho, decidiu permanecer ali e mandar um navio para trazer as provisões; enviou para isto o capitão Pantoja, mas, por medida de segurança, determinou que eu o acompanhasse, e ele ficou com quatro navios, pois em São Domingos havia comprado outro. Quando chegamos ao porto de Trinidad com os dois navios, o capitão Pantoja foi com Vasco Porcalle até a vila, a uma légua dali. Eu permaneci no mar com os pilotos, que nos alertaram para sairmos dali o mais rápido possível, pois aquele porto era muito pouco seguro e era comum se perderem muitos navios ali. No outro dia pela manhã começou a chover e veio uma canoa com gente da vila pedindo que descêssemos, porque queriam nos dar todo o abastecimento de que precisássemos. Agradeci e me recusei a descer, mas ao meio-dia veio outra canoa com novo convite. Eu dei a mesma resposta, mas os pilotos e aquela gente me convenceram a descer, argumentando que com mais gente poderíamos trazer os mantimentos mais depressa. Assim, resolvi descer, mas alertei os que deixei nos navios para que, se soprasse vento sul, que era de onde vinham as tormentas, que tratasem de tirar os navios dali. Alguns resolveram ficar porque chovia muito e estava frio, dizendo que no outro dia, que era domingo, sairiam para assistir à missa com a ajuda de Deus.

Uma hora depois de descermos, o mar começou a se tornar cada vez mais bravio. O domingo foi de chuva intensa e nem os batéis ousaram deixar os navios.

Quando chegou a noite, era tamanha a tempestade que não se podia distinguir onde era pior, se no mar ou na vila, porque todas as casas e igrejas começaram a ser arrastadas pelo vendaval. Nós tínhamos que andar em sete ou oito abraçados para não sermos levados. Andamos assim toda a noite, sem encontrarmos um lugar seguro que nos permitisse descansar pelo menos alguns minutos. Na segunda-feira de manhã, quando a tormenta passou, descemos até o porto e não vimos nem sinal dos navios. Vislumbramos apenas algumas bóias deles na água e logo pudemos constatar que estavam perdidos. Andamos pela costa para ver se achávamos algum deles. Como não vimos nada, subimos pelos montes e a um quarto de légua encontramos um pequeno barco sobre uns arbustos. Dez léguas mais adiante encontramos duas pessoas do meu navio e algumas tampas de caixas. Essas pessoas estavam tão desfiguradas que quase não podíamos reconhecê-las. Perdemos nos navios sessenta pessoas e vinte cavalos. Além desses dois, só restaram com vida os trinta que haviam desembarcado.

Ficamos, assim, em uma difícil situação, pois todas as provisões e mantimentos que havia na vila também se perderam. Tudo ficou de tal maneira que dava pena de ver: casas e árvores caídas, plantações destruídas, tudo arrasado. Passamos ali cinco dias daquele mês de novembro até que chegou o governador que também havia enfrentado a tormenta, com seus quatro navios. Ele escapara por ter se colocado a tempo em lugar seguro. Atemorizados pelo que haviam passado, os tripulantes de todos os navios pediram ao governador que não embarcasse mais no inverno. Em vista dos pedidos dos marinheiros e dos habitantes da vila, decidiu ficar ali até que o inverno passasse. Encarregou-me de dois navios e de suas tripulações, para que passasse o inverno com eles no porto de Xagua,[8] a doze léguas dali, onde fiquei até os vinte dias do mês de fevereiro.

Chegada do governador e do piloto ao porto de Xagua

Nesse período chegou ali o governador em um bergantim que comprara em Trinidad, trazendo consigo um piloto chamado Miruelo, que afirmava já ter estado no rio Las Palmas e garantia conhecer muito bem a costa do norte. O governador também deixara comprado um outro navio em Havana, ficando como capitão Álvaro de la Cerda, com quarenta homens e doze cavalos. Dois dias depois de sua chegada o capitão embarcou, levando quatrocentos homens e oitenta cavalos em quatro navios e um bergantim.

O piloto que trouxera levou os navios pelos baixios de Canarreo,[9] de maneira que no outro dia demos no seco e assim ficamos por quinze dias, com as quilhas dos navios muitas vezes tocando o fundo do mar, até que uma tormenta aumentou o volume de água e pudemos sair, não sem enfrentar grande perigo. Quando chegamos a Guaniguanico enfrentamos mais uma tormenta, a ponto de quase nos perdermos. No cabo de Corrientes[10] enfrentamos outra durante três dias. Depois disso, dobramos o cabo de San Antón e andamos com tempo contrário até chegarmos a doze léguas de Havana. No dia em que nos preparávamos para entrar no porto de Havana fomos pegos por um vento muito forte vindo do sul, que nos afastou da terra e nos dirigiu para a costa da Flórida, onde chegamos a uma terça-feira dos doze dias do mês de abril. Fomos costeando a Flórida e na Quinta-Feira Santa chegamos à boca de uma baía,[11] de onde vimos algumas casas e habitações de índios.[12]

Chegada à Flórida

Nesse mesmo dia o contador Alonso Enríquez foi até uma ilha situada junto à baía, onde chamou alguns índios, que vieram, ficaram um bom tempo com ele e lhe deram pescado e carne de veado. No dia seguinte, que era Sexta-Feira Santa, o governador desembarcou com o máximo de pessoas que os botes podiam agüentar. Mas quando chegamos às cabanas ou casas dos índios as encontramos totalmente vazias, porque durante a noite eles haviam fugido em suas canoas. Uma daquelas cabanas era muito grande, cabendo umas trezentas pessoas. As outras eram bem menores. Entre as redes encontramos um disco de ouro.

No outro dia o governador içou bandeiras a Vossa Majestade e tomou a posse da terra em seu real nome, tendo nos apresentado o mandato que levava. Depois mandou que desembarcassem todos os que restavam nos navios, bem como os cavalos, que já eram só quarenta e dois, pois os outros morreram no caminho devido às tormentas e ao longo tempo que ficamos no mar. Os que restavam estavam tão fracos e fatigados que no momento nos seriam de pouco proveito. No outro dia os índios daquele povoado vieram até nós, mas como não tínhamos intérpretes não os entendíamos. Pelos gestos, parece que nos diziam que nos fôssemos dali. Logo foram embora sem nos molestar.

Como entramos pela terra

No dia seguinte o governador decidiu penetrar terra adentro para descobri-la. O comissário, o inspetor e eu fomos com ele, acompanhados de mais quarenta homens, sendo seis a cavalo, dos quais pouco se podia aproveitar. Seguimos para o norte e encontramos uma baía muito grande,[13] que nos pareceu que entrava muito pela terra. Ficamos ali aquela noite e no outro dia retornamos para onde estavam os navios e nossa gente. O governador mandou que o bergantim fosse costeando a Flórida e buscasse o porto que o piloto Miruelo disse que conhecia; mas ainda não o encontrara, não sabia em que parte estávamos nem onde era o porto. Determinou também que, se o bergantim não o encontrasse, que fosse até Havana e buscasse o navio que estava com Álvaro de la Cerda.

Partido o bergantim, tornamos a entrar pela terra e após andarmos quatro léguas pegamos quatro índios. Mostramo-lhes milho para ver se conheciam, porque até então não havíamos visto aquela planta por ali. Eles disseram que nos levariam onde havia e então nos conduziram a um povoado situado no extremo da baía, perto dali, onde nos mostraram um pouco de milho ainda por colher. Ali encontramos muitas caixas de mercadores de Castela, havendo em cada uma delas um corpo de um homem morto; todos os corpos estavam cobertos com couros de veado pintados. O comissário entendeu que aquilo era uma idolatria e mandou queimar as caixas com os corpos. Achamos também pedaços de lenço e de tecido que pareciam ser da Nova Espanha. Também encontramos mostras de ouro.[14] Através de sinais perguntamos aos índios onde haviam encontrado aquelas coisas. Pela mesma forma nos responderam que muito longe dali havia uma província que se chamava Apalache,[15] onde havia muito ouro. Tomando aqueles índios como guias partimos dali e, andadas dez ou doze léguas, encontramos outro povoado de quinze casas, onde havia milho plantado que estava no ponto de colher. Depois de dois dias ali, voltamos para onde estavam os navios. Passados alguns dias, a 1º de maio, o governador convocou o comissário, o contador, o inspetor e a mim, além de um escrivão chamado Jerónimo de Alaniz e um marinheiro de nome Bartolomé Fernández, disse-nos que tinha vontade de penetrar terra adentro para conhecer tudo o que havia por ali e nos perguntou o que pensávamos a respeito. Disse ainda que pretendia fazer os navios seguirem rente à costa até encontrarem o porto que os pilotos afirmavam existir perto dali e que se constituía no acesso ao rio Las Palmas. Eu respondi que de nenhuma maneira deveríamos deixar os navios sem que antes ficassem em porto seguro e povoado, e que observasse ainda que os pilotos não estavam seguros em suas observações, havendo tantas discordâncias entre eles que nem sabiam onde estávamos. Além disso, que os cavalos não estavam em condições de nos oferecer uma boa ajuda e que não tínhamos um intérprete para nos comunicarmos com os índios. Tampouco tínhamos noção de que tipo de gente ou obstáculos iríamos encontrar pela frente, bem como não tínhamos mantimentos para enfrentar essa jornada. Minha opinião era de que deveríamos embarcar e ir buscar porto seguro e terra boa para povoar, pois aquela em que estávamos era tão pobre e despovoada como nunca havíamos visto antes.

Ao comissário pareceu exatamente o contrário. Disse que não deveríamos embarcar, mas seguir rente à costa em busca do porto, pois os pilotos afirmavam que estava a dez ou quinze léguas dali o caminho de Pánuco[16] e que não era possível que, indo sempre pela costa, não topássemos com ele, pois diziam que penetrava doze léguas terra adentro. Entendia que embarcando estaríamos desafiando Deus, pois desde que partimos de Castela havíamos enfrentado tantas tormentas, tantos trabalhos e tantas perdas de navios e de gente que mal conseguimos chegar até ali. Por isso, deveríamos seguir pela costa até encontrar o porto. A todos que ali estavam este pareceu ser o pensamento mais correto, exceto ao escrivão, que entendia que nós deveríamos deixar os navios irem pela costa à procura do porto enquanto entrávamos terra adentro. O governador resolveu seguir o seu parecer. Vendo sua determinação, requeri a um escrivão, em nome de Vossa Majestade, que fizesse o registro de minha opinião de que não deveria deixar os navios sem que ficassem em porto seguro. O governador disse que lhe bastavam os demais depoimentos dos outros oficiais e do comissário e que eu não tinha poderes para fazer-lhe requerimentos. E pediu ao escrivão que desse por testemunho que, não havendo naquela terra mantimentos para poder povoar, nem porto para os navios, levantava acampamento e ia em busca de porto e terra que fossem melhores, ou seja, seguiriam os navios pela costa e ele iria terra adentro.

Assim, mandou que todos se provessem do necessário para a viagem. Depois, na presença dos que ali estavam, disse-me que, já que eu criava tantas dificuldades e temia de tal modo a entrada pela terra, ficasse e tomasse conta dos navios e da gente que neles ficava e que povoasse o primeiro lugar que encontrasse, se chegasse antes que ele. Recusei-me a aceitar a oferta. À tarde daquele mesmo dia mandou me pedir mais uma vez que aceitasse o cargo. Diante de mais uma recusa veio me perguntar por que me importunava tanto com o ocorrido. Respondi-lhe que me eximia de aceitar o encargo porque tinha certeza de que ele não veria mais os navios nem estes a ele. Assim pensava por ver quão sem aparelhagem entravam pela terra, e que para mim era preferível aventurar-me em um perigo maior do que aquele que eles iam enfrentar do que encarregar-me dos navios e dar a impressão de que ficava por temor, colocando minha honra em causa. Preferia arriscar minha vida a manchar minha honra. Vendo que não me convencia, ainda pediu a outros que intercedessem, mas sem resultado. Assim, determinou o controle dos navios a um tenente e a um alcaide que trazia consigo.

Como o governador deixou os navios

Neste mesmo dia 1º de maio, sábado, o governador mandou dar a cada um dos que iam acompanhá-lo duas libras de biscoitos e meia de toucinho e assim partimos para entrar terra adentro. Éramos trezentos homens, sendo quarenta a cavalo. Seguiam junto o comissário e frei Juan Suárez, outro frei chamado Juan de Palos, três clérigos e os oficiais. Andamos quinze dias com aqueles mantimentos, sem encontrar outra coisa que não fosse palmito. Também não encontramos nenhum índio, nenhuma povoação ou simples casa. Ao cabo desse período chegamos a um rio de correnteza muito forte, que nos tomou um dia para cruzá-lo.[17] Chegando à outra margem vieram a nosso encontro cerca de duzentos índios. O governador foi até eles e falou-lhes com gestos; depois mandou prender uns cinco ou seis que nos levaram até suas casas, onde encontramos grande quantidade de milho no ponto de colher, pelo que demos graças a Deus por nos terem socorrido em meio a tão grande necessidade, pois já estávamos muito fatigados e famintos. Depois de ficarmos ali por três dias, o comissário, o inspetor, o contador e eu nos reunimos e rogamos ao governador que fôssemos procurar o mar para ver se achávamos o porto, pois os índios afirmavam que o mar não estava muito longe dali. Respondeu-nos que tratássemos de mudar de idéia porque o mar estava muito distante dali. Como eu era o que mais o importunava, disse-me que fosse procurá-lo, dizendo que para isso me dava quarenta homens. Assim, no outro dia parti com o capitão Alonso de Castillo e quarenta homens de sua companhia. Andamos até o meio-dia quando chegamos a uns arrecifes do mar, que parecia entrar bastante pela terra. Caminhamos por eles légua e meia com água até a metade da perna, pisando em ostras que nos machucavam os pés, com muita dificuldade, até que chegamos ao mesmo rio que antes havíamos atravessado e que ali desaguava. Como não tínhamos aparelhagem para atravessá-lo, voltamos até onde estava o governador e lhe contamos o que havíamos encontrado, enfatizando que era necessário conhecer aquela região para saber se não era ali que estava o porto.

No outro dia o governador mandou que um capitão chamado Valenzuela fosse com setenta homens, seis a cavalo, atravessasse o rio, seguisse por ele até encontrar o mar e descobrisse se ali havia porto. Depois de dois dias o capitão voltou dizendo que havia percorrido toda a região e que tudo era baía rasa, de água até o joelho, não havendo porto algum. Vira apenas algumas canoas de índios com penachos, que passavam de um lado para o outro.

Resolvemos então partir no outro dia em busca daquela província de Apalache, de que os índios nos haviam falado, levando como guias aqueles índios que havíamos prendido. Andamos até 17 de junho[18] sem encontrar ninguém. Nesse dia veio a nosso encontro um grande grupo de pessoas tocando flauta de bambu, sendo esse grupo chefiado por um senhor que vinha às costas de um índio coberto com couro de veado pintado. Através de sinais o governador o fez entender que íamos a Apalache. Do mesmo modo ele respondeu que era inimigo dos de Apalache e que, portanto, iria nos auxiliar na campanha contra eles. O governador lhe deu contas, guizos e outros presentes, ele retribuiu dando o couro pintado que levava às costas, deu meia-volta e nós o seguimos. Naquela noite chegamos a um rio muito fundo e largo,[19] com uma correnteza muito forte. Tratamos de preparar canoas para atravessá-lo, pois percebemos que isto nos daria grande trabalho. Um de nossos cavaleiros, chamado Juan Velázquez, natural de Cuéllar, resolveu atravessar o rio montado a cavalo e ambos foram arrastados pela água e se afogaram. Os índios que acompanhavam aquele senhor, que se chamava Dulchanchelin, seguiram rio abaixo e pegaram o cavalo, que foi nossa janta daquela noite.

Ao sair dali, no dia seguinte chegamos ao povoado daquele senhor chamado Dulchanchelin, onde encontramos muito milho. Aquela noite, quando íamos tomar água, flecharam um cristão, mas quis Deus que não ficasse ferido.

No outro dia partimos sem que índio algum nos acompanhasse, porque haviam fugido durante a noite. Porém, quando pegávamos nosso caminho eles apareceram em estado de guerra e, embora os convidássemos para se juntar a nós, não o quiseram, preferindo nos seguir a distância. O governador preparou então uma cilada com alguns a cavalo e pegou três ou quatro índios, que levamos como guias dali para a frente; eles nos conduziram por uma terra muito difícil de andar e muito linda de se ver, porque é cheia de montanhas e árvores muito altas. Mas havia tantas árvores caídas que nos dificultavam o caminho, fazendo-nos dar muitas voltas. Apesar do trabalho, um dia depois da data de São João[20] avistamos Apalache, sem que os índios da terra percebessem.[21] Demos muitas graças a Deus por vermo-nos tão perto daquela terra, porque nos haviam dito que ali acabariam todas as nossas dificuldades. Já estávamos muito fatigados e com fome, pois, embora algumas vezes encontrássemos milho, muitas vezes andávamos sete ou oito léguas sem encontrá-lo. Além disto muita gente tinha feridas nos ombros de carregar as armas e mantimentos. Mas, ao vermos que chegávamos onde nos diziam que havia tantos mantimentos e tanto ouro, era como se houvesse terminado grande parte do trabalho e do cansaço.

CAPÍTULO II

O fim da expedição

Assim que vimos Apalache, o governador determinou que eu pegasse nove a cavalo e cinqüenta peões e entrasse no povoado. Assim procedi, levando o inspetor junto comigo. Quando chegamos encontramos apenas mulheres e crianças, não havendo homens no povoado naquele momento. Mas dali a pouco eles chegaram em grande quantidade e foram logo nos atacando com flechas, matando o cavalo do inspetor. Por fim, fugiram e nos deixaram. Encontramos no povoado grande quantidade de milho por colher e milho seco que tinham armazenado. Achamos também muitos couros de veado e algumas mantas de tecido pequenas e não muito boas, que as mulheres usavam para se cobrir. Tinham também muitos potes para moer o milho. Havia no povoado quarenta casas, pequenas e baixas, feitas de palha, construídas em lugares abrigados por causa das grandes tempestades que continuamente atingiam aquela terra.

A maior parte da terra, desde o local onde desembarcamos até esse povoado de Apalache, é plana, o solo de areia e terra firme.[22] Por toda ela há grandes árvores e montes claros, com nogueiras, louros, cedros, pinos, sabinas e palmeiras semelhantes às existentes em Castela. Por todas estas terras há muitas lagoas, dos mais diversos tamanhos e profundidades, muitas com a passagem dificultada pelas árvores caídas. O seu solo é de areia e as de Apalache são as maiores que encontramos. Entre animais, encontramos urso, veado, lebre, coelho, leão e outros, entre os quais vimos um animal que carrega os filhos em uma bolsa que tem na barriga: eles os carregam ali durante todo o tempo em que são pequenos, até que aprendem a buscar comida.[23] Há aves de diversos tipos, como gaivotas, perdizes, patos, garças e outros. Há também muito boa pastagem para o gado e o clima nessa época é frio.

Duas horas depois de chegarmos a Apalache os índios vieram em paz, pedindo que libertássemos suas mulheres e filhos. O governador concordou, mas manteve um cacique consigo, o que foi motivo para que no outro dia eles viessem novamente em guerra. Lutaram com tanta determinação e agilidade que chegaram a colocar fogo nas casas onde estávamos, mas quando saímos à rua fugiram para as lagoas e milharais, onde não conseguimos alcançá-los, matando somente um deles.

Ficamos vinte e cinco dias nesse povoado e fizemos três entradas pela terra, achando-a muito pobre de gente e muito ruim para andar devido às várias lagoas e más passagens. O cacique que detivéramos e outros índios inimigos dos de Apalache que estavam conosco nos disseram que toda a terra era muito pobre de gente e que aquele povoado de Apalache era o maior que havia. Perguntamos então pelas terras ao sul e nos disseram que, seguindo em direção ao mar, ao cabo de nove jornadas encontraríamos um povoado chamado Aute,[24] onde os índios tinham muito milho, feijão e cabaça. Além disso, por estarem muito próximos do mar, pegavam peixes. Disseram ainda que estes índios eram seus amigos.

Diante da pobreza da terra e dos constantes ataques que sofríamos por parte dos índios (não podíamos sequer levar os cavalos para beber água que aproveitavam para nos atacar), que estavam bem protegidos pelas lagoas, milharais e árvores, decidimos ir adiante. Os índios haviam matado inclusive um senhor de Tezcuco, chamado dom Pedro, que acompanhava o comissário. Partimos assim em busca do povoado de Aute. No primeiro dia cruzamos aquelas lagoas e passagens sem ver índio algum, mas no segundo dia chegamos a uma lagoa de péssima passagem, porque a água dava em nosso peito e havia muitas árvores caídas. Quando estávamos no meio da lagoa surgiram muitos índios que estavam escondidos e começaram a nos flechar, ferindo muitos de nossos homens e cavalos e pegando também o nosso guia. Tivemos muitas dificuldades para conseguir abrir caminho para sair da lagoa. Todos os índios que vimos, da Flórida até aqui, eram fortes, precisos e rápidos; hábeis arqueiros, muito robustos e ágeis.[25] Os arcos que usam são grossos como um braço, tendo onze a doze palmos de comprimento e conseguem acertar com extrema precisão um alvo a até duzentos passos de distância.

No outro dia chegamos a uma lagoa em que as condições de travessia eram piores que as da anterior, pois essa era ainda mais larga. Todavia, conseguimos cruzá-la sem sermos importunados, já que os índios haviam gasto todo o seu estoque de flechas. Passado mais um dia chegamos a ponto semelhante, porém vi marcas de passos de gente que recém havia cruzado e avisei o governador. Assim, como estávamos de sobreaviso, não nos atacaram. Mas, depois que cruzamos, saíram ao nosso encalço e feriram a mim e dois ou três cristãos, enquanto matamos dois dos seus. Depois disso, conseguimos caminhar oito dias sem encontrar mais índios. Nesse oitavo dia fomos atacados pela retaguarda. Um jovem fidalgo chamado Avellaneda saiu para combatê-los e foi atingido no pescoço por uma flecha, morrendo ali mesmo. Pegamos seu corpo e o levamos para Aute, onde chegamos no dia seguinte, ao cabo de uma jornada de nove dias de caminhada desde Apalache.

Ao chegarmos encontramos o povoado deserto, as casas queimadas e muito milho, feijão e cabaça, que estavam começando a colher. Passamos ali dois dias e o governador me pediu que fosse descobrir o mar. Segui no dia seguinte, juntamente com o comissário e o capitão Castillo e Andrés Dorantes, além de sete a cavalo e cinqüenta peões. Caminhamos até o entardecer, quando chegamos a uma enseada onde achamos muitas ostras, com o que todos ficamos muito felizes. No outro dia mandei vinte homens conhecer a costa e observar a sua disposição. Eles voltaram no outro dia à noite, dizendo que aquela enseada era muito grande, que entrava tanto terra adentro e que a costa estava tão distante que era muito difícil descobrir o que queríamos. Sabendo disso, voltei para comunicar ao governador, mas quando chegamos o encontramos doente, juntamente com muitos outros, pois os índios os atacaram na noite anterior e os colocaram em grandes dificuldades, matando um cavalo. Comuniquei-lhe o que havíamos visto e disse-lhe da má distribuição da terra. Naquela noite ficamos ali.

Partida de Aute

No dia seguinte partimos de Aute e caminhamos o dia inteiro até chegarmos onde eu estivera antes. A jornada foi muito difícil, pois nem os cavalos bastavam para conduzir os feridos, nem sabíamos que remédio lhes dar. A situação parecia piorar a cada hora e era lastimável ver o que passavam. Estávamos numa situação tão delicada que era difícil decidir se deviamos ir adiante ou ficar por ali. Havia poucas condições de seguir, visto que a maioria estava ferida, tendo de ser carregada pela minoria que nada sofrera. Ficar significava tentar descansar e se curar em uma terra que não tinha o mínimo recurso, nenhum remédio. Nosso único remédio era Deus Nosso Senhor e deste nunca duvidamos. Para agravar ainda mais nossa situação, alguns dos que estavam a cavalo começaram a fugir, tentando buscar por conta própria a subsistência em meio àquelas grandes dificuldades. Abandonaram desamparados o governador e os feridos, que estavam sem força e sem poder. Com muita dificuldade – e por haver entre eles alguns fidalgos e homens de boa educação – conseguimos convencê-los a voltar, tendo o governador lhes alertado que estavam a serviço de Vossa Majestade e, portanto, não poderiam desamparar os necessitados. Dito isso, o governador pediu o parecer de cada um sobre o que deveríamos fazer para sair daquela terra tão hostil. Depois de muitas discussões concordamos com algo difícil de ser posto em prática, que era construirmos navios para sair dali. A muitos, porém, isso parecia impossível, porque não sabíamos construí-los e tampouco tínhamos ferramentas para isso. Não tínhamos ferro, nem forja, nem pez, nem coisa alguma para a construção dos navios. Outro problema era com relação ao que iríamos comer enquanto estivéssemos empenhados na construção. Terminou o dia sem que chegássemos a uma conclusão sobre o que fazer. Cada um se foi e rogamos a Deus Nosso Senhor que nos encaminhasse por onde Ele fosse melhor servido.

No outro dia, quis Nosso Senhor que um da companhia viesse dizendo que faria barcos de madeira e com uns couros de veado faria uns foles. Como estávamos numa situação em que qualquer coisa servia, pedimos que ele se pusesse a trabalhar. Concordamos em fazer dos estribos, esporas, balistas e outras coisas de ferro que possuíamos, os pregos, serras, machados e outras ferramentas de que necessitávamos. Para nos suprirmos de mantimentos enquanto trabalhávamos, decidimos fazer quatro incursões a cavalo até Aute e que no terceiro dia se matasse um cavalo para dar de comer aos que estavam trabalhando e aos feridos. Os que foram a cavalo conseguiram trazer quatrocentas fanegas[26] de milho e muito palmito, cuja casca era transformada em estopa usada para calafetar as costuras dos navios.

Assim, começamos a fazer as barcas com apenas um carpinteiro, mas foi tanta a dedicação que, do dia 4 de agosto, quando iniciamos os trabalhos, até 20 de setembro, conseguimos acabar cinco barcas de vinte e dois côvados[27] cada uma, calafetadas com as estopas de palmito e impermeabilizadas com uma espécie de pez de alcatrão feito por um grego chamado dom Teodoro. Das palmeiras, crinas e rabos dos cavalos fizemos as cordas; de nossas camisas fizemos as velas, enquanto das sabinas fizemos os remos. Era tão ruim a terra à qual nossos pecados nos levaram que não encontrávamos nem pedra para servir de âncora e de lastro para as barcas. Tiramos também o couro das pernas dos cavalos para curtir e fazer bolsas para carregar água. Por esse tempo alguns dos nossos saíram para pegar mariscos nas entradas do mar e foram atacados pelos índios, que mataram dez de nossos homens. Suas boas armas não foram suficientes para resistir à agilidade e à força das flechas dos índios.

Desde a baía, a que demos o nome de da Cruz,[28] até aqui andamos 280 léguas. Em toda essa terra não encontramos serra nem tivemos notícia de sua existência. Antes que embarcássemos perdemos mais quarenta e nove homens, de doença e fome. No dia 22 de setembro comemos os últimos cavalos, restando apenas um. Nesse mesmo dia embarcamos, assim distribuídos nas cinco barcas: numa ia o governador e mais quarenta e nove homens; em outra, o contador e comissário com outros tantos; a terceira foi dada a dois capitães, chamados Téllez e Peñalosa, com quarenta e sete homens; a quarta foi dada ao capitão Alonso del Castillo e Andrés Dorantes com mais quarenta e oito homens, enquanto a quinta foi entregue ao inspetor e a mim, com quarenta e nove homens. Depois de embarcados os mantimentos e roupas, não restou lugar nem para uma pulga. Íamos tão apertados que mal podíamos nos mexer. Somente a necessidade extrema que sofríamos nos fez aventurar dessa maneira em um mar que não conhecíamos, e ainda sem dominar a arte de navegar, pois entre nós não restou nenhum piloto.

Partida da baía dos Cavalos

Demos o nome de baía dos Cavalos[29] àquele lugar de onde partimos e andamos sete dias por aquelas enseadas, com muita água dentro dos barcos, chegando a uma ilha[30] que estava próxima da terra. Minha barca ia na frente e vimos vir cinco canoas de índios, que as abandonaram e as deixaram em nossas mãos quando viram que íamos tomá-las. As outras barcas seguiram adiante e deram numas casas da ilha, onde encontramos muitas tartarugas e ovos delas, o que foi um grande remédio para as nossas necessidades. Depois seguimos adiante, cruzando por um canal que separava a ilha da terra firme, ao qual demos o nome de São Miguel, por ser o dia daquele santo. Saindo dali chegamos à costa. Usando as cinco canoas tomadas aos índios conseguimos aliviar um pouco as barcas, de maneira que sobravam dois palmos para fora d'água. Seguimos caminho ao longo da costa, em busca do rio Las Palmas.[31] A cada dia aumentavam a fome e a sede, porque os mantimentos eram muito poucos e estavam mal acondicionados. A água acabou porque as bolsas que fizemos com o couro dos cavalos logo apodreceram. Algumas vezes entramos por enseadas e baías que penetravam terra adentro. Todas eram baixas e perigosas. Andamos assim por trinta dias, sendo que algumas vezes vimos índios pescadores, gente pobre e miserável. Ao cabo desse período, estando com enorme necessidade de água, durante a noite avistamos uma canoa com um índio. Esperamos que se aproximasse, mas quando nos viu tratou de fugir. Como era noite, não o seguimos. Continuamos nosso caminho e quando amanheceu vimos uma ilha pequena e fomos até ela para ver se achávamos água – tudo em vão. Fomos surpreendidos por uma enorme tormenta e ficamos ali cinco dias sem beber e sem ousarmos sair ao mar. Em meio a este estado, morreram subitamente cinco homens. Como morríamos de sede e a tormenta não passava, encomendamo-nos a Deus e preferimos enfrentar a incerteza do mar em meio ao mau tempo, a ficar e morrer de sede.

Saímos no sentido de onde havíamos visto a canoa durante a noite. Nos víamos tão abandonados e perdidos que não havia um que não acreditasse que a morte era certa. Mas como Nosso Senhor, em meio às maiores necessidades, mostra o seu favor, no pôr-do-sol contornamos uma ponta de terra[32] e ali encontramos muita bonança e abrigo. Vieram a nós muitas canoas, porém os índios[33] apenas falaram algumas coisas e, sem esperar, bateram em retirada. Eram grandes e bem-dispostos e não traziam arco nem flecha. Nós os seguimos até suas casas, que ficavam perto dali, junto à água. Saltamos à terra e diante das casas encontramos muitos cântaros de água e muito peixe cozido. O senhor daquelas terras ofereceu tudo aquilo ao governador e, tomando-o pela mão, levou-o até sua casa. Quando chegamos à casa do cacique que, como as outras, era de esteiras, ele nos deu muito pescado e, em troca, lhe demos um pouco do milho que trazíamos. Eles o comeram em nossa presença, nos pediram mais e nós demos. Era meia hora da noite, quando subitamente os índios atacaram os que estavam junto à costa e também a casa do cacique, onde o governador estava, e foi ferido, ao ser atingido por uma pedra no rosto. Os que ali se encontravam trataram de prender o cacique, mas este conseguiu escapar, deixando nas mãos de um dos nossos uma manta de marta zibelina, que acredito ser das melhores que existem no mundo. Possui um odor que se assemelha a âmbar e almíscar, e chega tão longe que de grande distância se sente.[34] Vimos outras por ali, mas nenhuma era como esta. Vendo o governador ferido, tratamos de recolhê-lo para as barcas junto com a maior parte dos nossos, ficando cinqüenta em terra para dar combate aos índios, que nos atacaram três vezes aquela noite, com tanto ímpeto que a cada vez nos faziam recuar mais do que um tiro de pedra. Não houve um de nós que não ficasse ferido. Eu o fui no rosto. Na última vez que nos atacaram, os capitães Dorantes, Peñalosa e Téllez lhes prepararam uma cilada e os atacaram pelas costas, fazendo-os fugir e deixar-nos em paz aquela noite.

No outro dia pela manhã rompemos o cerco e tornamos a embarcar. Navegamos três dias e, como não havíamos conseguido nos abastecer de água, outra vez sentimos amargamente sua falta. Seguindo nosso caminho, entramos por uma enseada, onde vimos outra canoa de índios. Nós os chamamos e eles vieram e falaram com o governador. Pedimos água e eles disseram que nos dariam se nós lhes entregássemos um recipiente onde colocá-la. Como não o tínhamos, o cristão grego, chamado Doroteo Teodoro, de quem já falei, se ofereceu para ir junto com eles. O governador tentou dissuadi-lo, mas ele insistiu em ir com os índios e buscar a água, levando um negro consigo, enquanto que os índios deixaram dois dos seus como reféns. À noite os índios voltaram sem os dois cristãos, trazendo-nos muitos vasos, mas sem água. A uma palavra deles, os dois índios que estavam nas canoas tentaram pular na água, mas foram impedidos. Assim, os índios das canoas foram embora, nos deixando muito confusos e tristes por termos perdido aqueles dois cristãos.

A refrega que os índios nos deram

Quando amanheceu vieram até nós muitas canoas de índios, atrás dos dois companheiros que haviam ficado nas barcas. O governador disse que os entregaria se trouxessem os dois cristãos que haviam levado. Com eles vieram cinco ou seis senhores, que nos pareceram as pessoas mais bem colocadas e de maior autoridade que até então havíamos visto por aqueles lugares. Só não eram tão grandes como os outros de quem já falei. Usavam os cabelos soltos e muito longos, cobertos com mantas de marta. Pediram que fôssemos com eles e que nos dariam os cristãos, água e muitas outras coisas. Em seguida começaram a chegar muitas outras canoas, procurando tomar a entrada daquela enseada. Como a terra era muito perigosa, resolvemos nos retirar para o mar, onde ficamos até o meio-dia com eles. Como não nos entregavam os cristãos e com isso nós também não lhes entregávamos os índios, caíram sobre nós com pedras, fundas, varas e algumas flechas, embora não tivessem mais do que três ou quatro arcos.

Estávamos em plena luta quando o vento refrescou e eles se foram embora e nos deixaram. Naquele dia navegamos até o entardecer, quando de minha barca, que ia na frente, avistamos uma ponta de terra e do outro lado um rio muito grande e uma pequena ilha. Fiquei à espera das outras barcas, mas o capitão preferiu entrar por uma baía onde havia muitas pequenas ilhas. No entanto, do mar conseguimos tomar água doce, porque o rio formava uma ampla avenida entrando mar adentro.[35] Também aproveitamos a água para cozinhar o milho, pois há dois dias que o comíamos cru. Saltamos naquela ilha, mas, como não encontramos lenha, resolvemos ir até o rio, que estava atrás da ponta de terra, a uma légua dali. Quando nos dirigimos para lá, sua correnteza era tanta e tão forte o vento soprava que, ao invés de nos aproximarmos, nos afastamos para o mar, sem que pudéssemos fazer coisa alguma. Andamos assim dois dias, levados pela correnteza. Ao cabo deles, um pouco antes do sol nascer, vimos muitos pontos de fumaça na terra e lutamos para chegar lá. Estávamos a três braças de água, mas como ainda era noite decidimos não descer. Quando amanheceu, cada barca estava perdida das outras, sendo que a minha já estava então com trinta braças de água. Seguindo nossa viagem, ao anoitecer avistamos duas barcas e fomos até elas. Uma era do governador, que me perguntou o que achava que deveríamos fazer. Eu lhe disse que primeiro tínhamos de contatar a barca que ia na frente e, depois, as três juntas, seguirmos o caminho que Deus nos havia traçado. Respondeu-me que não poderíamos fazer isso, porque aquela barca já estava muito avançada no mar e ele queria descer à terra, e que, se eu quisesse segui-lo, que mandasse todos remarem, pois com a força dos remos conseguiríamos chegar até a terra. Este conselho lhe fora dado pelo capitão Pantoja, que ia com ele, e insistia que se não tomássemos a terra naquele dia teríamos de levar mais outros seis para conseguir. Peguei então um remo e comecei a remar com toda força, sendo seguido pelos demais que estavam na barca. Todavia, como o capitão levava os que estavam em melhores condições físicas, sua barca foi logo tomando a dianteira sem que nós conseguíssemos acompanhá-la. Pedi ao capitão que nos desse um cabo para poder segui-lo, mas ele respondeu que era impossível. Indaguei-lhe então sobre o que fazer, já que os meus homens não tinham condições de remar como os dele. Disse-me então que já não era mais tempo de mandarmos uns aos outros, mas de cada um decidir sobre o que fazer, sobre o melhor para salvar sua vida. Dizendo isso, afastou-se com a sua barca.

Resolvi então seguir a barca que estava no mar, que me esperou. Quando cheguei até ela vi que era a dos capitães Peñalosa e Téllez. Assim seguimos durante quatro dias, tendo como porção diária de alimento apenas um punhado de milho cru. Ao fim desse período, fomos atingidos por uma grande tormenta, que fez com que nos perdêssemos da outra barca e só por uma graça de Deus não afundamos. No outro dia, quando a tempestade passou e o sol surgiu, nossos homens começaram a desmaiar e a cair uns sobre os outros. Só cinco ficaram em pé, em meio a um cenário que parecia antecipar a morte de todos. Ao cair a noite só o mestre e eu ficamos em pé para conduzir a barca. Às duas horas da noite o mestre pediu que eu tomasse conta da barca, porque ele não tinha mais condições e achava que iria morrer naquela noite. Então, peguei o leme. Passando a meia-noite fui até o mestre para ver se estava morto, mas ele me respondeu que estava melhor e que conduziria a barca até o amanhecer. Naquele momento preferia a morte a ver tanta gente na minha frente daquela maneira.

Depois que o mestre tomou conta da barca eu me recostei, mas não havia nada mais distante de mim naquele instante do que o sono. Meu estado era tal, que de forma alguma eu conseguia dormir. Quando começou a romper a aurora, pareceu-me estar ouvindo o barulho do fundo do mar. Alertei o mestre, que me disse que achava que estávamos próximos da terra. Fizemos a medição e vimos que estávamos a sete braças de água. Quando clareou o dia tomei um remo e fiz a barca se aproximar da terra, que estava a uma légua de distância. De repente veio uma onda muito forte, que fez acordar todos os que estavam dormindo. Fomos enfrentando outras ondas mais violentas, mas já bem próximo da terra; toda a gente pulou fora e saiu para a terra. Fomos até uns barrancos, onde fizemos fogo e tostamos milho. Também encontramos água da chuva. Com o calor do fogo as pessoas começaram a se reanimar, pois, além de tudo ainda enfrentávamos o frio, já que era inverno. O dia em que chegamos ali era o sexto do mês de novembro.[36]

O que aconteceu a Lope de Oviedo com alguns índios

Depois que todos comeram, mandei Lope de Oviedo, que tinha mais força e estava em melhores condições que os outros, ir até umas árvores próximas e subir nelas para observar a terra em que nos encontrávamos. Depois disso, entendeu que estávamos numa ilha[37] e viu que a terra estava marcada como se por ali passasse o gado, parecendo-lhe, portanto, que estávamos em terras de cristãos. Pedi-lhe que olhasse de novo especialmente se havia trilhas, mas tomando os devidos cuidados com os perigos que poderia haver. Ele se foi e, topando com uma vereda, seguiu por ela uma meia légua, onde encontrou algumas cabanas de índios abandonadas, porque estes tinham ido para o campo. Pegou uma panela deles, um pequeno cachorro e algumas tartarugas e voltou para onde estávamos. Mas, como ele estava demorando, eu já havia mandado outros dois cristãos para que o procurassem e vissem o que acontecera. Eles o encontraram logo em seguida e viram que três índios com arco e flecha vinham atrás dele, chamando-o. Ele também procurava se comunicar através de sinais. Assim chegaram até onde estávamos, porém os índios ficaram um pouco mais atrás, colocados na mesma ribeira. Depois de meia hora chegaram outros cem índios arqueiros[38] e, se eram grandes ou não, o nosso medo os fazia parecer gigantes. Chegaram e pararam perto de nós, onde os outros três estavam. Entre nós era impossível pensar em defesa, porque dificilmente haveria mais de seis que pudessem se levantar. O inspetor e eu fomos até eles e eles se aproximaram de nós. Usando de toda a artimanha possível, procuramos conquistá-los, dando-lhes contas e guizos, enquanto um deles nos deu uma flecha, o que era sinal de amizade. Através de sinais procuraram nos fazer entender que voltariam no dia seguinte e nos trariam de comer, porque nada tinham ali.

Os índios trouxeram-nos de comer

No outro dia, ao romper do sol, como haviam prometido, os índios vieram e nos trouxeram muito peixe e umas raízes que eles comem, parecidas com nozes, sendo que a maior parte delas é extraída debaixo d'água, com muito trabalho. Voltaram à tarde e trouxeram mais pescado e as mesmas raízes, trazendo junto suas mulheres e filhos. E assim voltaram ricos em contas e guizos que lhes demos. Retornaram vários outros dias, trazendo sempre as mesmas coisas. Como nós já estávamos bem providos de pescado, raízes e água, além de outras coisas que lhes pedimos, decidimos desencalhar a barca e sair de novo ao mar. Tivemos de nos despir e passamos grande trabalho para tirar a barca da areia onde encalhara. Depois de embarcar, quando estávamos a dois tiros de balista dentro do mar, nos veio uma tal onda que nos deixou todos molhados. Como íamos todos nus e o frio que fazia era muito grande, resolvemos soltar os remos. Então novo vagalhão fez a barca virar. O inspetor e mais dois ficaram debaixo dela e morreram afogados. Como a costa era muito brava, o mar lançou-nos aos trambolhões e em meio às ondas de volta à margem da mesma ilha. Com exceção dos três que se afogaram, todos conseguiram chegar à costa. Estávamos nus como havíamos nascido, tremendo de frio e mais uma vez sem nada para comer. Podíamos contar todos os ossos, sendo as próprias figuras da morte. Estávamos em novembro e praticamente desde maio eu comia apenas milho tostado ou cru, porque, embora tivéssemos matado os cavalos, não consegui comer a sua carne. E não foram mais de dez as vezes em que comi pescado. Como ainda estava soprando o vento norte, nos sentíamos mais perto da morte do que da vida.

Saímos em busca dos tições de fogo que havíamos deixado e quis Deus Nosso Senhor que encontrássemos brasas, com as quais fizemos grandes fogueiras. Assim ficamos, pedindo misericórdia a Deus e perdão pelos nossos pecados, derramando muitas lágrimas. Na hora do pôr-do-sol, os índios, sem saberem de nossa tentativa de partida, vieram para nos trazer comida como sempre. Mas ao ver-nos naquele estado e com um comportamento completamente diferente, ficaram espantados e recuaram. Fui até eles e, através de gestos, procurei explicar-lhes que nossa barca havia afundado causando a morte de três dos nossos. Ali mesmo, na presença deles, apareceram dois dos corpos. Ao verem o desastre que nos acontecera, os índios se compadeceram da nossa desventura e miséria, e vieram sentar-se junto a nós, começando todos a chorar. Era tão impressionante e profundo seu sentimento, que longe dali se podia ouvir o choro. A lamentação durou mais de meia hora. Era impressionante ver aqueles homens, tão sem razão, tão brutos e tão rudes, se compadecendo de nós. Isso fez com que, em mim e em outros da companhia, crescessem o desgosto e o sentimento de nossa desgraça.

Cessado o choro, perguntei a alguns cristãos se não achavam melhor que pedíssemos àqueles índios para nos levarem a suas casas. Alguns, que já haviam estado na Nova Espanha, disseram que não deveríamos fazer isto porque, quando em suas casas, os índios nos matariam e nos ofereceriam em sacrifício a seus ídolos. Mas, como não havia outro remédio e por qualquer outro caminho a morte estava mais próxima, desconsiderei suas observações e roguei aos índios que nos levassem às suas casas. Eles mostraram grande prazer em nos atender e pediram que esperássemos um pouco que iriam providenciar. Em seguida, trinta deles se carregaram de lenha e foram para as casas, que ficavam longe dali. Ficamos com os outros até o entardecer. Então nos pegaram pelos braços e com muita pressa fomos para suas casas. Como fazia muito frio, temendo que alguns desmaiassem pelo caminho, fizeram grandes fogueiras ao longo do trajeto. Parávamos em cada uma delas para nos aquecer. Quando viam que havíamos recuperado alguma força e calor, nos tomavam pelos braços e quase sem deixar-nos encostar os pés no chão nos conduziam até a outra fogueira. Chegamos assim até onde moravam e vimos que haviam construído uma casa só para nós, rodeada por fogueiras para ser mantida aquecida. Passada uma hora de nossa chegada começaram a dançar e a fazer uma grande festa que durou toda a noite. Para nós, no entanto, não havia grande prazer nem para festa, nem para sono, pois apenas esperávamos a hora em que iriam sacrificar-nos. Pela manhã voltaram a nos dar pescado e raízes, nos tratando tão bem que começamos a ficar mais tranquilos, perdendo um pouco do medo do sacrifício.

Como soubemos de outros cristãos

Naquele mesmo dia vi um índio daqueles com um presente que reconheci não ser dos que havíamos dado. Ao lhe perguntar como o conquistara, me respondeu que lhe fora dado por outros homens como nós que estavam próximos dali. Mandei então dois cristãos e dois índios ao encontro daquela gente e eles os encontraram em seguida, já que também vinham à nossa procura, porque os índios de lá também haviam falado sobre nós. Eram os capitães Andrés Dorantes e Alonso dei Castillo com toda a gente de sua barca. Ao chegarem, espantaram-se muito com a maneira como nos encontraram, ficando muito compadecidos por não terem nada para nos dar, pois não traziam outra roupa além da que vestiam. Contaram-nos como no dia 5 daquele mês sua barca havia dado à légua e meia dali, tendo eles escapado sem perder coisa alguma. Então todos concordamos em preparar a sua barca e seguirmos nela os que tivessem força e disposição para tal. Os outros ficariam ali se recuperando e aguardando até que chegássemos à terra de cristãos para então virmos buscá-los. Antes que colocássemos a barca na água morreu mais um dos nossos, um cavaleiro chamado Tavera. Já deprimidos com mais uma morte, quando fomos colocar a barca na água sofremos outro golpe: a barca não suportou a carga e foi ao fundo. Como estávamos nus, sem qualquer apetrecho para tentar uma caminhada e cruzar rios e pântanos, decidimos o que a necessidade exigia: passar o inverno ali. Decidimos também que quatro homens mais fortes e em melhores condições de saúde fossem até Pánuco, pois acreditávamos que estava próximo dali. E que, se Deus Nosso Senhor os acompanhasse até lá, informariam que estávamos naquela ilha. Os que enviamos eram muito bons nadadores. Um era português, carpinteiro e marinheiro, chamado Álvaro Fernandez; o segundo se chamava Méndez; o terceiro, Figueroa, que era natural de Toledo; e o quarto, Astudillo, natural de Zafra. Levavam consigo um índio da ilha.

A partida dos quatro cristãos

Poucos dias depois da partida desses cristãos o tempo se tornou muito frio e com intensas tempestades. Os índios já não conseguiam arrancar as raízes e dos canais em que pescavam já não tiravam proveito algum. Como as casas eram muito desabrigadas, começou a morrer gente. Cinco cristãos que estavam em um rancho junto à costa chegaram a tal extremo que se comeram uns aos outros, restando apenas um que, por estar só, não tinha a quem comer, nem quem o comesse. Os nomes destes cinco eram: Sierra, Diego López, Corral, Palacios e Gonzalo Ruiz. Esse acontecimento perturbou muito os índios, que ficaram muito escandalizados. Dos oitenta homens das duas barcas que ali chegaram só restavam quinze vivos. Depois da morte desses cristãos, os índios da terra foram atingidos por uma enfermidade do estômago, que matou a metade deles. Acreditando que éramos nós quem os matava, decidiram matar os nossos que haviam sobrado. Quando se preparavam para executar o seu propósito, um índio que me cuidava foi-lhes falar e explicar que se tivéssemos tal poder não deixaríamos que os nossos morressem como estavam morrendo. E já éramos muito poucos, sem condições de lhes fazer qualquer mal, e que o melhor que podiam fazer era nos deixarem. Quis Nosso Senhor que eles o ouvissem.

A essa ilha demos o nome de ilha do Mau Fado. Os habitantes dali são grandes e muito bem-dispostos. Usam por arma apenas o arco e a flecha. As mulheres desempenham os trabalhos mais pesados. Durante o inverno, o único alimento que têm são as raízes, já que a pescaria se torna impossível.

Mas essas raízes são extraídas somente até dezembro e, quando chega fevereiro, eles precisam ir para outros lugares à busca de alimentos. Nessa ocasião é que as raízes começam a crescer. É a gente do mundo que mais ama seus filhos e que melhor tratamento lhes dá. Quando alguém perde um filho, chora sua morte durante um ano. Choram os pais, choram os parentes, chora todo o povoado. A cada dia pela manhã começam primeiro a chorar os pais e logo são seguidos por todo o povoado. Repetem isto ao meio-dia e quando anoitece. Depois de passado um ano, fazem as honras ao morto, lavam-se e tiram o negro com que haviam pintado o corpo. Só não fazem esse ritual anual para os velhos, porque dizem que estes já passaram seu tempo e não possuem mais nenhum proveito. Têm o costume de enterrar seus mortos, a não ser os homens delicados. Estes, quando morrem, são queimados em meio a uma grande festa. Fazem pó de seus ossos e, passado um ano, colocam esse pó em água e dão de beber aos parentes. Cada homem tem uma mulher conhecida, mas podem ter duas, três ou mais, havendo entre elas grande amizade e acordo. Os homens delicados também se juntam aos homens mais ousados. Outro costume que possuem é que, quando morre um filho, as pessoas da casa ficam três meses sem buscar o que comer. Morreriam de fome se os parentes e os vizinhos não lhes levassem de comer. Durante o tempo em que ali estivemos, como morreu muita gente, havia enorme fome pelas casas, pois mantinham o costume e eram poucas as pessoas que saíam para buscar comida. Além disso, como era inverno rigoroso, era muito pouco o que conseguiam. Esses costumes se davam não só na ilha, como também umas cinqüenta léguas terra adentro.[39]

Naquela ilha costumam curar as enfermidades soprando o doente e passando a mão sobre ele, para arrancar a doença. Tentaram fazer isso conosco e nós nos ríamos muito, o que os deixou zangados. Nos deixaram sem comer enquanto não aceitamos seu tratamento. Diante disso, acabamos tendo de aceitá-lo. Quando eles estão doentes costumam chamar um médico e, quando este os cura, dão a ele tudo o que possuem e ainda vão à casa de algum parente buscar mais outras coisas para dar. O que o médico costuma fazer é uma incisão no lugar dolorido, chupando ao redor dela. Costumam também fazer cauterização com fogo, o que experimentei em mim mesmo e que me pareceu muito proveitoso. Depois disso sopram no lugar que dói e acreditam que com isso afastam o mal. Nós os curávamos benzendo-os, rezando um *Pater Noster* e uma *Ave Maria,* e rogando a Deus Nosso Senhor que lhes desse saúde. Logo que os benzíamos diziam aos outros que estavam bem e nos davam bom tratamento, trazendo couro e outras coisas mais, inclusive deixando de comer para dar a nós. Foi tanta a necessidade que se passou ali que muitas vezes cheguei a ficar três dias sem comer coisa alguma. Parecia que seria impossível manter a vida, embora posteriormente tivesse enfrentado maior fome e maiores necessidades, como adiante contarei.

Os índios que vieram com Alonso del Castillo e Andrés Dorantes, como eram de outra língua e de outro parentesco, passaram para terra firme, onde foram comer ostras. Ali ficaram até o primeiro dia do mês de abril, quando então retornaram a essa ilha, que está a duas léguas de distância da terra na parte mais larga. A ilha tem meia légua de largura e cinco de comprimento. Os homens aqui andam nus e as mulheres se cobrem com uns tecidos extraídos de árvores. As moças se cobrem com couro de veado. Não têm um senhor e costumam repartir igualmente entre eles tudo o que têm. Todos os que são de uma linhagem costumam andar juntos. Há, entre os habitantes, dois tipos de língua diferentes: a dos capoques e a dos han. Quando se conhecem, têm o costume de se encontrar de tempos a tempos. Porém, antes de começarem a conversar, ficam chorando por uma meia hora. Acabado isto, o que é visitado se levanta e dá ao outro tudo o que possui. Este toma as coisas e muitas vezes vai embora sem que tenham trocado uma só palavra. Essa gente tem ainda outros estranhos costumes, mas eu contei só os principais para poder passar adiante e relatar mais do que nos aconteceu.

CAPÍTULO III

Da ilha do Mau Fado à fuga para o deserto

Depois que Dorantes e Castillo voltaram à ilha, recolheram os cristãos que lá estavam, que eram quatorze. Eu já tinha sido levado anteriormente para terra firme, onde fora acometido por uma enfermidade tão grande que estava quase sem esperança de continuar vivendo. Como os cristãos souberam disso, deram a um índio a manta de martas que fora tomada a um cacique para que a trouxessem para mim. Dois cristãos estavam tão fracos que não foi possível levá-los para terra firme. Eram eles Jerônimo de Alaniz e Lope de Oviedo. Todos os que estavam em condições de caminhar decidiram seguir ao longo da costa, deixando a ilha do Mau Fado. Eu, como estava sem condições, não pude acompanhá-los e fiquei junto com os índios, em terra firme.

Permaneci ali por mais de um ano, passando muito trabalho, pois davam a mim uma das tarefas mais difíceis, que era a de extrair as raízes do fundo da água ou do meio das canas. Fiquei com as mãos tão arrebentadas que o toque de uma palha já me fazia correr sangue. Diante dessa situação decidi fugir deles e ir para uns montes da terra firme, onde havia outros índios, que se chamavam charruco. Cheguei lá passando por mercador e procurei usar o ofício o melhor possível. Com isso consegui obter um bom tratamento e o melhor para comer. Rogavam-me que fosse de uma parte a outra buscar as coisas que eles precisavam, pois em razão da guerra que constantemente enfrentavam não podiam estar saindo para buscar aquilo de que necessitavam. Eu, com minha maneira de me relacionar, entrava terra adentro quando queria e me distanciava na costa até quarenta ou cinqüenta léguas. Minhas principais vendas eram caracóis do mar e conchas, que eles usavam para cortar uma fruta parecida com um grão de feijão e consumida tanto para tratamento de enfermidades como em bailes e festas. Eu levava esses produtos terra adentro e em troca recebia couro e almagre. Dei-me muito bem com essa atividade, porque podia me deslocar por onde quisesse sem ser importunado por ninguém e em todo lugar que chegava era sempre muito bem recebido. Tornei-me muito conhecido entre todos os índios e onde eu chegava era sempre uma atração. Todavia, assim mesmo passei muitas dificuldades com estas andanças, enfrentando fome e perigo em períodos de tempestades e frio, dos quais só escapei pela misericórdia de Deus Nosso Senhor. Por causa disso, deixei de trabalhar no inverno, pois nessa época também os índios ficavam retraídos em suas cabanas e com poucas condições de sobrevivência.

Fiquei quase seis anos nessa terra, só entre os índios e nu como eles andavam. A razao pela qual me detive tanto tempo foi para resgatar o cristão Lope de Oviedo, que havia ficado na ilha junto com outro chamado Alaniz, mas que morreu pouco depois da partida de Alonso del Castillo e Andrés Dorantes juntamente com os outros cristãos que haviam restado na ilha. Para tirá-lo dali passava todos os anos pela ilha, convidando-o para que me acompanhasse, mas ele sempre protelava dizendo que preferia esperar uma ocasião melhor. Depois de muitas tentativas, consegui tirá-lo dali, tendo de cruzar uma enseada e quatro rios[40] com ele nas costas, visto que não sabia nadar. Seguimos assim, junto com alguns índios, até que chegamos a uma enseada que tinha uma légua de comprimento e era muito funda em todas as partes. Pelo que nos pareceu, aquela era a enseada do Espírito Santo. Do outro lado havia alguns índios que vieram ao nosso encontro e nos informaram que mais adiante havia três homens como nós. Deram-nos inclusive os nomes deles e vimos que eram dos nossos que haviam saído da ilha. Perguntamos sobre os outros e nos disseram que haviam morrido de fome e de frio.

Disseram ainda que aqueles índios que estavam adiante haviam matado, por passatempo, Diego Dorantes, Valdivieso e Diego de Hualva, simplesmente porque haviam passado de uma casa a outra. E que os índios seus vizinhos, com quem estava agora o capitão Dorantes, por causa de um sonho, haviam matado Esquivel e Méndez. Todos faziam parte do grupo que saíra da ilha do Mau Fado. Sobre os que estavam vivos, nos informaram que eram submetidos a muitos maus-tratos, principalmente por parte dos jovens índios, que faziam pesadas brincadeiras com eles, dando coices, pontapés e socos. Sobre a terra, informaram que era muito pobre, tanto de gente como com relação ao que comer, e que as pessoas ali morriam de frio, pois não tinham nem couro para se cobrir. Disseram também que, se quiséssemos ver aqueles três cristãos, dali a dois dias eles viriam a uma légua dali juntamente com os índios para comer nozes,[41] na beira daquele rio. Para demonstrar os maus-tratos que os outros índios davam aos cristãos começaram a esbofetear meu companheiro. Parti imediatamente para cima deles, esbofeteando-os também. Temendo o que iria encontrar pela frente, Lope de Oviedo disse que iria voltar com algumas mulheres daqueles índios com os quais havíamos passado a enseada. Tentei dissuadi-lo de todas as maneiras, mas não tive sucesso. Ele voltou e eu fiquei só com aqueles índios, que se chamavam quevenes. Os outros com os quais ele se foi chamavam-se deaguanes.

Encontro com Andrés Dorantes, Castillo e Estebanico

Dois dias depois da partida de Lope de Oviedo, os índios vieram ao lugar indicado comer aquelas nozes, com as quais se mantinham dois meses do ano, sem comer qualquer outra coisa. As árvores são muito grandes e há inúmeras delas, só que o fruto dá um ano sim, outro não. Um índio me avisou que os cristãos haviam chegado e mandou que eu me escondesse próximo a uma colina e que depois ele e alguns parentes seus me levariam até eles. Só que os outros índios vieram, me encontraram ali e me levaram aonde estava Andrés

Dorantes, para quem também haviam dito que iria se encontrar com um cristão. Quando Andrés Dorantes me viu ficou espantado, pois acreditava que eu já estava morto havia muito tempo. Demos muitas graças a Deus em nos ver, pois este foi um dos maiores prazeres que tive nos últimos tempos. Chegando onde Castillo estava, me perguntaram o que pretendia fazer e eu lhes disse que meu propósito era passar à terra de cristãos. Dorantes me disse que há muitos dias rogava a Castillo e a Estebanico para que seguissem adiante, mas que não ousavam fazê-lo porque não sabiam nadar e havia muitos rios e enseadas a cruzar por aquelas terras. Eu lhes disse que, já que Deus Nosso Senhor me havia dado a graça de encontrá-los, que me dispunha a passá-los por todos os rios e enseadas que encontrássemos. Avisaram-me para de modo algum dar a entender aos índios que eu queria seguir adiante, pois eles me matariam se soubessem. Para que pudesse sair, teria de ficar seis meses entre eles, até que chegasse a época em que iam para outras terras comer tunas. Esta é uma fruta vermelha e negra, do tamanho de um ovo de galinha e de muito bom gosto.[42] Comem essas frutas durante três meses, período em que chegam outros índios para fazer trocas com eles. Decidimos que quando esses índios fossem embora iríamos junto.

Com esse acerto fiquei ali, sendo dado como escravo a um índio com quem Dorantes estava e que era vesgo, assim como também o eram a mulher e os dois filhos. Esses índios se chamam mariames, enquanto os seus vizinhos, com os quais ficara Castillo, se chamam iguases. Enquanto estávamos ali, eles me contaram que depois de saírem da ilha do Mau Fado encontraram a barca na qual iam o contador e os frades. Disseram que, ao cruzarem aqueles quatro rios de correnteza forte e a enseada, perderam quatro pessoas, que morreram afogadas. Assim seguiram adiante até que encontraram outra enseada onde perderam mais dois companheiros. Os demais estavam quase mortos, pois, ao longo de todo o caminho, não comeram nada além de caranguejos e da erva que brota em volta das pedras úmidas. Chegando a essa última enseada haviam encontrado alguns índios comendo amoras e que, quando os viram, foram embora. Estando à procura de um modo de cruzar a enseada, encontraram um índio e um cristão, que era Figueroa, um dos quatro que havíamos enviado adiante desde a ilha do Mau Fado para procurar Pánuco.

Ali Figueroa lhes contou como ele e seus companheiros haviam chegado até aquele local, onde dois deles e mais um índio que os acompanhava morreram de frio e fome. Ao chegarem ali, ele e Méndez, seu único companheiro que sobrevivera, foram presos pelos índios. Méndez fugiu, tentando ainda achar o caminho de Pánuco, mas os índios o perseguiram e o mataram. Tendo ficado com os índios, Figueroa soube que, com outros índios, chamados quevenos, havia um cristão e que este era Hernando de Esquivel, natural de Badajoz, que vinha em companhia do comissário. Por intermédio de Esquivel, ficou sabendo sobre o governador, o contador, os frades e todos os demais. Esquivel lhe disse que o contador e os frades haviam chegado com sua barca pelo costado, onde estava gente do governador. Logo este chegou com sua barca, apanhou sua gente e levou para o outro lado da enseada, retornando para buscar o contador e os frades. Contou ainda que, ao desembarcar, o governador revogou o poder de lugar-tenente que tinha o contador, passando esse cargo ao capitão Pantoja. Disse também que aquela noite o governador ficou em sua barca, não querendo sair à terra. Com ele ficaram um mestre e um pajem que estava muito mal. Na barca não havia água nem coisa alguma para comer. Durante a noite soprou um vento norte extremamente forte, que levou a barca para o mar sem que ninguém visse, e nunca mais se soube coisa alguma a respeito do governador.

Em vista disso, as pessoas que haviam ficado ali resolveram continuar caminhando pela costa e, por causa dos muitos rios que precisavam atravessar, resolveram construir algumas balsas. Depois de muito andar, subiram ao cume de um morro situado junto à margem, de onde avistaram alguns índios que, quando os viram, colocaram suas casas nas canoas e passaram para a outra margem. Como era novembro e encontraram ali água, lenha, caranguejos e mariscos, resolveram ficar. Mesmo assim o frio era tão inclemente que pouco a pouco alguns foram morrendo de frio e fome. Além disso, Pantoja, o novo lugar-tenente, os tratava tão mal que um dia Soto-Mayor, irmão de Vasco Porcallo, da ilha de Cuba, que viera como mestre de campo da armada, deu-lhe com um pau na cabeça, fazendo com que Pantoja caísse morto. A situação se tornou tão crítica que, daqueles que iam morrendo, os outros iam fazendo charque. O último que morreu foi Soto-Mayor e Esquivel também fez charque dele, com o que se manteve até 1º de março, quando foi levado por um índio que viera investigar se todos já haviam morrido. Foi quando estava em poder desse índio que Figueroa conseguiu falar com ele e ficar sabendo tudo aquilo que nos contou. Figueroa ainda convidou Esquivel para irem juntos a Pánuco, mas este lhe respondeu que soubera pelos frades que Pánuco já havia ficado para trás e assim permaneceu ali, enquanto Figueroa foi para a costa, onde agora se encontrava.

Índios matavam as filhas

Tudo isso lhes fora contado por Figueroa, com base no que ouvira de Esquivel, que, como já contei, foi morto pelos índios porque uma mulher sonhara que ele lhe matara um filho. Depois de o matarem, os índios mostraram a Andrés Dorantes sua espada, as contas, o livro e outras coisas que carregava. Matar por causa de um sonho não era um fato incomum entre os índios, mas um costume. Matavam até seus filhos em função de sonhos. Matavam também os recém-nascidos, caso fossem meninas, e os jogavam aos cachorros. Faziam isso com o argumento de que, ao crescerem, as meninas iriam se casar com índios de outras terras, que eram seus inimigos. Com isso, estariam aumentando o número de seus inimigos, que os conquistariam e tomariam como escravos. Nós lhes perguntamos por que não casavam suas filhas entre eles mesmos e responderam que era coisa feia casá-las com parentes e que era melhor matá-las a entregá-las a seus parentes ou a seus inimigos. O costume entre os diversos grupos de índios daquelas terras é o de comprar a mulher ao inimigo quando querem se casar. O preço que pagam é um arco, da melhor maneira que possam fazer, e duas flechas. Se não sabem fazer bons arcos, também podem pagar com uma boa rede de uma braça de largura. O casamento pode ser desfeito à primeira briga, e com a mesma naturalidade matam seus filhos e comercializam os filhos alheios. Dorantes esteve com esses índios, mas conseguiu fugir e ir para junto dos iguaces, com quem estavam Castillo e Estebanico.

Toda esta gente é muito bem constituída, embora não tão grandes como os que deixamos para trás. São muito bons arqueiros e costumam adornar o lábio e um mamilo. Mantêm-se basicamente de raízes, de dois ou três tipos especialmente, que são muito amargas. Gastam até dois dias para assá-las e andam duas ou três léguas para encontrá-las. Algumas vezes matam veados ou conseguem algum pescado, mas isso é tão pouco e a sua fome tão grande que comem aranhas, ovos de formigas, lagartixas, salamandras e até mesmo cobras que matam os homens que mordem. Comem também terra, madeira, esterco de veado e outras coisas que deixo de contar. Costumam também guardar os ossos dos veados e as espinhas dos peixes e das cobras para triturá-los depois e comer também. Entre essa gente, as cargas e qualquer coisa pesada são carregadas pelas mulheres e pelos velhos, que eles têm em pouca conta. Das vinte e quatro horas que há entre o dia e a noite as mulheres não descansam mais do que seis. Todas as demais elas passam atiçando o fogo nos fornos para secar as raízes que comem. Desde o amanhecer começam a cavar e cortar lenha para trazerem para suas casas. Vão buscar água e tudo o mais de que precisam. Os homens são uns grandes ladrões, pois, embora haja uma divisão igual de tudo, basta que alguém vire a cabeça para que outro passe a mão em seu pertence. Mentem muito e são grandes bêbados, para o que tomam uma bebida que não sei explicar de que é feita. São exímios corredores, passando o dia inteiro correndo, da manhã à noite, sem se cansar. Conseguem acompanhar até a corrida de um veado. É assim que os caçam, perseguindo-os até que eles se cansem.

Suas casas são de esteiras,[43] colocadas sobre quatro arcos. Carregam-nas às costas, pois se mudam a cada dois ou três dias à procura do que comer. Não semeiam nada que se possa aproveitar. São muito alegres e nem mesmo a fome impede que realizem seus bailes e festas. O melhor tempo para eles é quando comem as tunas e seus bailes e festas ganham maior empolgação.

Bem, conforme havíamos acertado antes, ficamos ali aqueles seis meses, até que chegou a época de irmos comer as tunas. Era então o verão e pelo caminho havia grande quantidade de mosquitos. Para nos defendermos deles enquanto dormíamos, fazíamos fogueira de madeira velha e molhada, de modo que fizesse somente fumaça para espantá-los. Essa fumaça, todavia, perturbava o nosso sono, pois nos fazia chorar, além de aumentar o calor. Muitas vezes íamos dormir junto à costa e, se alguma vez conseguíamos dormir, nos acordavam a pau para que fôssemos ativar a fumaça para espantar os mosquitos. Os índios de terras mais adentro usam outro sistema. Andam sempre com um tição na mão com o qual vão queimando o mato que encontram pela frente, tanto para afastarem os mosquitos como para poderem colher e comer as lagartixas que ficam a descoberto. Também usam o fogo para cercar os veados ou para obrigar outros animais a buscarem determinadas pastagens, onde conseguem capturá-los. Quando os índios retornam dessas atividades estão tão mordidos de mosquitos que parece que estão com a doença de São Lázaro. Dessa maneira, com tão grande dificuldade, satisfazem a sua fome duas a três vezes ao ano. É tão grande o trabalho para conseguir alimento que só quem passou por isso pode entender.

Além de muitos veados, também existe um tipo de vaca[44] por essas terras, da qual comi duas ou três vezes. Elas se parecem com as que existem na Espanha, tendo porém os chifres menores e o pêlo muito comprido e basto como uma manta de lã. Umas são pardas e outras negras. Parece-me que possuem carne melhor e mais farta que as vacas da Espanha e de seus couros os índios fazem mantas para se cobrir, assim como sapatos. Essas vacas vêm do norte e se espalham por aquelas terras até a costa da Flórida, por mais de quatrocentas léguas. Por todos os vales por que passam, baixam índios para caçá-las.

Como nos afastamos dos índios

Passados os seis meses em que fiquei com os cristãos esperando colocar em prática o que havíamos acertado, os índios se foram para as tunas que ficavam a trinta léguas de distância. Quando estávamos prontos para fugir, houve uma briga entre os índios com os quais estávamos, por causa de uma mulher, que causou grande alvoroço. Todos foram obrigados a se separar, inclusive nós. Por isso, de maneira alguma poderíamos nos juntar até o próximo ano. Durante esse período sofri muito, tanto pela fome como pelo tratamento que os índios me dispensavam. Era tanto o sofrimento que tive de fugir três vezes dos amos que tinha e todos eles saíram ao meu encalço para matar-me. Mas, por misericórdia de Deus Nosso Senhor, consegui escapar e me livrar deles.

Quando voltou a estação das tunas tornamos a nos encontrar no mesmo lugar. Mas, naquele mesmo dia, os índios decidiram nos separar, porém consegui dizer a meus companheiros que os esperaria nas tunas até o dia 1º de setembro, quando a lua estaria quase cheia. Avisei que se não viessem até esse dia eu iria sozinho. Fiquei com os índios durante treze luas e já havia decidido fugir na próxima lua cheia, quando aos treze dias de setembro Andrés Dorantes e Estebanico chegaram até onde eu estava. Disseram que Castillo estava com outros índios, chamados anagados, muito perto dali e que todos haviam se perdido e passado muitas dificuldades. No outro dia nossos índios se mudaram para onde estavam os índios com os quais estava Castillo. Até então aqueles dois grupos eram inimigos e se guerreavam, mas agora haviam feito as pazes. Aqueles índios nos disseram que outros, que estavam mais adiante, chamados camones e que vivem junto à costa, haviam matado toda a gente que vinha na barca de Peñalosa e Téllez, que estavam tão fracos que não tiveram força nem para tentar se defender. Mostraram-nos inclusive roupas e armas deles, dizendo também que a barca havia ficado sobre o costado. Com isso tínhamos informações sobre as cinco barcas, pois a do governador, como já contamos, o mar levou; a do contador e dos frades fora encontrada junto à costa e Esquivel contou o fim dos seus ocupantes; as de Castillo e a minha, como também já relatamos, afundaram junto à ilha do Mau Fado.

Nossa fuga

Dois dias depois de termos nos mudado, nos encomendamos a Deus Nosso Senhor e começamos nossa fuga, confiando que, apesar de já estar chegando ao fim o período das tunas, ainda houvesse frutos pelo caminho, que nos possibilitassem o sustento enquanto percorrêssemos um bom pedaço da terra. Aquele dia seguimos nosso caminho com grande temor de que os índios nos perseguissem. Já pela tarde avistamos alguma fumaça e em seguida um índio, que fugiu quando tentamos nos aproximar dele. Enviamos o negro atrás dele e, como viu que este ia só, resolveu aguardá-lo. O negro lhe disse que buscávamos aquela gente que estava fazendo fumaça. Ele respondeu que as casas ficavam perto e que nos guiaria até lá. Assim, nós o seguimos. Quando o sol já estava se pondo, avistamos as casas e, a dois tiros de balista antes de chegar, encontramos quatro índios que nos esperavam e nos receberam bem. Dissemo-lhes na língua dos mareames que estávamos procurando por eles e se alegraram muito com isso, dizendo que ficavam contentes com nossa companhia. Levaram-nos às suas casas, hospedando Dorantes e o negro na casa de um médico, e eu e Castillo na casa de um outro.

Esses índios chamam-se avavares e falam uma outra língua. Todavia, entendem perfeitamente a dos índios com os quais estávamos antes, pois inclusive negociavam com eles, vendendo-lhes arcos e flechas. A notícia de nossa chegada logo correu por todo o povoado e todos vinham nos oferecer muita tuna. Também sabiam sobre a maneira como curávamos os enfermos e do modo maravilhoso como Nosso Senhor agia conosco. Era uma grande alegria para nós e uma grande dádiva de Deus, depois de termos passado por tantos perigos, estarmos entre gente que não queria nos matar e que procurava eliminar a nossa fome e colocar-nos em seus corações, como adiante veremos.

Aqui curamos alguns doentes

Naquela mesma noite em que chegamos vieram alguns índios até Castillo e lhe disseram que estavam muito doentes da cabeça, rogando que os curasse. Depois que os benzeu e encomendou-os a Deus eles disseram que estavam completamente curados. Foram até suas casas e trouxeram muita tuna e um pedaço de carne de veado, coisa que não sabíamos o que era. Como a notícia logo se espalhou entre eles, naquela mesma noite vieram muitos outros enfermos para que nós os curássemos. Cada um trazia um pedaço de veado e eram tantos que não sabíamos onde colocar tanta carne. Demos muitas graças a Deus porque a cada dia aumentava sua misericórdia. Todos festejaram e dançaram até o raiar do sol. Foram três dias consecutivos de festejos com a nossa chegada.

Depois disso, perguntamos a eles sobre a terra que havia adiante, sobre sua gente e os mantimentos que poderíamos encontrar. Responderam que por aquelas terras havia muitas tunas, mas nessa época já não havia quase nada porque já haviam sido colhidas. Por lá não ficava ninguém, pois só iam colher as tunas e depois retornavam para suas casas. Além disso, a terra era muito fria e havia muito pouco couro para usar como abrigo. Sabendo disso e vendo que o inverno se aproximava, resolvemos ficar ali até a passagem da estação fria. Cinco dias depois de nossa chegada eles partiram em busca de tunas onde havia outra gente, de outras nações e de outras línguas. Nós seguimos com eles naquela caminhada, que durou cinco jornadas e durante a qual passamos muita fome, pois não havia nada que comer pelo caminho. Finalmente, chegamos junto a um rio[45] onde assentamos nossas tendas e saímos para colher as tunas. Como por essa terra não há caminhos e as outras pessoas voltaram enquanto eu me detive colhendo, acabei me perdendo dos demais. Procurei-os até a noite e não os encontrei, mas quis Deus que eu achasse uma árvore queimando, ao lado da qual pude me abrigar do frio. Pela manhã me muni de lenha e de dois tições e continuei a procurá-los. Andei assim cinco dias, cuidando sempre em manter pelo menos um tição para fazer fogo durante a noite, visto que andava nu como havia nascido. Durante todo esse tempo não encontrei nada que comer e como andava descalço machuquei muito os pés, correndo muito sangue. Todavia, Deus teve misericórdia de mim ao não fazer soprar o vento norte. Se isso acontecesse, não teria condições de suportar o frio. Ao cabo de cinco dias cheguei à ribeira de um rio e encontrei os meus índios e os cristãos. Todos já me davam por morto, pensando que uma cobra havia me mordido. Eles também haviam passado muita fome e disseram que não saíram ao meu encalço por não terem o que comer. A minha chegada causou muita alegria, principalmente entre os cristãos. Aquela noite me deram das tunas que tinham e no outro dia saímos em busca de mais e encontramos grande quantidade, o que permitiu que todos saciassem sua grande fome. Demos muitas graças a Deus Nosso Senhor porque nunca nos faltava amparo.

Trouxeram-nos outros enfermos[46]

No outro dia pela manhã vieram muitos índios trazendo cinco outros que estavam muito fracos e doentes. Vinham em busca de Castillo, para que os curasse, tendo cada um dos enfermos oferecido seu arco e flechas. Ele os recebeu e, ao pôr-do-sol, os benzeu e rogou a Deus Nosso Senhor para que lhes desse saúde. Todos nós suplicamos de igual maneira, pois aquela era a única forma de fazer com que aquela gente nos ajudasse a sair daquele lugar miserável. Deus foi tão misericordioso conosco que, chegada a manhã, todos amanheceram fortes e sadios e se foram tão bem como se nunca tivessem estado doentes. Isso causou grande admiração entre eles e em nós fez com que déssemos muitas graças a Deus Nosso Senhor, fazendo com que conhecêssemos cada vez mais sua bondade e tivéssemos a firme esperança de que haveria de nos tirar dali e nos levar para onde pudéssemos servi-lo melhor.

Como aqueles índios se foram, seguimos até onde estavam outros comendo tunas, que eram de outras línguas e se chamavam cutalches e maliacones. Junto com eles havia outros que se chamavam coayos e susolas, enquanto um pouco mais adiante havia outros chamados atayos, que estavam em guerra com os susolas. Como por toda aquela terra não se falava outra coisa que não fosse os mistérios que Deus Nosso Senhor executava através de nós, vinha gente de toda a parte em busca de cura. Dois dias depois de nossa chegada vieram uns índios dos susolas e pediram a Castillo que curasse alguns doentes deles, sendo que um estava muito mal. Quando os índios me viram, pediram que eu também fosse, pois se lembravam que em uma ocasião anterior eu já curara alguns doentes deles. Decidi ir com eles, levando comigo Dorantes e Estebanico. Quando chegamos, percebi que aquele enfermo mais grave deveria estar morto, pois eles já haviam colocado a esteira sobre seu corpo e queimado sua casa, que são os primeiros rituais executados quando alguém morre. Examinei-o e senti que não tinha nenhum pulso, o mesmo constatando Dorantes. Começamos então a massageá-lo e a soprá-lo, ao mesmo tempo que rezávamos e invocávamos Deus para que lhe desse vida e saúde. Depois disso me trouxeram seu arco e uma cesta de tunas e me pediram para cuidar de outros que estavam moribundos. Atendidos todos, me deram muitas cestas de tunas, que dei aos índios que me acompanhavam e em seguida me recolhi aos meus aposentos. No outro dia vieram me dizer que aquele que era tido como morto se levantara e havia caminhado, comido e conversado com eles, e que todos os que eu tratara estavam curados e muito alegres.

Tudo aquilo só fazia aumentar nossa fama. Quando os índios que estavam em nossa companhia, que eram os cutalchiques, voltaram para suas terras, nos deixaram toda a tuna que haviam colhido e ainda nos deram pederneiras de palmo e meio de comprimento, objeto usado para corte e que tem um grande valor entre eles. Seguiram como os homens mais felizes do mundo e disseram que sempre se lembrariam de nós.

Nós ficamos com aqueles índios avavares durante oito meses, conforme conta que fazíamos pelas luas. Durante esse tempo veio gente de todas as partes nos buscar para tratar de doentes e diziam que éramos verdadeiramente filhos do sol. Dorantes e o negro até então não haviam curado ninguém, mas, devido ao fato de vir gente dos mais diversos lugares nos buscar, eles também tiveram de se transformar em médicos. Todos criaram tanta confiança em nós que achavam que, enquanto estivéssemos por ali, ninguém morreria. Era impressionante como todos os que tratamos logo se mostraram curados.

Esses índios com os quais estávamos nos contaram uma coisa muito estranha, que teria ocorrido quinze ou dezesseis anos atrás. Andava por aquelas terras um homem que eles chamaram de Coisa Ruim, pequeno de corpo e que usava uma barba muito grande por causa da qual nunca puderam ver direito seu rosto. Quando chegava às portas das casas, trazendo uma tocha ardendo, todos começavam a tremer e ficavam com os cabelos em pé. Aquele homem tinha o poder de entrar e pegar quem quisesse, sem que houvesse qualquer resistência. Com uma pederneira muito grande dava três pontadas pelos lados do corpo daquele a quem pegava. Fazia isso inclusive como um ritual de tratamento de doentes, sendo que muitas vezes cortava a barriga dele, arrancava-lhe as tripas e as queimava. Depois dava três punhaladas em um braço, sendo uma para sangrar, e dava o doente como curado. Também nos contaram que muitas vezes lhe deram de comer, mas ele nunca aceitou e jamais o viram comendo. Quando lhe perguntaram de onde vinha mostrou uma fenda da terra e disse que sua casa era lá embaixo. Como nos ríamos muito de todas essas coisas que contavam, trataram de chamar as pessoas que haviam vivido a situação e foram muitas as que mostraram as marcas pelos braços e outras partes do corpo. Nós procuramos lhes mostrar que aquela era uma pessoa má e, se acreditassem em Deus Nosso Senhor e pedissem sua proteção, não teriam nada que temer e que ficassem certos de que, enquanto nós estivéssemos naquelas terras, ele não ousaria aparecer.

Toda essa gente não conhecia o tempo pelo sol ou pela lua e muito menos contavam mês ou ano. Entendiam a passagem do tempo pela época de amadurecimento das frutas, pelo desaparecimento dos peixes e pela posição das estrelas. Nisto sim eram muito habilitados. Esses índios não conheciam nem a plantação de milho. Dos oito meses que passamos com eles, seis foram de muita fome. Depois disso, quando as tunas já começavam a amadurecer, sem que eles vissem, passamos a outros índios que estavam mais adiante, chamados maliacones. Estes estavam a uma jornada dali, onde eu e o negro chegamos. Ao cabo de três dias, pedi que fossem buscar Castillo e Dorantes e, quando chegaram, fomos com os índios comer algumas frutinhas de umas árvores, com as quais se mantêm até chegar a época das tunas. Ali vieram se juntar outros índios, chamados arbadaos, entre os quais encontramos muitos doentes e fracos. Quando os índios com os quais estávamos foram embora, resolvemos ficar com aqueles outros para ajudá-los a se curar. Porém, com eles passamos mais fome ainda, pois não comíamos mais do que dois punhados daquela frutinha ao dia, que tinha um leite que nos queimava a boca, deixando-nos com muita sede. Além disso, ainda não tínhamos água. Como a fome fosse tanta, compramos daqueles índios dois cachorros,[47] dando em troca algumas redes, um couro com o qual eu me cobria e outras coisas mais.

Como andávamos nus por aquelas terras, conforme já falei, mudávamos de couro duas vezes ao ano, como as serpentes. O sol e o vento nos provocavam grandes queimaduras no corpo e um sofrimento que era aumentado ainda pelos ferimentos causados pelas cargas que levávamos. Diante de tantas dificuldades não tinha outro consolo que pensar na paixão de nosso redentor Jesus Cristo, no sangue que derramou por mim, e considerar quão mais doloroso seriam os espinhos que lhe perfuraram o corpo.

Passei negociando com esses índios, vendendo-lhes pentes, arcos, flechas, redes e esteiras. Destas, principalmente, eles tinham muita necessidade, porém nunca se importavam em fazê-las. Na realidade, não queriam fazer nada. Só se preocupavam em buscar o que comer e algumas vezes passavam fome para não terem de sair em busca de alimento. A maior graça que eu tinha era quando me pediam para raspar couros e suavizá-los, porque eu os raspava muito e comia daquelas raspas, o que me sustentava por dois ou três dias. Também nos aconteceu de os índios nos darem um pedaço de carne e nós termos de comê-lo cru, porque em outras ocasiões, quando começávamos a assá-lo, vinham outros índios e nos tiravam.

Partimos depois de comer os cachorros

Depois de termos comido os cachorros resolvemos seguir adiante. Rogamos a Deus para que nos guiasse, nos despedimos dos índios e tomamos nosso caminho, em direção às casas de um outro grupo de índios, amigos destes com quem estávamos. Logo que saímos começou a chover e tivemos de caminhar todo aquele dia com chuva, o que nos fez perder o caminho que nos haviam indicado. Fomos parar num monte muito grande,[48] onde colhemos muitas folhas de tunas, que assamos em um forno que fizemos, de modo que no outro dia estavam boas para comer. Depois de tê-las comido e mais uma vez nos encomendado a Deus, partimos e conseguimos reencontrar o caminho que deveríamos seguir.

Passando aquele monte vimos algumas casas de índios e duas mulheres que andavam por aquelas proximidades. Quando nos viram, elas fugiram espantadas e foram chamar os outros índios. Eles também ficaram muito espantados. Tentamos acalmá-los e conversar com eles. Depois de mais calmos, nos disseram que andavam com muita fome e que próximo dali estavam suas casas, para onde nos levariam. Naquela noite chegamos ao local, onde havia aproximadamente cinqüenta casas. Sentamo-nos frente a frente e eles passavam as mãos em nosso rosto e corpo, para logo em seguida as passarem nos seus próprios. No outro dia nos trouxeram seus enfermos para que nós os benzêssemos. Embora não tivessem quase o que comer, deram-nos o pouco que possuíam. Foi tão bom o tratamento que nos deram que permanecemos alguns dias ali e quando partimos os deixamos chorando.

Costumes dos índios

Desde a ilha do Mau Fado e por todas essas terras por onde andamos, os índios têm por costume abandonar suas mulheres quando estas percebem que estão grávidas. Este abandono se dá até que o filho tenha dois anos, que é o tempo durante o qual elas amamentam suas crianças. Depois disso a criança tem de sair à procura de alimento como qualquer adulto. Entre os casais que não possuem filhos, é comum o homem abandonar a mulher por motivo de qualquer desacerto. Porém, quando possuem filhos, o homem não abandona a mulher. Quando surge uma desavença entre homens, costumam lutar até se esgotarem. Pode acontecer de as mulheres apartarem a luta, mas essa separação dos lutadores nunca pode ser feita por homens. Uma conseqüência dessa luta é que normalmente o que se sente ofendido costuma abandonar o grupo e ir morar separado por uns tempos, até que passe a sua ira. Aí então retorna e todos passam a conviver como se nada houvesse acontecido.

Toda essa gente é guerreira e possui tanta astúcia para proteger-se de seus inimigos como se fossem criados na Itália e em contínua guerra. Quando estão em guerra costumam assentar suas casas nas encostas dos morros, fazendo cavernas nestes, que é onde costumam dormir. As mulheres e as crianças são levadas para as partes mais altas, através de estreitas trilhas que abrem. Os homens andam com o corpo totalmente pintado, como forma de camuflagem. Quando eu estava com os aguenes, e sem que estes soubessem de nada, vieram sobre eles seus inimigos quevenos, atacando-os no meio da noite, matando-os e ferindo muitos outros. Imediatamente os aguenes recolheram todas as flechas dos inimigos e saíram em seu rastro, sem que fossem percebidos. Ao raiar da aurora caíram sobre eles, matando-lhes cinco e ferindo muitos outros. Depois disso, as mulheres dos quevenes vieram em missão de paz e, como nas lutas entre dois guerreiros, conseguiram estabelecê-la. Embora a mulher muitas vezes seja a causa da guerra, em outras é ela quem consegue detê-la. Já os homens, quando têm inimizades particulares com outros que não são da família, costumam matar o inimigo à noite, de emboscada, normalmente usando muita crueldade.

Essa é em todo o mundo a gente que mais está pronta para usar uma arma. Se estão em guerra dormem com o arco e uma dezena de flechas a seu lado ou são capazes de passar a noite em claro à espera do inimigo. Saem muitas vezes de suas casas rastejando e, se percebem algo, em um instante todos estão em campo para a luta. Se clareia o dia sem que o inimigo tenha aparecido, afrouxam seus arcos e partem para a caça. Esses índios possuem muita agilidade para a luta, desfechando suas flechas e escondendo-se entre as árvores. Possuem maior dificuldade na luta em campo aberto. Quem guerrear contra eles deve estar bem avisado de que não sentem fraqueza nem temor e, enquanto durar a guerra, estarão lutando bravamente. E também é preciso subjugá-los totalmente, porque, logo que puderem, estarão se vingando.

As nações e línguas

Também quero contar sobre suas nações e línguas. Na ilha do Mau Fado há dois grupos de línguas: os caoques e os han. Na terra firme, em frente da ilha, há os chorruco, que tomam o nome do monte onde vivem. Mais adiante, pela costa, habitam outros que se chamam doguenes. Em frente a eles estão os mendicas. Mais adiante, ainda pela costa, estão os quevenes e, em frente a eles, mais para o interior da terra firme, estão os mareames. Seguindo pela costa estão os guaycones e, em frente a estes, os iguaces. Mais adiante, os atayos e, em frente, os acubadaos, dos quais há muitos por essa vereda adiante. Continuando pela costa, encontram-se os quitoles e, na frente, os avavales. Com estes se juntam os maliacones, os cutalchiches, os susolas, os comos e os camoles. E, por fim, há os que chamamos de figos. Todos esses povos possuem casas, sistemas de habitação e línguas diversas. Por todas essas terras se embriagam com o fumo[49] e dão por ele tudo que possuem. Bebem também uma outra coisa que extraem das folhas das árvores, depois de tostá-las em barris. Tomam aquilo o mais quente possível, gritando e convidando outros a beber. Quando as mulheres ouvem esses gritos, param onde estão, mesmo que estejam carregadas, e não ousam fazer outra coisa. Se alguma se mexer, será desonrada e jogarão sobre ela aquele líquido quente sem nenhuma piedade. A razão desse costume é que acreditavam que, se a mulher se movimentasse de uma distância em que pudesse ser ouvida, aquela bebida se estragaria e quem a tomasse morreria. Durante aquele tempo em que estava com eles vi uma coisa extraordinária, um homem casado com outro homem. Estes são homens muito afeminados, apesar de serem altos e fortes. Vestem-se como mulheres, trabalham como mulheres carregando muita carga e possuem o membro maior que os dos outros homens.

Mudamos e fomos bem recebidos

Depois que deixamos aqueles índios, que ficaram chorando, fomos com outros até suas casas, onde tivemos muito boa recepção. Trouxeram seus filhos para que os tocássemos com as mãos e nos deram muita farinha de *mezquiquez,* que é uma fruta semelhante à alfarroba, mas muito amarga. Misturando-a com a terra ela se torna doce e boa de comer.[50] Para prepará-la para comer, eles primeiro fazem um buraco na terra, de uma profundidade que cubra a fruta. Depois a colocam ali dentro, começam a espremê-la com um pau e vão colocando terra por cima. Se a terra tirada do buraco for insuficiente, buscam mais em outro lugar e vão colocando em cima e espremendo. Estando bem moída e bem misturada à terra, tiram-na do buraco, a colocam em uma alcofa e enchem de água até cobri-la. Então aquele que espremeu prova para ver se está suficientemente doce. Se achar que não está no ponto, pede mais terra e volta a mexer. Quando está pronto, as pessoas sentam-se em volta e cada um mete a mão e tira o que pode. As sementes e as partes da casca vão sendo retiradas e colocadas em um pedaço de couro para voltarem a ser espremidas e aproveitadas. Isso representa para eles um verdadeiro banquete. Depois que comem, ficam com a barriga muito grande da terra e da água que ingeriram. Os índios fizeram um preparado destes especialmente para nós. Durante o período em que ali estivemos também realizaram muitos bailes e festas. Enquanto dormíamos colocaram seis homens a velar nosso sono, de modo a que ninguém nos importunasse até o sol raiar.

Justo quando tencionávamos seguir adiante, chegaram as mulheres de alguns índios que moravam não muito longe e nós resolvemos acompanhá-las até lá. Os índios dali insistiram para que não fôssemos ou que pelo menos esperássemos até o outro dia, para aquelas mulheres descansarem da caminhada. Mas resolvemos ir naquele dia mesmo. Como não havia um caminho marcado por terra, acabamos nos perdendo das mulheres durante o trajeto. Andamos quatro léguas sem encontrá-las, até que, quando fomos tomar água em um riacho, as encontramos novamente. Dali seguimos sem nos distanciar delas, que iam abrindo caminho. Quando já havia entrado a tarde, cruzamos um rio com água pelo peito, tão largo quanto o rio de Sevilha e com uma correnteza muito forte.[51] Ao pôr-do-sol avistamos as casas dos índios, umas cem mais ou menos, e estes vieram gritando e pulando para o nosso lado, todos querendo nos tocar e sentir, e acabaram nos apertando tanto que quase nos mataram. Sem nos deixarem colocar os pés no solo, carregaram-nos para suas casas. Nós estávamos tão cansados e tínhamos sido tão massacrados por eles, que lhes dissemos que aquela noite não queríamos mais festa. Todavia, eles continuaram com seus bailes e festas durante toda a noite. No outro dia, trouxeram todo o seu povo para que nós tocássemos e abençoássemos cada um deles. Passado mais um dia, partimos dali, acompanhados por toda aquela gente, chegando até onde moravam outros índios. Eles nos receberam muito bem, nos dando carne de veado que recém haviam abatido. Ali presenciamos um outro costume. Aqueles que vinham até nós para receber tratamento primeiro tinham de entregar seus arcos, flechas, sapatos e contas aos índios que nos acompanharam. Depois estes traziam o material até nós e só depois é que os doentes vinham para o tratamento. Como aconteceu nos demais lugares, bastava nós fazermos uma oração junto a eles que já se diziam curados. Assim partimos dali para um outro povoado, onde igualmente fomos muito bem tratados e fizemos muitas curas, enquanto os índios festejavam sem nos deixar dormir.

Outro novo costume

Partindo dali fomos a outras casas, onde começou um novo e mau costume. Isto é, continuamos sendo bem recebidos, porém aqueles que nos acompanhavam começaram a saquear as casas dos que nos recebiam e tomar todos os seus pertences. Isto nos provocou grande desgosto, mas não tínhamos poder para evitar e muito menos para castigar aqueles que cometiam esses atos. Os próprios índios que perdiam suas terras e casas, diante de nossa tristeza pelo ocorrido, vinham nos consolar, dizendo que estavam muito felizes só por ter-nos encontrado e que mais adiante seriam recompensados por outros que eram mais ricos.

Passamos a ter cada vez mais trabalho para seguirmos adiante, pois era cada vez maior o número dos que nos seguiam. Embora quiséssemos fugir deles, já não conseguíamos. Não passavam três horas sem que chegasse mais um grupo querendo nos tocar e pedindo que os curássemos. Outro dia nos trouxeram toda a gente de um povoado de que a maior parte era vesga e alguns completamente cegos. Isso nos deixou muito espantados. Era gente muito bem formada de corpo, de bons modos e mais branca que todos os demais povos que até então havíamos encontrado.

Aqui começamos a ver algumas serras[52] e parecia que elas vinham seguidas desde o mar do Norte. Pelo relato dos índios, estavam a quinze léguas do mar. Partimos com eles em direção àquelas serras, tendo eles nos levado por onde estavam parentes seus, pois não queriam conduzir-nos por terras de seus inimigos. Isto, no entanto, não impediu que, ao chegarmos, os que conosco iam logo começassem a saquear. Mas os daquele lugar, como já sabiam desse costume, esconderam antes algumas coisas, que depois vieram dar para nós. Eram contas, almagre e algumas coisinhas de prata. Conforme o costume, logo entregamos aquelas coisas aos índios que nos acompanhavam, que em seguida começaram seus bailes e festas, mandando chamar também os outros povos vizinhos para que viessem participar. À tarde vieram todos, trazendo-nos contas, arcos e outras pequenas coisas que logo repartimos.

No outro dia, querendo partir, toda aquela gente queria nos levar até outros parentes seus que estavam na ponta da serra, onde diziam que havia muitas casas, muita gente e que ali nos dariam muitas coisas. Por ser fora de nosso caminho, não quisemos ir até lá, preferindo seguir pelo plano, margeando as serras, que acreditávamos não estarem distante da costa. Como os índios viram que estávamos determinados a seguir por aquele caminho e não pelo que eles indicavam, pediram que aguardássemos mais um dia ali, pois eles mandariam dois dos seus na frente para investigar o trajeto que iríamos percorrer. No outro dia partimos levando muitos deles, inclusive mulheres, que iam carregadas de água. Era tão grande a nossa autoridade que ninguém ousava beber sem nossa autorização. A duas léguas dali topamos com os índios que haviam saído na frente, que disseram não terem encontrado casas, nem gente nem tunas. Tornaram a nos rogar para que fôssemos pela serra. Como viram que nos mantínhamos firmes em nossa decisão, despediram-se com muito sentimento e tomaram o caminho rio abaixo, retornando para suas casas, enquanto nós seguíamos rio acima.

Havíamos andado muito pouco e topamos com duas mulheres carregadas. Estas pararam, descarregaram e trouxeram-nos o que levavam, que era farinha de milho. Disseram-nos que adiante, naquele rio, encontraríamos casas, muitas tunas e também daquela farinha. Despedimo-nos delas, porque iam ao encontro daqueles índios que havíamos deixado, e seguimos nosso caminho. Caminhamos até o pôr-do-sol, quando chegamos a um povoado de umas vinte casas, onde nos receberam chorando e com muita tristeza, porque já sabiam que onde nós chegávamos os moradores eram roubados e saqueados pelos que nos acompanhavam. Mas como ali nós já íamos sozinhos, perderam o medo e nos deram tunas. Ficamos ali aquela noite. Todavia, ao romper da aurora, chegaram aqueles índios que havíamos deixado antes e, como de costume, praticaram o saque e o roubo, pois pegaram aquela gente totalmente desprevenida. Os assaltantes, para consolá-los, diziam que nós éramos filhos do sol e que tínhamos poderes para curar os doentes ou para matar a quem quiséssemos, além de outras mentiras mais que eles sabem dizer quando lhes convêm. Disseram-lhes que nos tratassem com muita dedicação, que tivessem o cuidado de não nos magoar em coisa alguma e que, depois disso, nos levassem aonde houvesse bastante gente. Lá chegando, que saqueassem o que pudessem, porque este era o costume.

Como roubam uns dos outros

Depois de ter-lhes informado com detalhes como deveriam proceder, foram embora, nos deixando com aqueles índios, que começaram a nos tratar com o mesmo temor e reverência que os outros. Andamos três jornadas e chegamos onde havia muita gente. Mas, antes que chegássemos, alguns deles se adiantaram e contaram tudo o que lhes haviam ensinado, acrescentando muito mais coisas, pois os índios dessas terras são perfeitos contadores de histórias e muito mentirosos, especialmente quando têm algum interesse. Quando chegamos perto das casas, todos saíram para nos receber com muitas festas. Dois médicos deles nos deram duas cabaças, que é algo que eles têm como sagrado acreditando que venha do céu, visto não existir por ali e chegar apenas através da correnteza do rio. A partir dali começamos a levar cabaças conosco, acrescentando essa cerimônia à nossa autoridade, que para eles é muito grande. Os que haviam nos acompanhado saquearam as casas, mas, como eram muitas e eles poucos, não puderam levar tudo quanto tomaram e mais da metade deixaram perdido.

Dali, pela margem da serra, fomos penetrando terra adentro por mais de cinqüenta léguas, onde encontramos umas quarenta casas. Entre outras coisas que ali nos deram, Andrés Dorantes recebeu um guizo grande, de cobre, com um rosto estampado. Tinham esse objeto como muito importante, dizendo que o receberam de outros vizinhos, que o haviam trazido do Norte, onde diziam haver muitos deles. Entendemos que onde houvesse aquele objeto havia fundição e moldagem. Com isso, partimos logo no outro dia, atravessando uma serra de sete léguas, cheia de pedra-ferro. À noite chegamos a umas casas assentadas à margem de um rio muito formoso.[53] Os senhores dali saíram a nos receber, com seus filhos às costas, e nos deram alguns produtos que usam para se pintar, muitas contas e couros de gado. Carregaram todos que vinham com tudo que possuíam. Comiam tunas e pinhões, que dão em umas pinhas muito pequenas, pouco maiores que um ovo, mas que são mais saborosas que as de Castela. Os que nos tocavam corriam para suas casas, davam a volta e logo vinham novamente nos tocar e nos trazer mais coisas.

Aqui me trouxeram um homem que há muito tempo recebera uma flechada pelo ombro direito e cuja ponta havia penetrado até sobre o coração. Em vista disso, sentia muita dor e estava sempre doente. Eu o toquei e senti a ponta da flecha atravessada. Com um punhal que possuía, abri-lhe o peito até aquele lugar, mas percebi que, por estar atravessada, era muito difícil de ser retirada. Abri mais o corte, meti a ponta do punhal e, com muita dificuldade, tirei fora aquela ponta de flecha, bastante comprida. Usando um osso e couro de veado, além de meus conhecimentos de medicina, dei alguns pontos para fechar o corte. Com um outro pedaço de couro, estanquei o sangue. Eles me pediram aquela ponta de flecha e saíram mostrando-a por todo o povoado. Depois disso, enviaram-na terra adentro para que outros povos também a vissem. Depois de alguns dias retirei os pontos da flechada e ele disse que estava muito bem, não sentindo mais dor nenhuma. Essa cura nos deu enorme crédito por todas as terras por onde eles pudessem comunicar o ocorrido.

Mostramo-lhes aquele guizo que trazíamos e nos disseram que no lugar de onde ele viera havia muito daquele material de que era feito, quase todo ele enterrado. E que havia ali muita gente que trabalhava com aquele material, que eles sabiam ser de grande valor. Nós acreditávamos que isso se localizasse no mar do Sul, do qual sempre tivemos notícias de que era mais rico que o mar do Norte. Partimos dali e passamos por tanta gente, de tão diferentes línguas e lugares, que falta memória para contar tudo. Isso sempre vigorando o costume de uns saquearem os outros e ao final todos acabando satisfeitos. Por aqueles vales por onde andávamos, os índios levavam à mão um porrete de uns três palmos para abater as lebres que encontravam pelo caminho, e passavam muitas. Quando apareciam, eram tantos os porretes que caíam em cima delas que não havia jeito de escaparem. Como havia muitas, nos presenteavam com freqüência, de modo que cada um de nós andava sempre com uma carga de oito a dez lebres. Os que usavam arcos, afastavam-se para a mata e, quando voltavam, nos traziam veados, perdizes e outras caças. Enfim, tudo o que caçavam, primeiro colocavam em nossa frente e morreriam de fome se não os autorizássemos a comer. Nós então mandávamos assar toda a caça necessária para alimentar aquela gente, retirávamos a nossa parte e dávamos o restante ao principal, para repartir entre sua gente. Todos, no entanto, depois de assarem o seu pedaço, traziam-no até nós para que o abençoássemos e não o comiam sem que isso fosse feito. Da mesma forma, as mulheres nos traziam tudo o que conseguiam, para ser abençoado. Como algumas vezes chegávamos a ser quatro mil pessoas, pode-se imaginar o trabalho que tínhamos todos os dias só em abençoar o que cada um iria comer.

Mudou o costume de receber-nos

A partir daqui houve uma mudança no hábito de receber-nos. Não havia mais o saque. Quando chegávamos nos lugares, as pessoas que vinham nos receber já nos ofereciam tudo que possuíam, inclusive suas casas. Recebíamos tudo e dávamos aos principais, para que distribuíssem entre todos. Aqueles que entregavam as suas coisas quase sempre nos seguiam, com o objetivo de na próxima parada receber alguma compensação. Onde chegávamos diziam aos locais para que nos entregassem tudo, sem esconder nada, porque se não fizessem assim o sol nos diria e faríamos com que todos morressem. Era tamanho o temor que incutiam que, durante os primeiros dias em que ali estávamos, os do local não ousavam sequer levantar os olhos ao céu.

Com esse contingente cada vez maior seguimos por umas cinqüenta léguas de terras despovoadas e serras muito íngremes e sem caça. Isto fez com que passássemos muita fome. Quando chegamos a um rio muito grande,[54] cuja água dava em nosso peito, muita gente começou a morrer de fome e cansaço. Depois de muitos sacrifícios, chegamos a umas planícies nas encostas das montanhas, onde vieram nos receber naquele estilo a que nos habituáramos. Deram-nos tanta coisa, que tivemos de deixar a metade por não haver condições de carregar. Pedimos aos índios que nos deram aquele material que tomassem de volta o que sobrara, mas eles se recusaram, dizendo que o que havia sido dado não poderia ser tomado de volta. Dissemo-lhes que queríamos ir para o lado do pôr-do-sol e eles responderam que os povoados para aquele lado estavam muito distantes. Pedimos então que mandassem investigar o caminho e contatar com aquela gente. Eles se recusaram a fazer isso porque os outros eram seus inimigos, porém, como insistimos muito, mandaram duas mulheres, uma sua e outra que haviam capturado, porque mesmo em época de guerra as mulheres podem servir como contato.

Nós também tomamos o caminho até um ponto combinado para esperarmos as mulheres. Mas cinco dias se passaram da data combinada para o retorno delas e ainda não haviam voltado. Pedimos então aos índios que nos levassem para o Norte. Eles se recusaram dizendo que o próximo povoado estava muito distante e que não havia o que comer nem beber pelo caminho. Insistimos muito, mas eles encontraram uma maneira de evitar. Fiquei tão aborrecido com a recusa deles que uma noite me afastei de todos e fui dormir separado, no campo, mas eles logo foram até onde eu estava e passaram a noite ali sem dormir, com muito medo, dizendo que estavam muito amedrontados e pediam que eu não me aborrecesse mais. Disseram que, embora sabendo que morreriam pelo caminho, me levariam aonde eu queria ir. Naquele mesmo dia ocorreu que muitos índios adoeceram e oito deles vieram a morrer. Maior então foi o medo e o espanto que se apossou deles, dominando-os a certeza de que poderíamos tirar-lhes a vida quando bem entendêssemos. Na verdade, tínhamos muita pena deles pelo seu espanto e, ao mesmo tempo, grande preocupação de que morressem todos ou que nos abandonassem. Rogamos a Deus Nosso Senhor para que remediasse aquela situação e em seguida todos começaram a melhorar, o que foi uma coisa de grande admiração. O interessante é que, quando as pessoas estavam doentes, os outros índios sentiam grande dor, mas depois que morriam não manifestavam mais qualquer sentimento. Não os víamos chorar nem falar um com o outro a respeito do que morreu. Tampouco não o sepultavam enquanto nós não mandássemos. Uma mulher, que chorou uma vez, foi levada para longe, onde lhe arranharam o corpo com uns dentes de ratão. Quando lhes perguntei por que faziam isso, disseram que a castigavam porque havia chorado diante de mim.

Passados três dias que ali estávamos, chegaram as mulheres que havíamos enviado à frente, contando que haviam encontrado muito pouca gente e que a maioria havia ido à busca de vacas, porque era tempo delas. Determinamos aos que estavam enfermos que ficassem ali e aos que estavam bem que nos acompanhassem até duas jornadas dali, de onde mandaríamos as mesmas duas mulheres com dois dos nossos para contatar aquela gente e fazer com que viessem a nos receber. Assim, partimos no outro dia e paramos depois de três jornadas. Dali enviamos Castillo e o negro Estebanico, tendo como guia as duas mulheres. A mulher que era cativa guiou-nos por umas serras, por onde passava um rio, até um povoado em que morava seu pai. Depois de três dias, Castillo retornou trazendo cinco ou seis daqueles índios e informando que havia encontrado casas de morar e casas semelhantes às de minas,[55] e que aquela gente comia feijão, cabaça e milho. Isto foi a coisa que mais me alegrou e por ela demos infinitas graças a Deus. Castillo também disse que Estebanico viria com toda a gente para encontrar-se conosco. Tratamos logo de seguir adiante e, mal tínhamos andado uma légua e meia, encontramos o negro com toda aquela gente, que nos recebeu com muito feijão, cabaça e manta de couro de vaca, além de outras coisas. Seis léguas adiante, já com a caída da noite, chegamos às suas casas, onde fizeram grande festa.

No outro dia seguimos adiante, indo a outras casas, onde comiam as mesmas coisas, mas onde já apresentaram uma nova maneira de nos receber. Estes não vieram ao nosso encontro, simplesmente colocaram o que queriam nos dar no meio da casa e sentaram-se em volta, virados para a parede, com a cabeça baixa e os cabelos cobrindo os olhos. Daqui em diante começaram a nos dar muitas mantas de couro. Aquela era a melhor gente que encontráramos até então quanto ao corpo, vivacidade e habilidade. Eram os que melhor nos entendiam e que melhor nos respondiam a tudo que perguntávamos. Nós os chamamos de "o povo das vacas", porque é ali que mais tem esse animal. Perguntamos a eles de onde haviam trazido o milho e nos disseram que viera de onde o sol se põe. Aproveitaram para contar que nos dois últimos anos haviam enfrentado grande seca, que arruinou quase toda a colheita. Sobre a maneira de chegarmos até a terra de onde haviam trazido o milho, disseram que deveríamos seguir rio acima, em direção ao Norte, e que em dezessete jornadas não encontraríamos outra coisa que comer que não fosse uma fruta que chama *chachan*.[56] Mas que encontraríamos muitos povos pelo caminho que, embora fossem seus inimigos, falavam a mesma língua e nos tratariam muito bem. Além disso, nos dariam mantas de algodão e de couro, além de outras coisas, mas que mesmo assim nos desaconselhavam a tomar aquele caminho.

Sem saber o que faríamos e que caminho pegar que fosse mais proveitoso, ficamos dois dias com eles. Davam-nos feijão e cabaça. A maneira deles cozinharem as cabaças era tão nova que quis descrevê-la aqui para que se conheça como são diversos e estranhos os talentos e habilidades dos homens humanos. Não têm panelas e, para cozinharem o que querem comer, enchem meia cabaça grande de água e põem muitas pedras no fogo. Quando vêem que as pedras estão ardendo, eles as pegam com tenazes de pau e as colocam na água da cabaça, até que a fazem ferver. Quando a água está fervendo, colocam o que querem comer e enquanto cozinha ficam tirando as pedras e pondo outras mais quentes.

Seguimos o caminho do milho

Passados dois dias, nos determinamos a buscar o caminho do milho porque não quisemos seguir o caminho das vacas, que era para o Norte, já que sempre tivemos a certeza de que, seguindo o pôr-do-sol, encontraríamos o que buscávamos. Seguimos nosso caminho, atravessando toda a terra até sairmos no mar do Sul. Nem o temor nem a fome que de fato passamos durante aquelas dezessete jornadas impediram que chegássemos lá. Por todo o trajeto, que era rio acima,[57] nos deram muitas mantas de couro de vaca, mas o mantimento de cada dia não foi mais do que um punhado de banha de veado, que sempre procurávamos guardar para essas necessidades. Assim passamos todas essas dezessete jornadas, ao fim das quais atravessamos o rio e passamos outras dezessete. Chegamos então a algumas casas onde havia muito milho plantado. Ali nos deram milho, farinha de milho, cabaças, feijão e mantas de algodão. Nós demos a eles do que havíamos trazido e ficaram muito contentes. De nossa parte, demos muitas graças a Deus por ter-nos trazido a lugar de tanta fartura.

As casas daquele povo eram de dois tipos: de esteiras de cana e de terra. Desde ali passamos por mais de cem léguas e sempre encontramos casas de terra e muito mantimento de milho e feijão. Também nos davam muitos veados e mantas de algodão, melhores que as da Nova Espanha.[58] Deram-nos ainda muitas contas de coral, abundantes no mar do Sul, assim como muitas pedras de turquesa de muito boa qualidade, além de outras coisas mais que possuíam. A mim deram cinco esmeraldas transformadas em pontas de flechas, com as quais fazem seus bailes e festas. Pareceu-me que eram de muito boa qualidade e perguntei a eles onde as conseguiram. Disseram que as traziam de umas serras muito altas que existem para o Norte, onde as compraram em troca de penachos e plumas de papagaios. Por esses lugares, informaram, existe muita gente e casas muito grandes.

Foi nesse lugar, entre todas as Índias, que vimos as mulheres mais decentemente trajadas. Vestiam camisas de algodão que chegavam até os joelhos e, por cima delas, uma espécie de casaco de meia manga e de comprimento até o solo, feito de couro de veado. Tratam esse couro com umas espécies de raízes,[59] de modo que o trazem sempre muito limpo e também usam sapatos de couro. Toda essa gente vinha até nós pedir para ser abençoada e ser tocada por nossas mãos. O importúnio era grande, pois tanto os doentes como os saudáveis queriam receber nossa bênção. Muitas vezes acontecia de aquelas mulheres que seguiam conosco ganhar filhos. Então logo traziam para que abençoássemos o recém-nascido. Acompanhavam-nos sempre até sermos entregues a outros e entre toda essa gente era tido como certo que havíamos vindo do céu. De fato, nossa disposição para enfrentar as dificuldades era muito grande e isso os impressionava. Chegávamos a caminhar um dia inteiro, da manhã à noite, sem comer nada e sem sentir cansaço. Quando fazíamos uma refeição, comíamos muito pouco.

Tínhamos muita autoridade sobre aquela gente e, para conservar isso, poucas vezes conversávamos com eles. Quem mais lhes falava era o negro Estebanico, informando-se sobre os caminhos que queríamos seguir e sobre os povos que deveríamos encontrar pela frente. Cruzamos com uma infinidade de línguas e com todas elas Deus Nosso Senhor favoreceu o entendimento, porque sempre entendemos e fomos entendidos. Conseguimos aprender seis línguas das que eram faladas por aqueles povos; mesmo assim, na maioria das vezes, nos comunicávamos por sinais, tamanha era a diversidade das línguas por lá faladas. Havia também muita guerra por todas essas terras, mas com nossa chegada tratavam de se juntar para nos receber e nos dar tudo que possuíam. Com isso conseguimos também disseminar a paz entre aquela gente. Por sinais também lhes explicávamos que no céu havia um ser, que chamávamos Deus, que havia criado o céu e a Terra e que nós o adorávamos e o tínhamos por Senhor, fazendo o que ele determinava. Dizíamos que de sua mão vinham todas as coisas boas e, se eles O tratassem como nós O tratávamos, receberiam muitas recompensas. Procuramos fazê-los entender isso da melhor maneira possível e dali em diante passaram a fazer preces ao céu sempre que o sol saía e quando se punha. É gente de boa índole e própria para seguir qualquer coisa bem planejada.

Deram-nos os corações dos veados

No mesmo povoado em que me deram as esmeraldas, deram a Dorantes mais de seiscentos corações de veado. Em função disso, demo-lhes o nome de Povo dos Corações.[60] Eles estão situados num ponto que serve de entrada a muitas províncias que estão no mar do Sul. Aqueles que forem à sua busca, se não entrarem por aqui se perderão, porque pela costa não há milho, apenas pescado e pó de bredo são usados como alimento. As mulheres dali cobrem suas vergonhas com ervas e palha e o povo é muito pobre e triste.

Acreditamos que, próximo da costa, no caminho daquela gente que antes falamos, há mais de mil léguas de terra povoada, com muito mantimento, pois semeiam três vezes ao ano feijão e milho. Além disso há por lá três tipos diferentes de veados, sendo que um deles é parecido com os novilhos de Castela. Há muitas casas, do tipo de cabanas, e muita erva, com a qual costumam untar as flechas. Mas esta é tão venenosa que, se colocarem as folhas com que untam as flechas em alguma fonte onde os animais venham tomar água, estes morrerão imediatamente. Estivemos nesse povoado durante três dias e a uma jornada dali encontramos um outro, onde tivemos de nos deter quinze dias por causa das inundações que ali se verificavam.

Por esse tempo, Castillo viu no pescoço de um índio uma fivela de talabarte de espada trazendo preso um prego de ferradura. Castillo pegou-a e perguntou-lhe o que era aquilo, tendo o índio respondido que aquilo viera do céu. Ao indagar quem a havia trazido, disse que foram homens que usavam barbas como nós, que haviam vindo do céu e chegado até aquele rio[61].

E que eles traziam cavalos, lanças e espadas, tendo atingido dois deles com esses objetos. Da maneira mais dissimulada possível, perguntamos sobre o que havia acontecido com aqueles homens e nos responderam que tinham ido para o mar e desapareceram onde se põe o sol. Nós demos muitas graças a Deus pelo que acabávamos de ouvir, porque nos indicavam as primeiras informações sobre cristãos. Por outro lado, nos vimos em confusão e tristeza, pois aquela gente simplesmente poderia ter vindo pelo mar a fazer descobertas e ter voltado pelo mesmo caminho. Mas, como tínhamos a convicção de que pelo caminho que seguíamos iríamos encontrar os cristãos, tratamos de buscar mais informações. À medida que avançávamos, recebemos mais notícias sobre cristãos e íamos informando que os buscávamos para dizer-lhes que não mais tratassem mal os índios, não os matassem nem os transformassem mais em escravos.

Andamos por muito tempo e encontramos toda a terra despovoada, porque os moradores fugiram para as serras, sem ousar manter as casas e as lavouras, com medo dos cristãos. Uma das coisas que nos deram mais pesar foi ver aquelas terras tão férteis, tão bonitas e tão providas de águas e rios estarem sendo abandonadas, as casas queimadas e aquela gente sem poder plantar o que comer, tendo de passar fome e ir enfraquecendo gradualmente, visto que não comiam mais do que raízes e cascas de árvores.[62] Nós, no entanto, conseguimos manter contato com aqueles povos e eles nos trouxeram mantas e nos contaram como os cristãos haviam entrado em suas terras, destruído e queimado os povoados, e carregado com eles grande parte de seus homens, mulheres e jovens, feitos escravos. Os demais tiveram de fugir para escapar de tamanha crueldade.

Embora essa gente mostrasse grande prazer em estar conosco, temíamos que quando chegássemos na zona de fronteira entre estes e os cristãos, onde estavam se dando os combates, fossem nos maltratar e fazer com que pagássemos pelo que os cristãos lhes estavam fazendo. Mas Deus Nosso Senhor fez com que eles passassem a nos temer e a nos acatar, como faziam os demais com quem nos encontráramos antes. Isto vem demonstrar que toda essa gente pode ser atraída ao cristianismo e à obediência à imperial majestade, desde que lhe seja dispensado um bom tratamento. Estes com quem estávamos nos levaram aos picos de umas serras muito íngremes, onde encontramos muita gente reunida e refugiada dos cristãos. Receberam-nos muito bem, dando-nos o quanto possuíam, inclusive mais de duas mil cargas de milho, que demos àqueles miseráveis e famintos que nos trouxeram até ali.

No outro dia despachamos quatro mensageiros, como costumávamos fazer, para que convocassem toda gente que pudessem para reunir-se num povoado que está a três jornadas dali. No dia seguinte partimos acompanhados por todos que ali estavam e ao longo do caminho fomos encontrando rastros e marcas onde os cristãos haviam dormido. Ao meio-dia encontramos nossos mensageiros, dizendo que não haviam achado ninguém, porque todos estavam refugiados nas montanhas, com medo de que os cristãos os matassem ou os transformassem em escravos. Disseram também que durante a noite haviam espionado os cristãos por trás de umas árvores e viram que eles carregavam muitos índios presos em correntes. Essa informação causou grande alvoroço entre os índios que estavam conosco, muitos deles saindo em disparada diante da proximidade dos cristãos. Foi preciso muito esforço de nossa parte para contê-los e acalmá-los. No dia seguinte seguimos nosso caminho e fomos reunindo mais índios. Dormimos aquela noite no caminho e de manhã pedimos aos índios que havíamos enviado como mensageiros que nos conduzissem até onde haviam visto os cristãos. Ao entardecer percebemos que haviam falado a verdade, pois fomos encontrando as pegadas dos cavalos e as estacas onde esses animais eram amarrados. Desde aqui até o ponto onde soubemos a respeito da presença de cristãos, que foi no rio onde havia chegado Diego de Guzmán, deve haver umas oitenta léguas.[63] E desde aqui até o mar do Sul deve ser mais doze léguas. Por toda esta terra que ladeia serras, encontramos grandes mostras de ouro, antimônio, ferro, cobre e outros metais. No lugar onde estão localizadas as casas faz muito calor, especialmente durante o mês de janeiro. Os índios não dão nenhuma importância para o ouro ou para a prata, não sabendo o valor que estes possuem.

CAPÍTULO IV

Reencontro com a civilização

Depois que vimos rastos claros dos cristãos e percebemos quão próximo deles estávamos, demos muitas graças a Deus por nos tirar de tão triste e miserável cativeiro. O prazer que passávamos a sentir, cada um pode julgar ao pensar no tempo em que estivemos naquela terra e os perigos e dificuldades por que passamos. Naquela noite pedi que um de meus companheiros fosse ao encontro dos cristãos, que estavam a uma distância de três dias de caminhada. Todos se recusaram, alegando cansaço e trabalho, embora cada um deles pudesse fazê-lo melhor do que eu, por serem mais jovens e mais fortes. Em vista da sua apatia, no dia seguinte tomei comigo o negro e onze índios e, seguindo o rastro dos cristãos, passei por três lugares onde haviam dormido. Neste dia andei dez léguas e no outro, pela manhã, encontrei quatro cristãos a cavalo, que ficaram muito espantados ao me ver tão estranhamente vestido e em companhia de índios. Ficaram tão atônitos e me olharam durante muito tempo, sem nada me perguntar. Pedi-lhes que me levassem até onde estava o seu capitão e eles me conduziram até meia légua dali, onde estava Diego de Alcaraz. Depois das conversas iniciais disse-me que estava muito perdido por ali, porque há muitos dias não tomava mais índios e não sabia por onde ir, visto que entre eles começava a haver grande necessidade e fome. Informei-lhe então sobre Dorantes e Castillo, que haviam ficado a dez léguas dali com muitos índios que nos acompanhavam. Ele logo determinou o envio de três a cavalo e cinqüenta índios para encontrá-los. O negro voltou junto para guiá-los, enquanto fiquei ali e lhes pedi que me contassem quando e como ali haviam chegado, tendo eles me informado.

Desse rio até o povoado dos cristãos, que se chama São Miguel e está na província que chamam de Nova Galícia, há trinta léguas.[64]

Passados cinco dias chegaram Andrés Dorantes e Alonso del Castillo com os que haviam ido com eles, trazendo consigo mais de seiscentas pessoas, aquelas que andavam conosco por ter fugido dos cristãos. Quando chegaram, Alcaraz me pediu para mandar chamar a gente de todos os outros povoados situados à margem do rio, que também se refugiara nas montanhas. E que determinasse que trouxessem o que comer, o que era desnecessário, pois sempre tinham o cuidado de trazer-nos o que necessitávamos. Vieram mais seiscentas pessoas, que nos trouxeram muito milho enrolado em folhas cobertas por barro, a maneira que eles haviam encontrado de esconder o seu alimento para não ser tomado pelos cristãos invasores. Peguei aqueles alimentos e dei aos cristãos para que repartissem entre si.

Depois disso passamos muito trabalho com os cristãos, pois eles insistiam em transformar todos aqueles índios em escravos. Em função dessa disputa, ao partir deixamos muitas das coisas valiosas que trazíamos, como pedras turquesas, bolsas de couro, flechas e até as cinco esmeraldas que eu ganhara. Isso também nos causou grande problema para convencer os índios a voltarem para suas casas, pois estes insistiam em seguir conosco, conforme já se tornara costume. Além disso, temiam voltar a serem atacados pelos cristãos. Insistiam em que só se sentiam seguros em nossa companhia. Os cristãos ficavam desgostosos com isso e procuravam dizer-lhes, através do intérprete, que éramos como eles mesmos e que havíamos nos perdido há muitos anos. E que, além disso, éramos gente de pouco valor e que eles eram os senhores daquelas terras, a quem deveriam obedecer e servir. Mas os índios não lhes davam ouvidos e conversavam entre si dizendo que os cristãos estavam mentindo, porque nós havíamos vindo de onde nasce o sol, enquanto eles vieram de onde o sol se põe; que curávamos os enfermos e eles matavam os que estavam sãos; que nós vínhamos nus e descalços e eles a cavalo e com lanças; que não tínhamos cobiça por coisa alguma, ao contrário, tudo que recebíamos repartíamos com todos, enquanto os outros não tinham outra finalidade do que roubar tudo o que encontravam, sem dar nada a ninguém. Através do intérprete disseram isto aos cristãos e depois disseram o mesmo para os outros povos que vieram se juntar a eles, que falavam uma outra língua, que nós chamamos *primahaitu,* diferente da língua deles, assim como a língua das províncias vascongadas difere do castelhano.

Não houve maneira de fazer os índios se convencerem de que nós éramos a mesma gente dos cristãos. Contudo, com muito trabalho, conseguimos fazer com que voltassem às casas, para que reassentassem seus povos e voltassem a semear aquelas terras que, sem dúvida, são as mais férteis de quantas existem por estas Índias. Na verdade, nada falta nesta terra para que seja muito boa, pois também há grandes sinais de minas de ouro e de prata. Além disso, o povo é muito bem formado fisicamente e de muito boa vontade, servindo aos cristãos (se são seus amigos) com muita dedicação. Os índios só voltaram às casas depois que lhes asseguramos que os cristãos não iriam mais lhes fazer mal.

Depois que nos despedimos dos índios os cristãos nos enviaram, sob tutela, a um alcaide chamado Cebreros. Por aí pudemos ver como os homens são enganadores, pois, quando pensávamos que estávamos adquirindo a liberdade, estava acontecendo justamente o contrário. Conduziram-nos por montes despovoados e afastados dos índios, para que estes não vissem nada. Ao mesmo tempo, decidiram atacar novamente aqueles índios que haviam prometido deixar em paz. Levaram-nos por aquelas montanhas durante dois dias, sem água e sem caminho, e pensávamos que iríamos morrer de sede. Andamos vinte e cinco léguas até que chegamos a um povoado de índios de paz, onde aquele alcaide que nos levava nos deixou, seguindo adiante mais três léguas até um povoado chamado Culiazan, onde estava Melchior Díaz, alcaide-mor e capitão daquela província.

O alcaide-mor recebeu-nos bem

Tendo sido avisado de nossa chegada àquele povoado, o alcaide-mor veio ainda aquela noite ao nosso encontro, tendo chorado muito ao nos ver e dado muitas graças a Deus Nosso Senhor por ter usado tanta misericórdia para conosco. Foi muito amável e, tanto de sua parte como de parte do governador Nuño de Guzmán, nos ofereceu tudo o que tinha e podia. Mostrou também muito desgosto pela má acolhida que Alcaraz e os outros com quem havíamos falado inicialmente nos haviam dispensado. Tivemos a certeza de que se ele estivesse lá nada teria acontecido com os índios. Queríamos partir no outro dia, mas o alcaide-mor nos rogou que permanecêssemos ali, pois com isso estaríamos prestando um extraordinário serviço a Deus e a Vossa Majestade. A terra estava despovoada, sem ser lavrada, e os índios andavam escondidos pelos montes sem querer voltar para suas casas. Pedia que eu chamasse de volta aqueles índios. Isto nos parecia muito difícil de ser colocado em prática, porque não trazíamos mais nenhum índio dos nossos conosco, nem daqueles que nos acompanhavam e entendiam o que falávamos. Mas, diante de tanta insistência, fomos falar com dois índios que eles traziam cativos, que já tinham ouvido falar a nosso respeito e foram enviados até a gente que nos acompanhava, tendo ficado sabendo das maravilhas que por ali havíamos realizado, dos enfermos que havíamos curado e do respeito que todos tinham por nós, além de outras coisas mais. Saíram aqueles índios então pelas montanhas a chamar aqueles povos que estavam refugiados, para ir até o rio Petaan, onde havíamos encontrado os cristãos. Para que fossem com mais segurança, demo-lhes um bastão dos que trazíamos às mãos (que era nossa principal insígnia e mostra de grande autoridade).

Depois de terem andado sete dias, aqueles índios voltaram trazendo consigo três senhores dos que estavam refugiados nas serras, que vieram acompanhados de mais quinze homens e nos trouxeram pedras turquesas e plumas. Os mensageiros informaram que não haviam conseguido falar com os nativos do rio porque os cristãos mais uma vez os obrigaram a se refugiar nas montanhas. Melchior Díaz pediu a um intérprete que fosse até lá e dissesse àqueles índios que vinham em nome de Deus, que está no céu, e que havíamos andado pelo mundo por muitos anos, dizendo às pessoas para que amassem e servissem a Nosso Senhor, porque ele retribuía aos bons e dava pena perpétua de fogo aos maus. Quando os bons morriam, levava-os para o céu onde ninguém nunca morre, nem tem sede, frio ou qualquer outra necessidade. Aqueles que não queriam obedecer a seus mandamentos eram jogados para debaixo da terra, em companhia dos demônios, em meio a um grande fogo que nunca acaba. Mandava que lhes dissesse também que, se quisessem ser cristãos e servir a Deus da maneira como mandássemos, que estes os teriam como irmãos e os tratariam muito bem. E nós determinaríamos que os cristãos não lhes tirassem mais as terras nem lhes fizessem mais nenhum mal.

Depois de todas as pregações,[65] os índios responderam aos intérpretes que seriam muito bons cristãos e serviriam a Deus. Perguntados sobre quem adoravam e a quem pediam água para seus milharais e saúde para eles, responderam que a um homem que estava no céu. Perguntamo-lhes como se chamava esse homem e eles responderam que seu nome era *Aguar* e que acreditavam que havia criado todo o mundo e todas as coisas que existiam. Tornamos a perguntar como sabiam disso e disseram que seus pais e avós lhes haviam dito que desde há muito tempo tinham notícia disso. Dissemo-lhes que este ser a quem serviam nós chamávamos Deus e que eles também deveriam chamá-lo assim. Responderam que tinham entendido muito bem e que fariam tudo conforme nós havíamos indicado. Pedimos então que viessem para suas terras podendo vir seguros e em paz; que refizessem suas casas e entre elas fizessem uma para Deus, colocando uma cruz a sua entrada, como a que tínhamos ali; também que, quando viessem os cristãos, saíssem a recebê-los com uma cruz na mão e não com o arco e flecha; que os levassem às suas casas e lhes dessem de comer, pois assim eles seriam sempre seus amigos e não lhes fariam mal nenhum. Disseram que fariam tudo conforme indicáramos. O capitão lhes deu mantas e eles voltaram para suas terras levando consigo os que estavam no cativeiro e que haviam servido de mensageiros. Isto se passou em presença do escrivão que ali estava e de muitas outras testemunhas.

Construídas as primeiras igrejas

Como os índios se foram em paz, mandamos depois trazer os filhos dos principais senhores para serem batizados, tendo o capitão aproveitado para render homenagem a Deus por ter permitido a pacificação de toda aquela gente, prometendo que não se fariam mais entradas para escravizar índios e que se cumpriria isso até que Vossa Majestade e o governador Nuño de Guzmán, ou o vice-rei em seu nome,[66] determinassem o que fosse melhor a serviço de Deus e de Vossa Majestade. Depois de batizadas as crianças, partimos para a vila de São Miguel,[67] onde logo na chegada fomos recebidos por índios que contaram que toda a gente estava descendo das montanhas, reconstruindo suas casas e construindo igrejas e cruzes, conforme havíamos determinado. A cada dia que passava tínhamos novas informações sobre como isto ia se processando. Passados quinze dias que estávamos ali, chegou Alcaraz com os cristãos que havia utilizado para atacar aqueles índios que havíamos deixado em paz. Disse, no entanto, que ao vir pelo caminho encontrou muita gente descendo das serras para suas casas e que em vez de armas traziam cruzes na mão e que todos os receberam muito bem, levando-os para suas casas e lhes dando de comer e beber. Inclusive dormiram com eles aquela noite. Espantados com tal novidade e com a maneira confiante em nós com que os índios agiam, mandou que não lhes fizessem mal e assim se despediram.

Queira Deus Nosso Senhor, por sua infinita misericórdia, que, sob o poder de Vossa Majestade, esses povos venham a ser totalmente submetidos ao verdadeiro Senhor que os criou e os redimiu. Tenho certeza de que isso assim será e de que Vossa Majestade haverá de ser quem colocará isto em prática (e não será muito difícil de se fazer), porque através das mil léguas que andamos por essas terras e outros dez meses que caminhamos sem parar, depois de sairmos do cativeiro, não encontramos por aqui nenhuma idolatria ou sacrifício a quem quer que seja.

Ficamos na vila de São Miguel até os quinze dias do mês de maio, e a razão de nos determos tanto tempo ali foi porque até a cidade de Compostela, onde o governador Nuño Guzmán residia, havia cem léguas de caminho despovoado. Os poucos povoados que por ali havia eram de inimigos. Por isso precisávamos de companhia, tendo seguido conosco vinte a cavalo, que nos acompanharam até umas quarenta léguas. Dali em diante vieram alguns cristãos que traziam quinhentos índios feitos escravos. Chegando a Compostela, fomos muito bem recebidos pelo governador. Ele nos deu tudo do que precisávamos, inclusive roupas, mas por muitos dias eu não conseguia me vestir, nem dormir em outro lugar que não fosse no solo. Passados dez ou doze dias partimos para o México e em todo o caminho fomos muito bem tratados pelos cristãos, que saíam para nos receber e davam graças a Deus por ter-nos livrado de tantos perigos. Chegamos ao México num domingo, um dia antes da véspera de São Tiago, onde fomos muito bem recebidos pelo vice-rei e pelo marquês del Valle, que nos deram de vestir e ofereceram tudo o mais que possuíam. No dia de São Tiago houve festa e tourada.

Sobre o que aconteceu quando eu quis ir embora

Depois de descansarmos no México durante dois meses, resolvi vir embora daqueles reinos. Mas, ao embarcar no mês de outubro, veio uma tormenta que fez os navios darem nos costados, de modo que perdemos todos eles. Em função disso decidi passar o inverno ali, pois esse é um período muito rigoroso naquela região, oferecendo poucas condições para a navegação. Assim, na quaresma, Andrés Dorantes e eu partimos do México para Vera Cruz, de onde deveríamos embarcar. No Domingo de Ramos subimos ao navio, mas ficamos embarcados durante quinze dias sem poder partir, devido às condições do tempo. Como o navio em que eu estava fazia muita água, resolvi deixá-lo e passar para um outro. Dorantes, todavia, permaneceu nele. Finalmente, aos quinze dias do mês de abril, partimos do porto de Vera Cruz com três navios. Andamos juntos 150 léguas, com os navios fazendo muita água. Uma noite nos perdemos dos demais e só depois ficamos sabendo que eles resolveram voltar ao porto de onde partíramos sem, no entanto, nos comunicar. Seguimos nossa viagem e aos quatro dias de maio chegamos ao porto de Havana, na ilha de Cuba, onde ficamos até dois dias de junho, esperando pelos outros navios.

Nesse dia partimos dali, com muito temor de nos depararmos com os franceses, que há poucos dias haviam tomado três de nossos navios. Chegando próximos à ilha de Bermuda, fomos atingidos por uma tormenta, como acontece a todos os navios que passam por ali, e ficamos durante toda a noite praticamente perdidos. Mas quis Deus que quando viesse a manhã cessasse a tormenta, possibilitando que seguíssemos nosso caminho. Ao cabo de vinte e nove dias que havíamos partido de Havana e depois de termos andado 1.100 léguas, chegamos às ilhas dos Açores. No outro dia, passando pela ilha do Corvo, ao meio-dia, topamos com um navio francês, que começou a nos seguir com uma caravela que trazia e que haviam tomado dos portugueses. Naquela tarde, enquanto nos davam caça, vimos ao longe nove caravelas que não conseguimos identificar de que nacionalidade eram. Quando anoiteceu, o navio francês estava a um tiro de bombarda de nosso navio. Como estava escuro, procuramos nos desviar dele, mas ia tão junto de nós que por três ou quatro vezes nos barrou o caminho. Podiam inclusive nos assaltar, se quisessem, mas parece que haviam deixado para a manhã. Quis Deus que quando amanhecesse nos encontrássemos juntos, o francês e nós, porém cercados pelas nove caravelas que à tarde anterior havíamos visto e que eram da armada de Portugal. Mais uma vez dei graças a Deus por estar me salvando dos trabalhos do mar depois de ter-me salvo dos perigos da terra.

Ocorreu, no entanto, que, ao ver a armada portuguesa, o francês soltou a caravela que trazia presa, carregada de negros, e disse ao piloto da mesma que éramos franceses. Em seguida acionou todos os sessenta remos de seu navio e as velas, e partiu com toda a força possível. A caravela que soltou foi até o galeão e disse ao comandante que o nosso navio e o outro eram franceses. Como, sem que soubéssemos de nada, o nosso navio se dirigia ao galeão, toda a armada se colocou em posição de guerra para nos receber. A muito custo conseguimos mostrar que éramos amigos. Os portugueses se sentiram burlados pelo corsário francês e mandaram quatro caravelas atrás dele. Ao mesmo tempo, o capitão, que se chamava Diego da Silveira, perguntou de onde vínhamos e que mercadoria trazíamos. Respondemos que vínhamos da Nova Espanha e que trazíamos prata e ouro. Perguntou quanto trazíamos e o mestre respondeu que trazíamos trezentos mil castelhanos. Disse então o capitão: *Boa fee que venis mui ricos; pero tracedes muy ruin navio y mui ruin artilleria, o fi de puta! Can, à renegado frances y que bon bocado perdio, vota Deus. Ora sua pos vos abedes escapado, seguime, e non vos apartedes de mi, que con ayuda de Deus, eu vos porné en Castela.* Logo em seguida voltaram as quatro caravelas que saíram atrás do corsário francês, porque sentiram que não conseguiriam alcançá-lo. Além disso, não poderiam desarticular a armada que dava proteção a três naus que iam carregadas de especiarias. Com essa proteção chegamos à ilha Terceira, onde repousamos quinze dias, tomando refrescos e esperando outras três naus que vinham da Índia. Passados os quinze dias, partimos dali com a armada e chegamos ao porto de Lisboa a 9 de agosto, véspera de São Lourenço, ano de 1537. E porque assim é verdade, como digo nesta *Relación,* o firmo em meu nome: *Cabeza de Vaca.*

O documento de onde se tirou esta *Relación* estava firmado por Cabeza de Vaca, tendo ainda o escudo de suas armas.

CAPÍTULO V

O que aconteceu aos demais que entraram nas Índias

Embora tenha relatado tudo o que aconteceu nessa viagem, desde a entrada e saída da terra até o retorno a estes reinos, quero assim mesmo rememorar e relatar o que aconteceu às pessoas dos outros navios, os que não nos acompanharam quando entramos na terra, porque não havíamos tido mais notícias deles. Depois que saímos da Nova Espanha e aqui em Castela procurei me inteirar do que aconteceu depois que deixamos os outros três navios, já que um outro havia se perdido na costa brava. Seguiam nesses navios cerca de cem pessoas, com muito pouco mantimento, havendo entre elas dez mulheres casadas. Uma delas havia dito muitas coisas ao governador, que vieram a acontecer exatamente conforme previra que aconteceriam. Quando chegamos à terra, esta lhe disse que não penetrasse terra adentro porque acreditava que ninguém conseguiria sair dali com vida. E se isso acontecesse seria um grande milagre de Deus, e que deveriam ser muito poucos os que escapariam. O governador então lhe respondeu que todos que com ele entravam iriam lutar e conquistar aquelas terras e gentes estranhas. Sabia que morreriam muitos para conquistá-las, mas aqueles que sobrevivessem se tornariam muito ricos, pois tinha notícias sobre as riquezas que haviam naquelas terras. O governador aproveitou para perguntar à mulher sobre quem lhe havia dito aquilo que ela lhe transmitira. Informou então que fora uma moura de Hornachos quem lhe dissera. Essa moura dissera o mesmo para nós antes de sairmos de Castela e tudo aconteceu conforme ela havia dito.

Depois de o governador ter designado Carvalho como seu tenente e capitão de todos os navios, enquanto nós entramos pela terra, os que ficaram nos navios receberam ordens para seguir a via de Pánuco, indo sempre margeando a costa, buscando o melhor porto que encontrassem para ali parar e nos esperar. Naquela ocasião em que se recolheram aos navios, dizem as pessoas que ali estavam, aquela mulher que contestara o governador falou para as outras que todas já poderiam se considerar viúvas, pois seus maridos não voltariam mais dessa incursão terra adentro. Disse a todas para que não mais se importassem com eles e procurassem logo casar com outros, que era o que ela iria fazer imediatamente. E, de fato, ela e as demais se amancebaram com os que ficaram nos navios.

Depois que partimos dali os navios levantaram vela e seguiram sua viagem para o Norte, mas, como não acharam porto, voltaram e, cinco léguas abaixo de onde havíamos desembarcado, encontraram o porto que entrava sete ou oito léguas terra adentro e era o mesmo que nós havíamos descoberto,[68] onde encontramos as caixas de Castela que anteriormente mencionamos, nas quais estavam os corpos dos cristãos mortos. Os três navios e um outro bergantim que veio de Havana andaram por essas costas nos buscando durante um ano.

Como não nos encontraram seguiram para Nova Espanha. Esse porto que mencionamos e que entra sete ou oito léguas terra adentro é o melhor do mundo. Tem seis braças na entrada e perto da terra tem cinco. Seu solo é de lama e não há tormenta em seu interior. Está a cem léguas de Havana e aqui reinam as brisas constantemente.

Após relatar sobre os navios, é bom que se diga quem são e de que lugar desses reinos vieram aqueles a quem Deus Nosso Senhor decidiu fazer escapar com vida. O primeiro é Alonso del Castillo Maldonado, natural de Salamanca, filho do doutor Castillo e de dona Aldonza Maldonado.[69] O segundo é Andrés Dorantes,[70] filho de Pablo Dorantes, natural de Béjar. O terceiro é Álvar Núñez Cabeza de Vaca, filho de Francisco de Vera e neto de Pedro de Vera, que conquistou a Canária. Sua mãe se chama dona Tereza Cabeza de Vaca, natural de Jerez de la Frontera. O quarto se chama Estebanico,[71] é negro, árabe, natural de Azamor.[72]

DEO GRATIAS

NOTAS

1. San Lúcar de Barrameda, na prática o verdadeiro porto de Sevilha. Localizada na foz do rio Guadalquivir, era de San Lúcar que partiam as principais expedições espanholas para a América. A terceira expedição de Colombo zarpou de San Lúcar. (N.E.)
2. Pánfilo de Narváez, um dos conquistadores de Cuba. Notabilizou-se pela violência no trato com os índios. Foi designado chefe da expedição depois de sufocar, ao lado de Diego Velasquez, uma rebelião indígena no atual Haiti. Segundo o historiador Fernández de Oviedo, seu contemporâneo, Narváez era homem "para ser mandado, não para mandar". (N.E.)
3. O imperador Carlos V (1500-1558) foi rei da Espanha de 1516 a 1556, e a seguir, imperador da Alemanha, de 1519 a 1556. (N.E.)
4. Hoje chama-se rio Soto de la Marina, no estado de Tamaulipas, na divisa entre o México e os Estados Unidos. Nele desemboca o rio Grande. (N.E.)
5. Hoje, República Dominicana, dividindo a ilha com o Haiti. (N.E.)
6. Hoje, Santiago de Cuba, ao sul da ilha, nas proximidades da Sierra Maestra. (N.E.)
7. Personagem importante na conquista e colonização de Cuba. Participou da fracassada expedição de Hernando de Soto à Flórida (1538), mas abandonou-a, retornando a Cuba. (N.E.)
8. Hoje Jagua, na baía de Cienfuegos. (N.E.)
9. Na costa oeste de Cuba, possivelmente entre Cuba e a ilha de Pinos. São chamados hoje de *Cayos de San Felipe*. (N.E.)
10. Ao sudoeste de Cuba. (N.E.)
11. Ao sul da baía de Tampa, na Flórida. Provavelmente trata-se da baía de Sarasota. (N.E.)
12. São os índios Timuca, habitantes originais da Flórida.
13. Sem dúvida trata-se da baía de Tampa. (N.E.)
14. Fernández de Oviedo completa a informação: "Asimismo se hallaron pedazos de zapatos e lienzo, e de paño e hierro alguno; e preguntados los indios, dijeran por señas que lo habían hallado en um navio que se había perdido en aquella costa e bahía" *(História General y Natural de las Índias,* p. 288). Segundo o historiador americano F. W. Hodge, trata-se dos restos do naufrágio da expedição de Lucas Vázquez de Ayllón, uma das inúmeras que fracassaram na tentativa de conquistar a Flórida. (N.E.)

15. Situada no extremo noroeste da península da Flórida, dela tomam o nome a baía e a grande cadeia montanhosa que começa próxima dali estendendo-se até as proximidades do estado de Nova Iorque. (N.E.)

16. Pánuco, no México, próximo à desembocadura do rio San Juan, entre os estados de Vera Cruz e Tamaulipas. Estavam, portanto, muito mais longe do que imaginavam. (N.E.)

17. Provavelmente trata-se do rio Suwanee, que verte na costa ocidental da Flórida, junto a Cedar Keys. (N.E.)

18. Já estavam, portanto, marchando havia quarenta e oito dias, entre pântanos e lagoas. (N.E.)

19. O rio Apalachicola, possivelmente. (N.E.)

20. 25 de junho. A marcha até Apalache durou, portanto, cinqüenta e seis dias. (N.E.)

21. Os muscogi, hoje desaparecidos. (N.E.)

22. A partir da época quaternária toda a Flórida meridional se formou por um lento processo de formação coralina. Os arrecifes de coral que a constituem são de forma e idades muito diversas. Após a linha costeira dos *keys,* ou *cayos,* a terra firme é repleta de lagoas e mangues. (N.E.)

23. É o sariguê, que Oviedo chamou de *churcha* e Azara de *micuré*. Félix Azara, grande naturalista espanhol, estudou-o a fundo. Em função disso, seu nome científico é *Didelphis azarae*. (N.E.)

24. Desembocadura do rio San Marcos, na baía de Apalache. (N.E.)

25. Os semínolas. Quando da conquista da região pelos Estados Unidos (1830-1842), rebelaram-se sob a liderança de Osceola. (N.E.)

26. Fanega (ant.), medida de capacidade de cinqüenta e cinco litros e meio. (N.E.)

27. Antiga medida de comprimento equivalente a 66 centímetros. (N.E.)

28. A baía de Móbile, no Alabama. (N.E.)

29. A baía de San Marcos. (N.E.)

30. Ilha de San Vicente. (N.E.)

31. Estavam ainda muito longe dele. (N.E.)

32. Próxima a Pensacola. (N.E.)

33. Os chewasha, do grupo étnico Tunica. (N.E.)

34. Provavelmente peles de castor *(Castor fiber)* que, na época da descoberta da América, ocupavam uma área imensa, desde o Alasca e a baía de Hudson até a Califórnia e Arizona, sendo virtualmente exterminados a partir da segunda metade do século XIX. (N.E.)

35. Sem dúvida, o rio Mississípi e seu delta, cujas águas doces, de menor densidade e maior velocidade, flutuam sobre a água do mar por um longo trajeto. (N.E.)

36. Já se haviam passado, portanto, seis meses e seis dias desde que o grupo desembarcara próximo à baía de Tampa. (N.E.)

37. Ilha Galveston, no Texas, quase em frente a Houston. (N.E.)

38. Os sioux ou dakotas, tribos guerreiras e indomáveis que habitavam a região a oeste do Mississípi, na zona das grandes planícies. (N.E.)

39. Os creeks, da família muskoki. Os semínolas, encontrados antes, pertenciam também a essa mesma família. (N.E.)

40. São eles o Oyster Creek, o Brazos, o Caney Creek e o Colorado. (N.E.)

41. Cabeza de Vaca foi o primeiro branco a mencionar a noz pecan, hoje bastante comum no Brasil. (N.E.)

42. Tunas são os frutos de uma figueira silvestre cujo nome científico é *Opuntia cactus*. (N.E.)

43. Os *tipi*, ou tendas típicas dos índios das grandes planícies dos Estados Unidos. (N.E.)

44. Primeira alusão escrita ao bisonte *(Bison americanus)*, que mais tarde os espanhóis chamariam de *vacas corcovadas*. Havia 75 milhões desses animais nas planícies americanas. Na segunda metade do século XIX, foram dizimados e hoje, em estado selvagem, estão virtualmente extintos. (N.E.)

45. Talvez seja o rio Colorado. (N.E.)

46. Neste e nos próximos capítulos, as referências geográficas tornam-se escassas e imprecisas. Segundo alguns estudiosos, Cabeza de Vaca e seu grupo dirigiam-se para o sul, em direção a Chihuahua. (N.E.)

47. Provavelmente eram coiotes *(Canins latrans)*, que sempre fizeram parte nos rituais e na alimentação destes povos. (N.E.)

48. A zona compreendida entre os rios Concho e Colorado. (N.E.)

49. Uma substância alucinógena extraída da *Ilex cassine*. (N.E.)

50. Provavelmente a leguminosa *Inga fagifolia*. (N.E.)

51. O Concho, segundo o historiador Cyclone Covey, ou o Colorado, segundo F. W. Hodge, ambos norte-americanos. (N.E.)

52. São as montanhas situadas entre o Concho e o Pecos. (N.E.)

53. O rio Tularosa, no Novo México. (N.E.)

54. O rio Grande. (N.E.)

55. Casas de adobe, típicas dos índios do sudoeste americano. (N.E.)

56. Escalônia resinosa. (N.E.)

57. Provavelmente o Santa Maria, em Chihuahua (segundo Hodge). Para C. Covey, trata-se do Rincón, no Novo México. (N.E.)

58. Ainda que seja difícil a tarefa de identificação das tribos e lugares por onde Álvar Núñez Cabeza de Vaca cruzou, parece que, depois de ter atravessado de leste a oeste o território do Texas, cruzou o rio Grande, e já no México passou por Chihuahua e Sonora, de onde marchou para o sul por Sinaloa. Essas tribos seriam, pois, do grupo dos pueblos, que tinham casas permanentes construídas pelas mulheres em trabalho comum, e eram grandes cultivadores de milho, feijão, algodão, fumo etc. As casas comunais dos pueblos tinham sua *kiva* ou *estufa*, dormitório dos mancebos e junta de anciões ou sacerdotes. (N.E.)

59. Raízes de yuca. (N.E.)

60. Localizada próxima do rio Sonora, perto da atual cidade de Hures. Zona habitada pelos índios pima. (N.E.)

61. Soyopa. O rio provavelmente seria o Yaqui. Para Hodge, os pueblos estariam localizados nas proximidades de Hermosillo, México. (N.E.)

62. Todo esse território foi chamado de Nova Galícia pelos espanhóis. Compreendia as terras dos índios mixtecas Michaocán, Ycanarit, Jalicos e Sinaloa. Sua primeira capital foi Compostela e, mais tarde, Guadalajara, fundada em 1533 por Juan de Oñate. A atuação de Nuño de Guzmán ali foi especialmente cruel. (N.E.)

63. Diego, irmão de Nuño, chegou pelo rio Sinaloa. (N.E.)

64. Culiacán foi fundada em 1530 por Nuño do Guzmán, recebendo o nome de San Miguel. (N.E.)

65. Cabeza de Vaca leu aos índios o *Requerimiento* que segundo determinação do papa e da Coroa deveria ser lido sempre antes de declarar-se guerra aos índios. Claro que, geralmente, a leitura era feita a distância e sem intérpretes. (N.E.)

66. Don Antonio de Mendoza, primeiro vice-rei da Nova Espanha. (N.E.)

67. Hoje San Miguel el Alto, em Jalisco. (N.E.)

68. Tampa, na Flórida. (N.E.)

69. Alonso del Castillo não retornou à Espanha com Cabeza de Vaca. Permaneceu no México onde se casou logo depois. (N.E.)

70. Dorantes foi encarregado pelo vice-rei Antonio de Mendoza da conquista e exploração do norte do México, participando decisivamente na conquista de Jalisco. (N.E.)

71. Estebanico, o negro, foi guia e intérprete da expedição do frei Marcos de Niza, na qual foi morto pelos zuni. (N.E.)

72. O relato de Cabeza de Vaca acabou resultando em várias expedições

que partiram para o norte de Nova Galícia e durante as quais foram descobertos os atuais estados do Arizona, Novo México, Kansas e Colorado. Os exploradores buscavam as lendárias Sete Cidades Douradas de Cíbola, o equivalente norte-americano do El Dorado da América do Sul. (N.E.)

Comentários

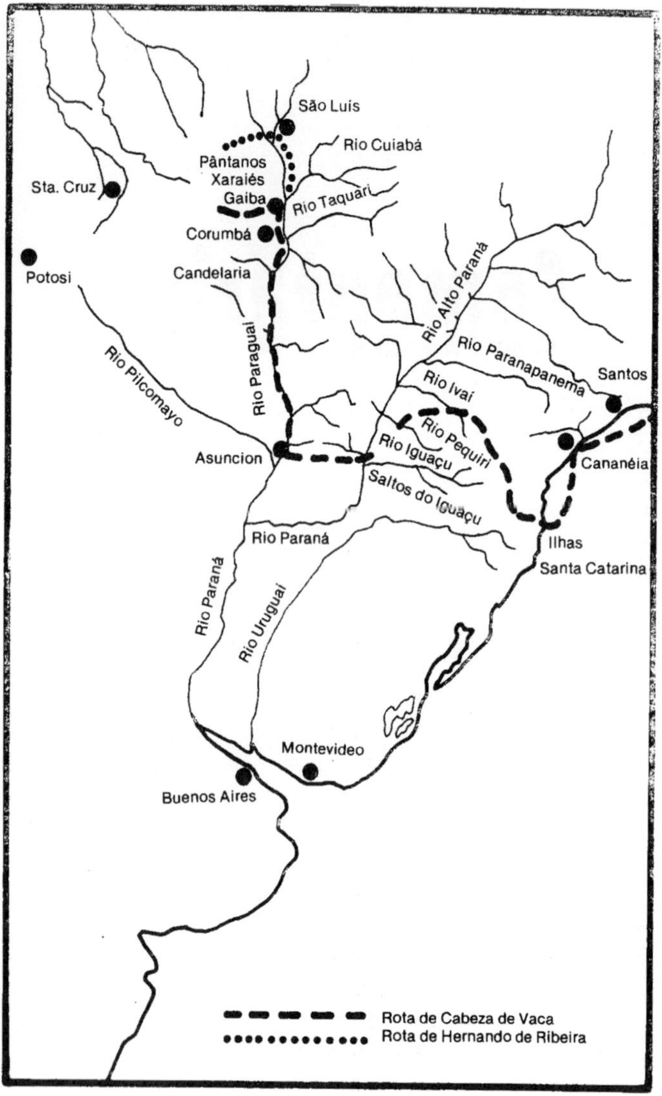

São Luís
Rio Cuiabá
Pântanos
Xaraiés
Sta. Cruz
Gaiba
Rio Taquari
Corumbá
Potosi
Candelaria
Rio Alto Paraná
Rio Paraguai
Rio Pilcomayo
Rio Paranapanema
Santos
Rio Ivaí
Rio Pequiri
Cananéia
Asuncion
Rio Iguaçu
Saltos do Iguaçu
Ilhas
Santa Catarina
Rio Paraná
Rio Paraná
Rio Uruguai
Montevideo
Buenos Aires
Rota de Cabeza de Vaca
Rota de Hernando de Ribeira

CAPÍTULO I

A pé, de Santa Catarina ao Paraguai

Depois que Deus Nosso Senhor foi servido em tirar Álvar Núñez Cabeza de Vaca do cativeiro e trabalhos que enfrentou durante dez anos na Flórida e tê-lo trazido de volta a esses reinos no ano do Senhor de 1537, onde esteve até o ano de 40, vieram neste ano a esta corte de Sua Majestade pessoas do rio da Prata informar do ocorrido com a armada que para lá fora enviada por dom Pedro de Mendoza.[1] Contaram sobre as dificuldades que lá passavam e suplicaram que aqueles que lá estavam fossem socorridos antes que perecessem, pois já eram muito poucos. Sabendo disso, Sua Majestade mandou que se convidasse Álvar Núñez Cabeza de Vaca para que fosse socorrê-los, tendo ele aceito o convite, informando que em cavalos, armas, roupas, mantimentos e outras coisas gastaria um total de oito mil ducados. Como retribuição Sua Majestade lhe concedeu o título de governador da capitania geral daquela terra e província, com o título de Adiantado da mesma. Além disso, tornou-o merecedor de um doze avos de tudo que na província houvesse ou que nela entrasse e saísse, desde que Álvar Núñez gastasse na jornada os oito mil ducados.

Assim, no cumprimento ao que fora acertado com Sua Majestade, partiu logo para Sevilha a fim de prover-se do necessário para o dito socorro. Contratou duas naus e uma caravela que deveriam juntar-se a uma outra que esperaria nas Canárias. Uma dessas naus era nova, de primeira viagem, e tinha capacidade para 350 toneladas, enquanto a capacidade da outra era de 150. As embarcações foram providas de tudo que poderia ser necessário, e ao todo carregariam quatrocentos homens, entre pilotos e marinheiros, que levavam o dobro de armas do que seria necessário. Ficou envolvido em comprar e municiar os barcos desde maio até fins de setembro. Por essa ocasião, quando estava prestes a navegar, o mau tempo o fez deter-se em Cádiz até 2 de novembro. Somente nessa data pôde embarcar e depois de nove dias de viagem chegou à ilha de Palma, onde desembarcou com toda a gente e ficou esperando vinte e cinco dias que o tempo melhorasse para seguir o seu caminho. Ao melhorar as condições, embarcou para Cabo Verde e, no percurso, a nau capitânia começou a fazer tanta água que subiu até doze palmos, fazendo com que molhassem e se perdessem mais de quinhentos quintais de biscoitos, além de azeite e outros mantimentos. Com muita dificuldade e bombeando a água dia e noite, conseguiram levar a nau até a ilha de Santiago (que é uma das ilhas de Cabo Verde). Ali desembarcaram tudo, homens, cavalos e mantimentos, para poderem reparar o casco da embarcação. Percorreram as trezentas léguas que separam a ilha de Palma da de Santiago em dez dias. Nessa ilha o porto é muito ruim, porque embaixo d'água há muitas pedras que arrebentam as correntes das âncoras. Por causa disso, os marinheiros dizem que naquele porto há muitos ratões que roem as correntes. Nessa ilha ocorrem também muitas enfermidades durante o verão, quando normalmente morre muita gente dos que ali chegam. A armada permaneceu lá vinte e cinco dias e durante esse período não morreu nenhum homem, o que deixou os moradores da ilha muito espantados. A ilha é muito rica e ali cada dobrão vale vinte reais. Eles pagam em dobrão os mercadores que levam negros para as Índias.

Partida da ilha do Cabo Verde

Resolvido o problema da nau capitânia e providas as quantidades necessárias de água, carne e outros mantimentos, embarcamos em seguimento de nossa viagem e passamos a linha equinocial. Estando navegando, requereu o mestre que se investigasse a água que carregava a nau capitânia e foi constatado que das cem botas² que se havia guardado não restavam mais do que três, das quais teriam de beber quatrocentos homens e trinta cavalos. Diante de tamanha necessidade o governador mandou que buscássemos a terra. Foram três dias de busca e no quarto dia, uma hora antes que amanhecesse, aconteceu uma coisa admirável que, por não ser fora de propósito, relatarei aqui. Acontece que os navios iriam bater em uns rochedos muito altos, sem que nenhuma pessoa visse, não fosse um grilo começar a cantar. Esse grilo fora colocado na nau em Cádiz por um soldado, que estava muito desgostoso porque desde então o grilo não havia cantado e já se passavam dois meses e meio que estávamos navegando. Como naquela manhã sentiu cheiro de terra, começou a cantar com toda a força, chamando a atenção de todos os que iam no navio e só assim foi possível perceber que estávamos a um tiro de balista do costado, quase junto daqueles rochedos. Logo lançaram as âncoras, impedindo que o barco se espatifasse e morressem as quatrocentas pessoas e trinta cavalos. Depois disso, andamos mais de cem léguas ao longo da costa e o grilo cantava todas as noites

Assim a armada chegou a um porto que se chama Cananéia,³ que está situado logo que passa Cabo Frio, a vinte e quatro graus de latitude. Tem um porto muito bom, limpo, com onze braças de profundidade, e algumas ilhas em sua entrada. O governador tomou posse deste local em nome de Sua Majestade e depois seguiu viagem, passando por um rio e baía que dizem chamar-se de São Francisco,⁴ situado a vinte e cinco léguas de Cananéia. Dali a armada seguiu adiante e foi desembarcar na ilha de Santa Catarina, que está a vinte e cinco léguas do rio São Francisco e a vinte e oito graus de latitude A chegada à ilha de Santa Catarina deu-se aos vinte e nove dias do mês de março de 1541.

Desembarque no Brasil

Ao chegar na ilha de Santa Catarina,[5] o governador mandou desembarcar toda a gente que conseguiu levar e os vinte e seis cavalos que conseguiram sobreviver ao mar, dos quarenta e seis que saíram da Espanha. O governador procurou saber, dos índios naturais daquela terra,[6] se porventura poderiam informar sobre o estado da gente espanhola que ia socorrer na província do rio da Prata. Deu a entender aos índios que seguia por mandado de Sua Majestade para prestar socorro e também tomou posse daquela terra. Durante todo o tempo em que esteve na ilha,[7] o governador dispensou muito bom tratamento aos nativos daquela ilha e de outras partes da costa do Brasil (vassalos de Sua Majestade) e obteve deles a informação de que, a quatorze léguas da ilha, num local chamado *Biaza*,[8] estavam dois frades franciscanos chamados frei Bernaldo de Armenta, natural de Córdoba, e frei Alonso Lebrón, natural da Gran Canária. Em poucos dias esses dois frades vieram até onde estava o governador, muito atemorizados porque os índios daquelas terras queriam matá-los. Isso porque os cristãos que lá estavam haviam queimado algumas casas de índios e estes já haviam matados dois cristãos. Informado sobre o ocorrido, o governador procurou pacificar aqueles índios e removeu os frades para aquela ilha, a fim de catequizar os índios que ali viviam.

Nove cristãos chegam à ilha

Prosseguindo no socorro aos espanhóis, pelo mês de maio de 1541, o governador enviou uma caravela com Felipe de Cáceres, contador de Vossa Majestade, para que entrasse pelo rio que dizem da Prata, para visitar o povoado ali fundado por dom Pedro de Mendoza e chamado de Buenos Aires. Como era inverno e o tempo contrário à navegação pelo rio, não conseguiu entrar e voltou para a ilha de Santa Catarina, onde estava o governador. Logo em seguida ali chegaram nove cristãos espanhóis, que vinham em um batel, fugindo do povoado de Buenos Aires em vista dos maus-tratos que recebiam por parte dos capitães daquela província. Através deles se ficou sabendo sobre a situação dos espanhóis que residiam naquele povoado de Buenos Aires. Disseram que o povoado estava bem estruturado e com mantimentos, mas que Juan de Ayolas, a quem dom Pedro de Mendoza havia enviado para descobrir os povoados daquela província, fora morto, juntamente com todos os cristãos e índios que o acompanhavam, pelos índios payguos[9], quando retornavam aos bergantins no rio Paraguai. De toda aquela expedição só escapou um jovem da tribo dos chanes, porque se atrasou para tomar os bergantins no porto de Candelária. Este então contou que o massacre se deu por culpa de um biscaio chamado Domingo de Irala, a quem Juan de Ayolas havia deixado como capitão e encarregado de cuidar dos bergantins enquanto ele iria descobrir os povoados do interior da província. Todavia, esse Domingo de Irala se retirou com os bergantins antes do retorno de Juan de Ayolas, deixando a descoberto o porto de Candelária. Assim, quando Ayolas chegou com sua gente ao porto, não encontrou os bergantins para se recolher e foi massacrado pelos índios. Esse Domingo de Irala estava como tenente e governador da cidade de Ascensión,[10] situada na ribeira do rio Paraguai, 120 léguas abaixo do porto de Candelária e distando 350 léguas do povoado e porto de Buenos Aires, que está assentado no rio Paraná, onde estavam até sessenta cristãos. A maior parte da gente espanhola que estava naquela província vivia em Ascensión. Soube-se nessa cidade que Domingo de Irala havia subido o rio para procurar e socorrer Juan de Ayolas, que se embrenhara por terras muito difíceis, com águas e pântanos, mas que não o encontrara. Todavia, conseguira prender seis dos índios payaguos que haviam matado Ayolas e os que o acompanhavam. Ao mesmo tempo chegou até ele o índio chane,[11] chamado Gonzalo, que conseguiu escapar do massacre de que foram vítimas os seus companheiros de tribo que acompanhavam Ayolas e os cristãos.

Os cristãos que chegaram à ilha de Santa Catarina informaram ainda que Domingo de Irala também se retirara de uma entrada na qual morreram sessenta cristãos de enfermidade e mau tratamento. Além disso, os oficiais de Sua Majestade que residiam na província faziam muitas ofensas aos espanhóis povoadores e conquistadores e aos índios naturais da dita província, vassalos de Sua Majestade, que estavam muito descontentes e alvoroçados. Em vista disso, e porque os capitães os maltratavam, resolveram furtar um batel no porto de Buenos Aires e fugir, com o objetivo de dar conhecimento a Sua Majestade sobre o que lá estava se passando. Esses cristãos eram nove no total e vinham desnudos. O governador os resgatou, deu-lhes roupas e comida e os convidou a retornar com ele para aquela província, por ter percebido que eram homens muito proveitosos, bons marinheiros, havendo ainda um piloto experimentado em navegação pelo rio.

O governador apressa sua viagem

Depois de ouvir o relato dos nove cristãos, o governador decidiu socorrer com maior brevidade os espanhóis que estavam na cidade de Ascensión e na província de Buenos Aires, e lhe pareceu que a melhor maneira para isso seria buscar caminho por terra firme desde a ilha em que estavam até Ascensión, enquanto os navios seguiriam para Buenos Aires. Contra a vontade e o parecer do contador Felipe de Cáceres e do piloto Antonio López, que entendiam que toda a armada deveria seguir por mar até o porto de Buenos Aires, o governador enviou o feitor Pedro Dorantes para descobrir caminho por terra firme, na qual os índios nativos já haviam matado muita gente do rei de Portugal desde que a descobriram.[12] Assim Pedro Dorantes partiu com alguns cristãos espanhóis e índios para achar uma passagem até Ascensión. Ao cabo de três meses e meio, Dorantes retornou à ilha de Santa Catarina, onde o governador o estava esperando. Entre outras coisas que relatou, disse que atravessaram grandes serras e montanhas, tudo muito despovoado, e que chegaram até onde chama de Campo,[13] que é onde começa a terra povoada. Disse também que soubera pelos índios da ilha que a maneira mais segura e próxima de entrar para a terra povoada era por um rio que estava um pouco acima, chamado Itabucu,[14] que está na ponta da ilha, a dezoito ou vinte léguas desse porto. Sabendo disso, o governador mandou logo que fosse investigada a entrada desse rio. Feito isso, determinou realizar por ali a entrada, tanto para descobrir aquelas terras que ali estavam, como para socorrer mais rapidamente a gente espanhola que estava na província. Decidido isso, os padres Bernaldo de Armenta e Alonso Lebrón, que haviam sido designados pelo governador para ficar na ilha ensinando e doutrinando os índios, se recusaram a ficar, pedindo para irem junto com o governador, sob a desculpa de que pretendiam residir na cidade de Ascensión.

O governador e sua gente entram terra adentro

Estando bem informado sobre o local por onde realizaria sua entrada pela terra para ir socorrer os espanhóis e estando bem apetrechado de todas as coisas necessárias para a jornada, o governador embarcou aos dezoito dias do mês de outubro do dito ano.[15] Seguiam junto os vinte e seis cavalos que ainda restavam. Cruzaram pelo rio de Itabucu, tendo tomado posse do mesmo e de toda aquela terra em nome de Vossa Majestade, como terra novamente descoberta. Deixou na ilha de Santa Catarina 140 pessoas, capitaneadas por Pedro de Estopiñán Cabeza de Vaca, para que embarcassem e fossem pelo mar até o rio da Prata, onde estava o porto de Buenos Aires. Determinou que antes de embarcarem se munissem de mantimentos necessários não só para eles, como também para os que estavam em Buenos Aires. Antes de partir, o governador deu muitos presentes aos índios da ilha, para que ficassem contentes com sua estada por ali, o que fez com que muitos índios decidissem acompanhá-lo em sua entrada pela terra, tanto para ensinar-lhe o caminho como para servi-lo em outras necessidades.

Depois de enviar a nau de volta à ilha de Santa Catarina, o governador seguiu seu caminho, acompanhado por 250 arcabuzeiros e balisteiros, além dos vinte e seis cavalos, dos dois frades e dos índios que os acompanhavam. Andou dezenove dias, passando por grandes montanhas e bosques, abrindo caminho por terra muito trabalhosa e desabitada.[16] Ao fim desses dezenove dias, quando já terminavam os mantimentos, quis Deus que chegassem ao que chamam de Campo, onde estavam as primeiras povoações que encontravam ao longo de todo o caminho. Chegaram a três povoados de índios, situados muito próximos um do outro, cujos senhores principais se chamavam Añiriri, Cipoyay e Tocanguanzu. Quando esses índios souberam de sua chegada saíram para recebê-los, carregados com muitos mantimentos e muito alegres, demonstrando grande prazer com a sua vinda. De sua parte, o governador também os recebeu com grande prazer e amizade e, além de pagar-lhes o preço que valiam, deu aos índios principais muitos presentes, inclusive camisas, o que os deixou muito contentes. Esses índios pertencem à tribo dos guaranis;[17] são lavradores que semeiam o milho e a mandioca duas vezes por ano, criam galinhas e patos da mesma maneira que nós na Espanha, possuem muitos papagaios, ocupam uma grande extensão de terra e falam uma só língua. Mas também comem carne humana e tanto pode ser dos índios seus inimigos, dos cristãos ou de seus próprios companheiros de tribo. É gente muito amiga, mas também muito guerreira e vingativa. O governador tomou posse dessas terras em nome de Sua Majestade como terras novamente descobertas e deu à província o nome de Vera, como aparece nos autos de posse registrados por Juan de Araoz, escrivão de Sua Majestade. Feito isto aos vinte e nove dias do mês de novembro, o governador partiu com sua gente da aldeia de Tocanguanzu e, caminhando duas jornadas, a 1º do mês de dezembro chegou a um rio que os índios chamam de Iguaçu, que quer dizer água grande.[18]

As condições da terra

Daquele rio chamado Iguaçu, o governador seguiu adiante com sua gente e aos três dias do mês de dezembro chegaram a um outro rio que os índios chamam Tibagi, que era todo ladrilhado, com lajes grandes e tão bem formadas como se ali tivessem sido colocadas pelo homem.[19] Tivemos grande trabalho para atravessar aquele rio, pois tanto os cavalos como as pessoas resvalavam muito e, além disso, a correnteza era muito forte. A solução foi todos atravessarem abraçados. A duas léguas dali outros índios vieram receber o governador e sua gente, trazendo mais mantimentos, o que passou a ser uma constante, de modo que nunca faltava o que comer. Por isso, o governador dava muitos presentes aos índios, especialmente aos principais, dispensando-lhes um tratamento muito cordial. A notícia sobre esse tratamento corria por toda a parte, de modo que os índios vinham trazer o que possuíam e eram pagos por isso.

Nesse mesmo dia, estando o governador próximo de um outro povoado de índios, cujo principal se chamava Tapapiraçu,[20] chegou um índio natural da costa do Brasil, que já havia se convertido ao cristianismo e recebido o nome de Miguel. Vinha da cidade de Ascensión, onde residiam os espanhóis que se ia salvar. O fato alegrou muito o governador, pois o mesmo pôde inteirar-se da situação daquela província e dos muitos perigos pelos quais haviam passado os espanhóis desde a morte de Juan de Ayolas. Depois de fazer o relato, por sua própria vontade o índio quis retornar com o governador para guiá-lo até a cidade de Ascensión. A partir dali, o governador mandou dispensar e fazer retornar os índios que saíram em sua companhia da ilha de Santa Catarina, aos quais deu muitos presentes e agradecimentos pelos bons serviços que prestaram.

Como a gente que levava consigo era muito inexperiente no trato com os índios, o governador determinou que não fizessem nenhum contato com os mesmos e não fossem às suas casas, pois a mínima coisa pode ser uma ofensa para eles, colocando-os em estado de guerra Assim, os contatos só deveriam ser feitos por aqueles que entendiam os índios, que faziam os negócios, comprando os mantimentos de que todos precisavam e cuja distribuição era feita pelo próprio governador, sem cobrança alguma.

Era impressionante ver o medo que aqueles índios tinham dos cavalos. Para que os cristãos a cavalo não os ameaçassem, eles logo procuravam dar-lhes galinha, mel e outras coisas de comer. Porém, para evitar a exploração, o governador procurava assentar o acampamento afastado dos povoados e, ao mesmo tempo, punia aqueles que fizessem qualquer agravo aos índios. Percebendo isso, os índios vinham muito seguros, trazendo suas mulheres e filhos, além de muitos mantimentos, só para verem os cristãos e os cavalos, que eram personagens estranhos por aquelas terras.

Seguindo seu trajeto por aquelas terras, o governador e sua gente chegaram a um povoado dos guaranis, cujo senhor principal, chamado Pupebaje, saiu a caminho para recebê-los, muito alegre e trazendo mel, patos, galinhas, milho, farinha e outras coisas. Através do intérprete, o governador lhe agradeceu a acolhida, fez-lhe o pagamento e ainda deu para o principal muitos presentes, entre eles tesouras e facas. Deixou os índios desse povoado tão alegres e contentes, que pulavam, dançavam e cantavam de prazer.

Aos sete dias do mês de dezembro chegaram a um rio que os índios chamam Taquari,[21] com boa quantidade de água e uma boa correnteza, e em cuja ribeira está assentado um povoado de índios cujo principal se chama Abangobi. Todos os do povoado, inclusive as mulheres e as crianças, saíram para receber a comitiva do governador, mostrando grande prazer com a sua chegada. Como os demais, trouxeram mantimentos e foram pagos por isso, indo aos outros povoados para contar o que se passava e mostrar o que haviam ganho. De modo que o governador já podia encontrar muito alegres e pacíficos todos os povos com os quais haveria de cruzar. Aos quatorze dias do mês de dezembro, encontraram um outro povoado guarani, onde o principal se chamava Tocangucir. Aí descansaram um dia para se recuperarem da fadiga, tendo os pilotos aproveitado para medir a localização. O caminho por onde seguiam era a oeste-noroeste e quarto-noroeste, estando aquele lugar a vinte e quatro graus e meio, afastado um grau do trópico. Por todo caminho que se andou depois, viram-se muitas povoações, sendo terra muito alegre, de muitas campinas, muitas árvores, muitos rios e arroios de água muito cristalina, toda a terra muito própria para lavrar e criar.

Trabalhos por que passou o governador

Do povoado de Tugui o governador seguiu caminhando com sua gente até os dezenove dias do mês de dezembro sem encontrar nenhum outro povoado, passando grande trabalho para atravessar os muitos rios e más passagens que havia. Houve dia que tiveram de fazer até dezoito pontes para cruzar com os cavalos e mantimentos. Também tiveram de cruzar serras e montanhas cobertas com árvores muito fechadas, que não permitiam que se visse o céu. Era tão fechada a mata que sempre iam vinte homens na frente para abrir o caminho. Finalmente, naquele dia 19, chegaram a um povoado de índios guaranis, que vieram recebê-los muito contentes, trazendo suas mulheres e filhos, além de muitos mantimentos, como galinha, batata, pato, mel, farinha de milho e farinha de pinheiro, que produzem em grande quantidade, porque há pinheiros tão grandes por ali que quatro homens com os braços estendidos não conseguem abraçar um.[22] São muito bons para a construção de carracas e de mastros de navios. As pinhas deles são enormes e a casca semelhante à da castanha. Os índios as colhem e fazem grande quantidade de farinha para a sua manutenção. Por aquelas terras há muitos porcos montanheses[23] e macacos que comem aqueles pinhões. Os macacos costumam subir nos pinheiros e derrubar tantas pinhas quanto conseguem, para depois descerem e comê-las junto ao solo. Muitas vezes acontece que os porcos montanheses ficam aguardando os macacos derrubar as pinhas para então irem comê-las, afugentando os macacos. Assim, enquanto os porcos montanheses ficavam comendo, os gatos[24] ficavam dando gritos trepados nas árvores. Também há muitas frutas, de diversas qualidades, que dão duas vezes ao ano. O governador se deteve nesse povoado de Tugui durante o Natal, tanto em respeito à data como para que sua gente descansasse.[25] Os espanhóis festejaram alegremente o Natal, pois os índios lhes traziam toda espécie de comida que conheciam. Como todos estavam sem se exercitar, a comida em excesso chegava a causar mal-estar em alguns. Aliás, sempre que comiam muito o governador procurava empreender longas caminhadas. Muitos reclamavam, achando que ele queria castigá-los, mas a experiência acabou comprovando que era a melhor coisa que podiam fazer para não caírem doentes.

A fome volta a atacar

Aos vinte e oito dias do mês de dezembro o governador e sua gente deixaram a localidade de Tugui, ficando os índios muito contentes. Caminharam por terra todo o dia sem encontrar povoação alguma, até que chegaram a um rio muito caudaloso e largo, com grandes correntes, tendo em sua margem muitas árvores, ciprestres e cedros.[26] Foram necessários quatro dias de grande trabalho para atravessar aquele rio. Depois disso, passaram por cinco povoados de índios guaranis, onde foram recebidos da mesma forma que nas ocasiões anteriores, ou seja, os índios vieram com suas mulheres e filhos e trouxeram muitos mantimentos, sendo bem recompensados pelo governador. Como nos demais povoados, os índios semeiam mandioca, milho e batata, sendo que esta produzem de três tipos, branca, amarela e rosa. Criam patos e galinhas e extraem mel do oco das árvores.

No dia 1º de janeiro do ano do Senhor de 1542, o governador partiu com sua gente daqueles povoados índios, embrenhando-se por montanhas e canaviais muito espessos, passando grande trabalho, porque até o dia 5 não encontraram povoado algum. Durante esse período também passaram muita fome. A única salvação eram os gusanos brancos e grandes, da grossura de um dedo, que tiravam do meio das canas e fritavam para comer. Consideravam aquilo uma comida muito boa. De um outro tipo de cana extraíam água, que também diziam ser muito boa. Nesse caminho, passaram por dois rios grandes e muito caudalosos. No dia 6 de janeiro, caminhando terra adentro sem achar povoado algum, vieram a dormir na ribeira de outro rio muito caudaloso,[27] de fortes correntes e de muitos canaviais em suas proximidades, de onde o pessoal tirava os gusanos para se alimentar. No outro dia, seguiram por terra muito boa, de boa água, de muita caça. Foram apanhados muitos porcos montanheses e veados, que foram repartidos entre todos. Graças a Deus, durante esse tempo não adoeceu nenhum cristão, e todos continuaram caminhando muito dispostos, com a esperança de logo chegarem à cidade de Ascensión.

De 6 a 10 de janeiro foram cruzados muitos povoados de índios guaranis, sempre acontecendo o mesmo tratamento. O que passou a acontecer de diferente, no entanto, era que os padres Bernaldo de Armenta e Alonso Lebrón passaram a ir na frente para receber os mantimentos, fazendo com que, quando o governador chegava, os índios não tivessem mais nada para entregar-lhe, com o que ficavam muito frustrados. Diante das freqüentes queixas que começaram a acontecer, o governador os advertiu para que não fizessem mais isso, tampouco continuassem a carregar índios inúteis, conforme vinham fazendo. Apesar das advertências, eles continuaram com o mesmo procedimento e o governador só não os expulsou por causa do serviço que prestavam a Deus e a Sua Majestade. Mesmo assim, voltou a adverti-los, o que fez com que decidissem abandonar a comitiva e seguir por outro caminho, através de outros povoados. O governador, no entanto, mandou buscá-los de volta, o que foi a salvação dos mesmos, pois certamente não conseguiriam sobreviver sozinhos por onde haviam se metido.

Chegada ao rio Iguaçu

O governador e sua gente seguiram caminhando por entre os povoados de índios guaranis, sendo sempre muito bem recebidos. Toda essa gente anda desnuda, tanto homens como mulheres, e têm muito temor aos cavalos. Rogavam ao governador que dissesse aos cavalos que eles não iriam molestá-los e procuravam sempre trazer comida para os animais, para não serem maltratados por eles. Assim, seguindo por esses caminhos, aos quatorze dias do mês de janeiro, chegaram a um rio muito largo e caudaloso que se chama Iguaçu.[28] É um rio muito bom, de bastante pescado e muitas árvores na ribeira. Ali também existia um outro povoado de guaranis, que igualmente dispensaram o mesmo tratamento cordial. Naquele local também existem muitos pinheiros. Esse rio Iguaçu é tão largo quanto o Guadalquivir e está situado a vinte e cinco graus. É muito povoado em toda sua ribeira, estando ali a gente mais rica de todas essas terras. São lavradores e criadores, além de ótimos caçadores e pescadores. Entre suas caças estão os porcos montanheses, veados, antas, faisões, perdizes e codornas. Entre suas plantações, além da mandioca, milho e batata, figura também o amendoim. Também colhem muitas frutas e mel.

Estando nesses povoados, o governador decidiu escrever para os que estavam em Ascensión, para comunicar-lhes como, em nome de Sua Majestade, iria socorrê-los, e enviou a carta através de dois índios nativos daquelas terras. Nesse meio tempo, um dos cristãos que acompanhavam o governador, chamado Francisco Orejón, foi mordido por um cachorro e caiu doente. Também adoeceram outros quatorze espanhóis, fatigados pela longa caminhada. O governador os deixou aos cuidados dos índios de um povoado situado junto ao rio Piqueri, tendo dado muitos presentes aos nativos para que cuidassem bem deles até que se restabelecessem e depois os ajudassem a seguir adiante. Esse caminho por onde seguia o governador possui grandes campinas, excelentes rios e arroios, muitas árvores e muita sombra, sendo a terra a mais fértil do mundo, estando pronta para semear a pastagem. É também terra de muita caça e própria para a colocação de engenhos de açúcar. Toda a sua gente é muito amiga e com muito pouco trabalho poderão ser trazidos para a nossa santa fé católica.

Canoas para atravessar o rio Iguaçu

Tendo deixado os índios do rio Piqueri muito contentes, o governador seguiu o seu caminho, passando sempre por muitos povoados, onde vinham até velhas e crianças com cestas de batata ou milho para lhe oferecer. Por toda a parte por onde passavam, os índios cantavam e dançavam e sentiam maior prazer quando as velhas se alegravam, pois são muito obedientes a estas, o mesmo não se dando com relação aos velhos. Depois de andarem oito jornadas por terras despovoadas, chegaram novamente ao rio Iguaçu, agora à altura de vinte e cinco graus e meio e onde não havia povoado algum. Os nativos que encontraram por perto informaram que o rio Iguaçu entra no rio Paraná, que por sua vez entra no rio da Prata, e que, nesses rios, morreram muitos índios e portugueses que Martim Afonso de Souza enviou para descobrirem aquelas terras. Foram mortos pelos índios da margem do rio Paraná, quando atravessavam o rio em canoas. Assim, para prevenir-se de ataques, o governador decidiu seguir por dois caminhos. Iria ele com uma parte do pessoal em canoas, rio Iguaçu abaixo, até encontrarem o rio Paraná. O restante do pessoal e os cavalos iriam por terra e se colocariam à margem do rio para proteger a passagem das canoas. Assim foi feito. O governador comprou algumas canoas dos índios e embarcou com oitenta homens rio Iguaçu abaixo, seguindo o restante por terra, devendo todos se juntarem no rio Paraná. Mas, ao irem rio Iguaçu abaixo, era tão forte a correnteza que as canoas corriam com muita fúria. Logo adiante do ponto onde haviam embarcado o rio dá uns saltos por uns penhascos enormes e a água golpeia a terra com tanta força que de muito longe se ouve o ruído.[29] De modo que foi necessário sair da água, tirar as canoas e conduzi-las por terra até passar aqueles saltos. Assim, à força de braços, as conduziram por mais de meia légua passando grande trabalho. Vencido aquele obstáculo, voltaram a colocar no Paraná. Quis Deus que a gente que ia por terra com os cavalos e os que iam por água com as canoas chegassem todos ao mesmo tempo.

Na margem do rio estava postado um grande número de índios guaranis, todos enfeitados com plumas de papagaios e muito pintados de maneira multicolorida, com seus arcos e flechas na mão, formando um esquadrão que era maravilhoso de se ver. Quando o governador chegou com sua gente, os índios ficaram muito temerosos e confusos. Mas, através dos intérpretes, o governador procurou se comunicar e foi logo dando presentes aos principais. Como são sequiosos por novidades, foram logo se acalmando e se aproximando, tendo muitos índios vindo ajudar o governador a passar para a outra margem. Em seguida, o governador mandou que juntassem as canoas duas a duas, transformando-as em balsas, para a passagem dos cavalos e do restante do pessoal que o acompanhava. A parte desse rio Paraná por onde cruzaram tem a largura de um tiro de balista, possui uma correnteza muito forte e forma muitas ondas e redemoinhos, devido à grande força da água e à sua profundidade. Ao ser realizada a travessia, uma canoa virou e um cristão foi arrastado pelas águas, morrendo afogado.

Balsas para levar os doentes

Depois de ter passado o rio Paraná com sua gente, o governador ficou em dúvida quanto à chegada dos bergantins que mandara pedir ao capitão que estava em Ascensión, que deveriam ser utilizados não só para garantir aquela travessia – que àquela altura já havia sido realizada –, mas, principalmente, para o transporte dos enfermos. Estes eram muitos e não podiam caminhar. Tampouco era seguro deixá-los ali, pois existiam muitos índios inimigos por perto. Decidiu então enviar os enfermos rio Paraná abaixo, em balsas encomendadas a um índio principal chamado Iguaron, que se ofereceu para ir junto até o lugar onde morava um índio chamado Francisco, que fora criado entre os cristãos e era empregado de Gonzalo de Acosta. Assim, mandou-os embarcar, eram ao todo trinta homens. Com eles seguiram cinqüenta arcabuzeiros e balisteiros para dar-lhes proteção. Em seguida, o governador partiu por terra para a cidade de Ascensión que, segundo informaram os índios do rio Paraná, estava a nove jornadas dali. Antes de partir, o governador tomou a posse do rio Paraná em nome de Sua Majestade e os pilotos mediram a posição do local, que estava a vinte e quatro graus.

O governador continuou caminhando com sua gente por aquelas terras e províncias, voltando a passar por meio de povoados de índios guaranis e tornando a ser recebido como das ocasiões anteriores, com muita festa e mantimentos. Todos os índios chegavam para acompanhá-los de um povoado a outro, cada qual procurando servi-los da melhor maneira possível. Andando em meio daqueles povoados, o governador encontrou um cristão que vinha da cidade de Ascensión para informar-se a respeito de sua chegada. Relatou esse cristão sobre a situação em que se encontravam os que estavam em Ascensión, os perigos que passavam e a necessidade que tinham de socorro, especialmente depois do ocorrido com Juan de Ayolas, além de outros ataques que os índios realizaram contra eles. Disse que depois de ter sido desestimulada a povoação do porto de Buenos Aires, eles haviam perdido a esperança de serem socorridos.

CAPÍTULO II

Chegada à cidade de Ascensión

Tendo tomado conhecimento da morte de Juan de Ayolas,[30] de outros massacres que os índios haviam realizado contra os espanhóis em Ascensión e do despovoamento do porto de Buenos Aires – para onde mandara suas naus que estavam na ilha de Santa Catarina com 140 homens –, o governador pôde perceber a necessidade em que se encontrava aquela gente que ia socorrer. Assim, apressou sua caminhada e, à medida que avançava, era cada vez maior a acolhida que recebia por parte dos índios guaranis, pois corria de boca em boca o bom tratamento que a todos o governador dispensava e as muitas dádivas que a todos concedia. Era comum, portanto, os índios irem à frente abrindo caminho e, à medida que a comitiva se aproximava de Ascensión, era comum virem até o governador índios que falavam a nossa língua castelhana, dizendo que estava chegando em boa hora. Quanto mais perto chegava tanto maior era a recepção, com mulheres e crianças se colocando em fila para oferecer vinho de milho, pão, pescado, batata, galinha, mel, veado e muitas outras coisas, que repartiam graciosamente e, depois, em sinal de paz e amor, levantavam as mãos para o céu.

Caminhando dessa maneira (segundo é dito) foi Nosso Senhor servido de que às nove horas da manhã de um sábado, aos onze dias do mês de março do ano de 1542,[31] o governador e sua gente chegassem à cidade de Ascensión, que está assentada na ribeira do rio Paraguai, a vinte e cinco graus da banda sul. Quando chegaram nas cercanias da cidade, os capitães e outras pessoas já saíram para recebê-los, demonstrando uma alegria indescritível e dizendo que jamais acreditaram que pudessem ser socorridos, pois não se tinha qualquer notícia de outro caminho que não fosse aquele através do porto de Buenos Aires. Como o haviam despovoado, não lhes restava esperança alguma de receberem ajuda. Sabendo disso, os índios haviam se acometido de grande ousadia e atrevimento para atacá-los e matá-los, pois viram também que se passara muito tempo sem que ninguém chegasse à província. De sua parte, o governador também ficou muito alegre em poder ajudá-los, tendo-lhes comunicado que chegava ali por mandato de Sua Majestade e logo apresentou ante Domingo de Irala, tenente e governador daquela província, a provisão que trazia, mostrando-a também aos outros oficiais: Alonso de Cabrera, inspetor; Felipe de Cáceres, contador, natural de Madri; Pedro Dorantes, feitor, natural de Béjar; e ante outros capitães e gente que ali residiam. Em vista disso, deram obediência ao governador como capitão-geral da província por mandato de Sua Majestade, entregando-lhe também as varas da justiça, que, em nome de Sua Majestade, ele distribuiu novamente a outras pessoas, para que administrassem a justiça civil e criminal naquela província.

Chegada dos doentes que ficaram no rio Piqueri

Trinta dias após a chegada do governador à cidade de Ascensión, chegaram as balsas com os enfermos, que vieram do rio Paraná. Apesar de doentes e fatigados, todos chegaram, com exceção de um que foi morto por um tigre. Contaram que durante muito tempo foram seguidos e atacados pelos índios que vivem na margem daquele rio. Estes os seguiram rio abaixo em suas canoas, fazendo grande gritaria e lançando suas flechas. Durante quatorze dias foram seguidos por até duzentas canoas que não lhes davam sossego, ferindo levemente cerca de vinte espanhóis, o que não impediu que seguissem sua viagem rio abaixo. Como se não bastasse o ataque dos índios, o rio, com sua correnteza forte e redemoinhos, também era outro desafio a ser enfrentado. Não fosse a habilidade dos pilotos, sua sorte teria sido outra, pois, ou naufragariam ou seriam alcançados pelos índios. Sofreram assim essa pressão por quatorze dias consecutivos, até que chegaram ao local onde morava o índio Francisco, que os amparou, levando-os para uma ilha próxima de seu próprio povo. Ali puderam amenizar a grande fome que vinham sentindo, bem como tratar dos ferimentos e descansar um pouco, pois os índios que os vinham seguindo desistiram de atacá-los, retornando aos seus povoados. Nesse meio tempo chegaram os dois bergantins que haviam saído de Ascensión para apanhar os feridos.

O governador manda repovoar Buenos Aires

Com todo o cuidado, o governador mandou preparar dois bergantins, carregados de mantimentos e outras coisas necessárias, para serem enviados a Buenos Aires. Reuniu também gente experiente na navegação pelo rio Paraná, para que socorressem os 140 espanhóis que ele havia enviado desde a ilha de Santa Catarina e que, por certo, iriam passar grande necessidade em vista das informações que recebera de que o porto de Buenos Aires estava despovoado. Mandou que se tratasse logo de povoar novamente aquele porto, pois ele era de fundamental importância para toda aquela gente que residia em Ascensión. Ali deveriam ser feitos os bergantins para subirem as 350 léguas rio acima, trazendo as pessoas e artigos que chegassem pelas naus vindas da Espanha.

Os dois bergantins partiram aos dezesseis dias do mês de abril daquele dito ano e em seguida o governador mandou construir outros dois para serem enviados posteriormente. Aos capitães que enviou nos dois primeiros bergantins, ordenou que procurassem dar um bom tratamento aos índios do rio Paraná, buscando atraí-los para a paz e para a obediência a Sua Majestade. Pediu-lhes que relacionassem tudo que ocorresse para que depois fosse relatado a Sua Majestade. Para melhor servir a Deus e a Sua Majestade, o governador mandou chamar alguns sacerdotes que residiam em Ascensión e outros que trazia consigo, tendo reunido também os capitães e toda a gente que iria viajar e mandado que lessem certos capítulos de uma carta de Sua Majestade que falam sobre o tratamento que deve ser dispensado aos índios. Pediu aos sacerdotes que tivessem especial cuidado para que os índios não fossem maltratados e que lhe avisassem sobre tudo que ocorresse ao contrário do que fora determinado. Avisou-lhes que proveria todo o necessário para tão santa obra, pois queria que fossem ministrados os sacramentos nas igrejas e mosteiros. Assim, eles foram também providos de vinho e de farinha, e dos ornamentos para os atos litúrgicos.

Índios matam e comem seus inimigos

Logo que chegou à cidade de Ascensión, o governador mandou juntar todos os índios vassalos de Sua Majestade e, em presença dos clérigos, explicou-lhes que Sua Majestade o enviara para demonstrar-lhes como deveriam vir ao encontro dos conhecimentos cristãos, através da doutrina e do ensinamento dos religiosos que ali estavam. Que, se procedessem dessa maneira, sendo bons vassalos e fiéis seguidores de Deus e da Igreja católica, seriam muito bem recompensados. Ao mesmo tempo, advertiu-os de que não poderiam mais comer carne humana, pelo grave pecado e ofensa que isso representava contra Deus. E, para estimulá-los, repartiu muitos presentes, como camisas, bonés e outras coisas mais, o que os deixou muito contentes.

Essa nação dos guaranis fala uma linguagem que é entendida por todas as outras castas da província[32] e comem carne humana de todas as outras nações que têm por inimigas. Quando capturam um inimigo na guerra, trazem-no para seu povoado e fazem com ele grandes festas e regozijos, dançando e cantando, o que dura até que ele esteja gordo, no ponto de ser abatido. Porém, enquanto está cativo, dão a ele tudo o que quer comer e lhe entregam suas próprias mulheres ou filhas para que faça com elas os seus prazeres. São essas mesmas mulheres que se encarregam de tratá-lo e de ornamentá-lo com muitas plumas e muitos colares que fazem de ossos e de pedras brancas. Quando está gordo, as festividades são ainda maiores. Os índios se reúnem e adereçam três meninos de seis ou sete anos de idade e colocam-lhes nas mãos umas machadinhas de cobre. Chamam então um índio que é tido como o mais valente entre eles, colocam-lhe uma espada de madeira nas mãos, que chamam de *macana*, e o conduzem até uma praça onde o fazem dançar durante uma hora. Terminada a dança, dirige-se para o prisioneiro e começa a golpeá-lo pelos ombros, segurando o pau com as duas mãos. Depois bate-lhe pela espinha e em seguida dá seis golpes na cabeça, o que ainda não é suficiente para derrubá-lo, pois é impressionante a resistência que eles possuem, especialmente na cabeça. Somente depois de muito bater com aquela espada, que é feita de uma madeira negra muito resistente, é que consegue derrubar o prisioneiro e inimigo. Aí então chegam os meninos com as machadinhas, e o maior deles, ou filho do principal, é o primeiro a golpeá-lo com a machadinha na cabeça até fazer correr o sangue. Em seguida, os outros também começam a golpear e, enquanto estão batendo, os índios que estão em volta gritam e incentivam para que sejam valentes, para que tenham ânimo para enfrentar as guerras e para matar seus inimigos; que se recordem que aquele que ali está já matou sua gente. Quando terminam de matá-lo, aquele índio que o matou toma o seu nome, passando assim a chamar-se como sinal de valentia. Em seguida, as velhas pegam o corpo tombado, começam a despedaçá-lo e a cozinhá-lo em suas panelas. Depois repartem entre si, sendo considerado algo muito bom de comer, e voltam às suas danças e cantos por mais alguns dias, como forma de regozijo.[33]

Paz com os índios agaces

Na ribeira desse rio Paraguai está assentada uma nação de índios chamados agaces, que são muito temidos por todas as demais nações daquela terra. Além de serem homens muito valentes e ousados, são também muito traidores, pois sob a palavra de paz provocaram muitas mortes tanto em gente de outras nações como nos próprios parentes, para tomarem posse de terras. São homens de corpos imensos e andam como corsários em suas canoas pelo rio, saltando à terra, roubando e prendendo os guaranis, que têm como seus principais inimigos. Vivem da caça, da pesca e do que a terra dá, pois não são plantadores. Têm por costume prender os guaranis e levá-los amarrados nas canoas até as próprias terras destes, para então, em frente de seus pais, filhos, irmãos ou mulheres, exigirem que lhes tragam de comer, caso contrário os matarão. Então os parentes do prisioneiro trazem enormes quantidades de mantimentos até encher-lhes as canoas. Feito isso, eles vão embora, mas ainda carregando junto o prisioneiro, e são raras as vezes que o soltam. Muitas vezes continuam a açoitá-lo e acabam por degolá-lo, colocando sua cabeça fincada em um pau na margem do rio.

Antes que o governador chegasse a Ascensión, os espanhóis já haviam travado guerra com esses índios, matando muitos deles, estabelecendo depois a paz. Mas, como era seu costume, eles haviam rompido essa paz atacando os guaranis. Quando o governador chegou à cidade, fazia poucos dias que eles haviam rompido a paz, atacando e saqueando povoados guaranis, vindo todos os dias causar perturbação em Ascensión. Quando os agaces souberam da chegada do governador, seus três homens principais, chamados Abacoten, Tabor e Alabos, acompanhados de outros, foram com suas canoas até o porto da cidade e desceram à terra para se colocar em presença do governador e comunicar-lhe que vinham para prestar obediência a Sua Majestade e se tornarem amigos dos espanhóis. Disseram que se até ali não haviam mantido a paz era por atrevimento de alguns jovens impetuosos que praticavam atos sem sua licença, mas que estes haviam sido castigados. E, diante dos clérigos e oficiais de Sua Majestade, rogaram ao governador que fizesse as pazes com eles.

O governador os recebeu com o seu costumeiro carinho e atenção, dizendo-lhes que estava muito contente em recebê-los como vassalos de Sua Majestade e como amigos dos cristãos, contanto que mantivessem as condições de paz e não a rompessem, como fizeram em outras ocasiões, pois nesse caso os teria como inimigos principais e lhes faria a guerra. E desta maneira se estabeleceu a paz e dali em diante eles se tornaram amigos dos espanhóis e dos guaranis, tendo o governador determinado que se lhes fornecessem mantimentos e lhes auxiliassem no que fosse preciso. A condição imposta para o estabelecimento da paz era de que os agaces de nenhuma maneira poderiam andar pelo rio durante a noite e que, durante o dia, só podiam andar junto à margem oposta a que estão assentadas as povoações de guaranis e de espanhóis. Tampouco poderiam intervir nas atividades de caça, pesca e lavoura dos espanhóis e dos guaranis. Deveriam também devolver alguns índios guaranis que aprisionaram e permitir que algumas índias agaces, que haviam sido trazidas para serem doutrinadas, pudessem continuar nessa santa obra. Os agaces prometeram cumprir tudo o que fora acordado e assim ficou assentada a paz.

Problemas com os oficiais de Sua Majestade

Logo que chegou a Ascensión, o governador ouviu dos povoadores que ali havia muitas críticas contra os oficiais de Sua Majestade, que os maltratavam, faziam-nos passar vexames e lhes impunham altas taxações, que eles mesmos inventaram e que correspondiam a pagamento em pescado, manteiga, mel, milho e outros mantimentos, além das peles com que se vestiam. Essas imposições fizeram com que aqueles colonizadores fossem levados a um extremo estado de pobreza, constatado pelo governador em sua chegada. Tanto que tratou logo de dar-lhes roupas, remédios, armas e outras coisas mais de que necessitavam, sem lhes cobrar coisa alguma. Determinou também o fim da cobrança daqueles impostos, o que provocou grande ódio naqueles oficiais, que, por vias indiretas, tentaram fazer-lhe todo o mal e dano que pudessem. Diante disso, o governador não teve outra alternativa senão mandar prendê-los.[34]

Queixas contra os índios guaicurus

Os índios principais da comarca situada na ribeira do rio Paraguai, nas cercanias de Ascensión, compareceram ante o governador para se queixar de uma outra nação de índios que habitam os confins daquela região, que são muito valentes e guerreiros e se alimentam basicamente do que produzem e conseguem aqueles índios vassalos de Sua Majestade. Sempre que estes caçam seus veados, pescam seus peixes, produzem seu mel ou abatem seus porcos, aparecem os guaicurus,[35] que é como se chamam aqueles índios, para roubar-lhes os alimentos. São também muito ligeiros, capazes de acompanhar um veado na corrida, saltar sobre ele e matá-lo. Com suas flechas matam também muitos tigres. São nômades, não parando mais que dois dias num mesmo lugar, logo levantando suas casas de esteiras e mudando para uma ou duas léguas dali. Costumam também tratar muito bem as mulheres, tanto as suas como as que capturam na guerra, às quais dão plena liberdade. Porém, com os homens são muito hostis, o que faz com que sejam muito temidos. Além do que tiram dos outros, mantêm-se da pesca, caça ao veado e de alfarroba, da qual, quando está madura, pelo mês de novembro ou entrada de dezembro, eles fazem farinha e vinho, que sai tão forte que seguido eles se embebedam com ele.

Por tudo isso, os índios principais se queixaram muito ao governador, dizendo ainda que os guaicurus haviam roubado suas terras, matado seus pais, irmãos e parentes. Como eram vassalos de Sua Majestade e cristãos, esperavam ser auxiliados e ter suas terras devolvidas, pois era lá que tinham sua principal caça e pesca. Os nomes desses principais que haviam se convertido ao cristianismo eram Pedro de Mendoza, Juan de Salazar Cupirati, Francisco Ruiz Mayraru, Lorenzo Moquiraci e Gonzalo Mayraru, além de outros. O governador pediu-lhes que apresentassem provas do que estavam lhe dizendo e estes chamaram o testemunho de muitos cristãos espanhóis, que haviam presenciado os danos que os guaicurus lhes haviam feito, quando inclusive lhes tomaram um povoado cercado de forte paliçada, chamado Caguazu. Diante dessas informações, o governador mandou chamar os religiosos e clérigos que ali estavam – que eram os freis Bernaldo de Armenta e Alonso Lebrón, e os bacharéis Martín de Armenta e Francisco de Andrade, clérigos – para aconselhar-se com eles se deveriam ou não desfechar a guerra contra os guaicurus. Depois de discutirem o assunto, deram parecer, firmado com seus nomes, de que deveria ser desfechada a guerra contra os guaicurus.

O governador determinou que dois espanhóis que falavam a língua dos guaicurus, juntamente com o clérigo chamado Martín de Armenta e mais cinqüenta espanhóis, fossem até aqueles índios para, em nome de Sua Majestade, requerer-lhes obediência, bem como o seu afastamento da guerra e das terras dos guaranis, deixando estes livres para caçar e pescar. Se assim o fizessem, seriam recompensados e tratados como amigos; do contrário, sofreriam a guerra como inimigos capitais. Oito dias depois, os emissários do governador voltaram, informando que os índios não aceitaram sua oferta de paz, que logo lhes mostraram as armas para intimidá-los e disseram que não queriam ser amigos nem dos espanhóis nem dos guaranis. Para referendar o que diziam, passaram a atirar-lhes flechas, que provocaram ferimentos em muitos do grupo espanhol.

Tomando conhecimento disso, o governador mandou preparar duzentos arcabuzeiros e balisteiros e mais doze a cavalo, e com eles partiu da cidade de Ascensión, numa quinta-feira, aos doze dias do mês de julho de 1542. Como teria de cruzar o rio Paraguai, determinou que fossem enviados dois bergantins quatro léguas abaixo, até a localidade de Tapua, cujo principal era um índio chamado Mormocem, que se convertera ao cristianismo e recebera o nome de Lorenzo. As terras originais desse índio, no entanto, eram em Caguazu, que os guaicurus lhe haviam tomado. Mas era ali em Tapua que a comitiva do governador deveria cruzar o rio e receber a adesão de grande número de guaranis que para lá se dirigiam.

Pelo caminho, o governador já foi recebendo a adesão de grandes esquadrões de índios, sendo coisa linda de se ver a maneira organizada como seguiam, pintados e ornados com penas de papagaio, levando seus instrumentos de guerra e tocando seus atabales e flautas. No mesmo dia que partiu de Ascensión, o governador chegou com sua gente a Tapua, onde encontrou um grande número de índios guaranis a esperá-lo. Mormocem foi recebê-lo na entrada do povoado, juntamente com outros parentes seus e muitos principais, levando grande quantidade de caça que havia abatido, como veados, avestruzes e outros bichos. Era tanto o que haviam caçado que deu para servir todos e ainda sobrou muita coisa.

Terminada a janta, os índios principais disseram que era necessário enviar observadores índios e espanhóis para descobrir as terras por onde haveriam de passar e averiguar se os guaicurus estavam sabendo da ida deles. Assim, no outro dia pela manhã, o próprio Mormocem seguiu com outros principais e alguns espanhóis para fazer a referida observação. Voltaram à noite, informando que viram os índios caçando e caminhando pelos campos, como costumavam fazer, nada indicando que soubessem da ida dos espanhóis e seus aliados. A única coisa diferente que perceberam é que reuniam suas mulheres e filhos para se mudarem, em busca de outros lugares de melhor caça e pesca, conforme também costumavam fazer. Disseram também que desde ali até o local onde os guaicurus estavam havia seis léguas.

Dois cristãos afogam-se na travessia

Nessa mesma sexta-feira chegaram os bergantins para fazer a travessia dos arcabuzeiros e dos cavalos tendo os índios também trazido muitas canoas. Depois de acertar os detalhes com seus conselheiros, o governador determinou que, no dia seguinte, sábado, fosse feita a travessia para seguirem em busca dos guaicurus. Quando raiou a manhã, começaram a passar para o outro lado do rio. Era tamanha a multidão que atravessava e tamanha a gritaria que faziam que era coisa incrível de se ver. Apesar de haver mais de duzentas canoas, demoraram das seis da manhã até as duas da tarde para realizar a travessia. Durante a travessia ocorreu um episódio lamentável. Os espanhóis carregaram demais uma barca e esta emborcou deixando toda a gente embaixo. Logo os índios saltaram na água para socorrê-los, mas como a correnteza era muito forte dois cristãos foram arrastados e morreram afogados. Eram eles Diego de Isla, procedente de Málaga, e Juan de Valdés, de Valência. Logo que terminaram a travessia, os índios principais vieram dizer ao governador que era seu costume, sempre que iam fazer uma guerra, dar um presente ao seu comandante e que, assim sendo, rogavam que ele recebesse o que queriam ofertar. Para contentá-los, o governador disse que aceitava e logo os principais vieram um a um dar-lhe arcos e flechas pintados como que para uma ocasião de gala e enfeitados com penas de papagaio. Depois dos principais seguiram-se todos os índios trazendo uma flecha pintada, num ritual que se estendeu até a noite, fazendo com que tivessem de dormir ali na beira do rio, mas não sem o estabelecimento de uma boa sentinela.

Espiões seguiram os índios guaicurus

Naquele sábado mesmo o governador havia decidido, com a concordância dos capitães e dos religiosos, enviar observadores que descobrissem para onde os guaicurus haviam ido e instalado suas casas, de modo que fosse possível atacá-los sem maiores problemas. Esses observadores retornaram quando todos já dormiam, contando que não puderam se certificar de onde os guaicurus iriam instalar-se, pois suas mulheres continuavam caminhando à frente com os filhos, enquanto eles iam caçando pelo caminho. Sabendo isso, decidiram caminhar o mais escondido possível, não fazendo fogo de dia. Com tudo acertado, partiram domingo pela manhã, em boa ordem, caminhando por umas planícies e por entre árvores, seguindo os índios sempre na frente. Alguns deles, muito espertos e ótimos corredores, iam mais à frente e com freqüência voltavam para dar notícia sobre o que haviam visto. Além deles iam os espiões, com todo o cuidado, seguindo os inimigos para saber quando se estabelecessem em algum lugar. O enorme batalhão de índios que os seguia se estendia por mais de uma légua, garbosamente formado, com todos os índios marchando ordenadamente, exibindo suas plumagens e pinturas, bem como seus arcos e flechas ornamentados. Depois deles, no corpo de batalha, seguiam-se o governador com a gente a cavalo, e logo a infantaria dos espanhóis, com os arcabuzeiros e balisteiros. Vinham a seguir as mulheres, que carregavam a munição e os mantimentos dos espanhóis, já que os índios levavam seus mantimentos em meio a seu próprio batalhão. Assim formados, caminharam até meio-dia, quando pararam para repousar embaixo de algumas árvores. Após o almoço e o descanso, continuaram por umas veredas cercadas de montes e de árvores. Por todo o trajeto havia tanta caça de veado e avestruz que era impressionante de se ver, porém ninguém saía à caça para não ser descoberto pelo inimigo. Aquele batalhão de dez mil homens mais ou menos seguia rigidamente seu caminho, numa marcha impressionante, realçada, além da organização e pintura dos índios já mencionadas, pelo resplendor que o sol da tarde provocava sobre as placas de cobre que os índios carregavam penduradas ao pescoço. Tudo aquilo se transformava num espetáculo impressionante aos olhos.

O governador é avisado sobre os guaicurus

Quando já chegava a hora da Ave-Maria, ocorreu um alvoroço em meio ao batalhão, devido à chegada de alguns espiões que estavam investigando a ação dos guaicurus. Como chegaram muito depressa, muitos dos índios guaranis pensaram que os guaicurus tinham vindo sobre eles e se alvoroçaram. Passado o mal-entendido, os espiões disseram acreditar que aquela noite os guaicurus iriam assentar suas casas. Também haviam se certificado a respeito de algumas escravas que capturaram alguns dias antes dos índios merchireses. Souberam também que os guaicurus estavam preparando a guerra contra os índios guataraes e, por isso, iam se deslocando muito rapidamente através dos campos e matas. Como aquela era uma noite de lua cheia, o governador decidiu que não deveriam perder mais tempo e determinou ao batalhão que seguisse sua marcha durante a noite, mas com todo o cuidado que se fazia necessário.

Um tigre causa espanto entre índios e espanhóis

Um outro alvoroço voltou a acontecer entre os índios, que fez com que os espanhóis chegassem a se colocar em posição de tiro, pensando que estavam sendo atacados. Tudo por causa de um tigre que saiu de trás de umas árvores e colocou os índios em fuga. O incidente teve conseqüências maiores, no entanto, pois, em meio a alguns disparos de arcabuz que foram feitos contra os índios, dois deles atingiram de raspão o governador. Tiveram certeza de que esses disparos foram feitos com a intenção de matar o governador, sendo desfechados por adeptos de Domingo de Irala, a quem Cabeza de Vaca havia tirado o mandato. Como com o alvoroço os índios se espalharam pelos montes, o governador tomou alguns outros índios que haviam ficado e saiu à cata dos outros, procurando explicar-lhes que o que acontecera fora um mero incidente provocado por um tigre e que os espanhóis eram seus amigos, devendo todos unidos seguir em busca do inimigo comum. Ao verem o governador em pessoa ir ao seu encontro, os índios começaram a se acalmar e pouco a pouco foram retornando.

É certo que esse episódio quase colocou por terra toda a ação pacificadora até então desenvolvida, pois, se os índios tivessem se embrenhado pelo mato e retornado para suas casas sem ter conversado com o governador, ninguém mais poderia se aproximar deles. Não fosse o governador se meter pelo mato e chamar todos os principais por seus nomes e explicar-lhes o ocorrido, a situação teria sido bem outra, pois os índios ficaram duplamente atemorizados: pelo aparecimento repentino de um tigre entre eles; depois, por estarem sendo alvejados pelos próprios espanhóis que se diziam seus amigos. Contornado o incidente, já que depois que os principais retornaram todos os demais também vieram, o governador determinou que dali em diante os espanhóis iriam à frente do batalhão, seguindo os índios na retaguarda. Disse aos índios para que observassem a vontade com que os espanhóis iam contra os inimigos, para que voltassem a se animar e perdessem o temor pelo passado. E assim foram caminhando, até duas horas depois de ter entrado a noite, quando pararam para jantar. Às onze da noite, quando já estavam descansando, com a preocupação de não fazer fogo algum para não chamar a atenção do inimigo, chegaram alguns espiões informando que os guaicurus haviam assentado suas casas, com o que folgou muito o governador, pois temia que eles tivessem ouvido os tiros de arcabuz que foram disparados no incidente provocado pelo tigre. O governador indagou sobre a distância que estavam e, ao saber que distavam apenas três léguas, mandou que todos se colocassem em marcha, pois pretendia atacá-los ao romper da aurora. Mandou pintar uma cruz branca e bem grande no peito e nas costas dos índios guaranis para que na confusão da luta os espanhóis pudessem distingui-los bem. Mandou que mantivessem as bocas dos cavalos cheias de feno para que não relinchassem. Aos índios determinou que cercassem as casas, mas deixassem uma única saída para os montes, de modo a não fazerem uma grande carnificina com eles.

Assim, ao surgirem os primeiros clarões do novo dia, estavam em volta do povoado dos guaicurus. Dava para qualquer um perceber, no entanto, que os guaranis morriam de medo dos guaicurus, parecendo faltar-lhes coragem para ir sobre o inimigo. Esse temor aumentou mais ainda quando rompeu o dia e os guaicurus despertaram com o seu costumeiro ritual de tocar os tambores e conclamar as outras nações a virem se juntar a eles, que eram poucos mas valentes, sendo senhores de todas aquelas terras e de toda a caça que por ali havia. Ao terminarem o seu ritual, os guaicurus avistaram toda a gente que os cercava e a ponta dos arcabuzes. Em seguida indagaram: "Quem sois vós, que ousais vir até nossas casas?". Um cristão respondeu na língua deles dizendo: "Eu sou Héctor (este era o nome dele) e venho com os meus para fazer o *trueque* (que na língua deles quer dizer vingança) da morte dos batates que vocês mataram". Então os inimigos responderam: "Pois vieram em muito má hora; acontecerá com vocês o mesmo que aconteceu com os outros". Mal terminaram de dizer isso, jogaram sobre os espanhóis os tições de fogo que traziam e voltaram correndo para suas casas, onde apanharam os arcos e as flechas e passaram a alvejar o governador e sua gente, agindo com tamanho ímpeto e bravura que parecia que nada os deteria. Os índios que acompanhavam o governador não ousaram enfrentá-los e fugiram em disparada para as montanhas. Percebendo isso, o governador pediu a dom Diego de Barba que preparasse a artilharia e ao capitão Salazar que aprontasse a infantaria. Mandou também que preparassem os cavalos, formando ao todo dois esquadrões. Com a invocação e proteção de São Tiago partiram para cima dos inimigos. O governador ia na frente, montado em seu cavalo, atropelando todos que encontrava pela frente. Como os guaicurus nunca haviam visto cavalos, foi enorme o espanto que tomou conta deles, fazendo com que fugissem para as montanhas apavorados. Pelo caminho colocaram fogo em uma casa, que logo se estendeu para as outras, pois todas eram de palha e levadiças. Eram no total umas vinte casas, cada uma com uns quinhentos passos. Havia entre essa gente uns quatro mil guerreiros, que se retiraram para trás da fumaça que o fogo das casas fazia. Cobertos pela fumaça, conseguiram matar dois cristãos e decepar doze índios. Para cortar o pescoço de seus inimigos, usam três ou quatro dentes de um pescado chamado palombeta. Esses dentes são presos em um pedaço de pau e com umas poucas passadas na garganta arrancam a cabeça fora e depois a carregam segura pelos cabelos, exibindo-a como um troféu de guerra.

Como o governador derrotou os inimigos

Com os índios derrotados e em fuga, o governador continuou em sua perseguição. Um espanhol que ia a cavalo, perto do governador, aproximou o animal para atacar um índio, mas este saltou no pescoço da égua e atravessou-a com as três flechas que levava na mão. Não foi possível retirar as flechas, não restando outra alternativa senão matar a égua.

Não fosse a liderança do governador, a vitória de nossa parte seria duvidosa, pois esses índios são muito fortes, muito valentes e de grande destreza. Vivem gentilmente, não possuem casas fixas, mantêm-se de caça e pesca e ninguém os teria vencido não fossem os espanhóis. As mulheres possuem o direito de libertar o prisioneiro que os homens trazem para junto deles, podendo este até continuar a viver entre eles, se quiser, passando a ser tratado como se fosse um integrante da tribo. Suas mulheres possuem maior liberdade do que a concedida às espanholas por nossa rainha, dona Isabel.

Cansado de perseguir o inimigo, o governador recolheu sua gente para o acampamento e depois iniciou a viagem de retorno para Ascensión, não sem ter prendido alguns guaicurus. Quando marchava de volta, foi várias vezes atacado pelos inimigos, tendo muito trabalho para manter aqueles que havia capturado, pois tinha de protegê-los tanto dos seus companheiros de tribo que vinham tentar resgatá-los, como dos guaranis que tentavam matá-los. Aconteceu, numa ocasião, de mil guaranis matarem vinte guaicurus que encontraram sós. Durante aquela jornada, o governador conseguiu fazer cerca de quatrocentos prisioneiros, entre homens, mulheres e rapazes. No caminho de volta, aquela gente ficou maravilhada ao ver os cavalos correndo atrás dos veados, na caçada que os espanhóis faziam. Também os índios aproveitaram para caçar muitos veados.

Retorno à cidade de Ascensión

Depois de passarem a noite embaixo de algumas árvores, no dia seguinte todos partiram em boa ordem, continuando a caminhar e a caçar. Foram mortos muitos veados e avestruzes. Eram tantos os veados que alguns espanhóis chegaram a matá-los com a espada, tão próximos eles chegavam ao fugir dos índios ou dos cavalos. A caça, naquele dia, tornou-se um divertimento e um espetáculo à parte para todos.

Ao faltar hora e meia para anoitecer, chegaram à ribeira do rio Paraguai, onde haviam ficado os bergantins e as canoas. Nesse mesmo dia, começaram a fazer a travessia dos cavalos e parte do pessoal, tendo a tarefa continuado no dia seguinte até o meio-dia. Concluída a travessia, continuaram a caminhada até a cidade de Ascensión, onde o governador havia deixado Gonzalo de Mendoza, como capitão com 250 homens. Nesse tempo, Mendoza prendera seis índios yapirúes, que são de uma tribo de homens de grande estatura, valentes guerreiros e grandes corredores. Não lavram nem criam, mantendo-se da caça e da pesca. São inimigos dos guaranis e dos guaicurus. Mendoza contou ao governador que, no dia anterior, os índios haviam cruzado o rio Paraguai e vieram para dizer que haviam tomado conhecimento da guerra que estava sendo feita aos guaicurus e que eles estavam atemorizados, por isso o seu principal enviara para saber o que precisavam fazer para serem amigos dos cristãos. Disseram também que, se sua ajuda fosse necessária para combater os guaicurus, viriam com todo o prazer. Todavia, Mendoza desconfiou que, sob esse pretexto, eles haviam vindo para conhecer o acampamento dos espanhóis e por isso resolveu prendê-los, até que pudesse se informar sobre a verdade. Sabendo disso, o governador tomou um intérprete que conhecia a língua deles e mandou que viessem um por um à sua presença. Depois de conversar com todos percebeu que falavam a verdade e que uma aliança com eles seria muito proveitosa para os serviços de Sua Majestade. Assim, deu presentes para cada um deles e entregou-lhes outros para que fossem levados aos seus principais, dizendo-lhes que os receberia como amigos e como vassalos de Sua Majestade, e que por isso seriam muito bem tratados e recompensados, contanto que acabassem com a guerra que moviam contra os guaranis, pois esta fora a causa principal por que foram combater os índios guaicurus. Com isso, despediu-se deles, que partiram muito alegres e felizes.[36]

Índios agaces romperam a paz

Gonzalo de Mendoza também relatou um outro fato ocorrido na ausência do governador. Relacionava-se com o ataque perpetrado pelos índios agaces, que haviam acertado a paz na noite em que o governador partira para combater os guaicurus. Esses agaces haviam vindo armados para fazer a guerra e colocar fogo na cidade, mas foram percebidos pelos sentinelas e ao se sentirem descobertos resolveram fugir. Na fuga ainda atacaram lavouras e casas de cristãos, roubando muitas mulheres guaranis que haviam se tornado cristãs. Dali em diante vinham todas as noites roubar nas lavouras e provocar danos aos guaranis. As mulheres que haviam dado como reféns para que guardassem a paz, na primeira noite em que vieram, haviam fugido e lhes avisado que a cidade havia ficado com pouca gente em virtude da ida do governador para combater os guaicurus. Roubaram os armazéns dos espanhóis onde tinham seus mantimentos e levaram mais de trinta mulheres guaranis.

Tendo ouvido esse relato, o governador mandou chamar os religiosos, os clérigos e os oficiais de Sua Majestade, e pediu-lhes que dessem seu parecer sobre o que deveria ser feito. Esse parecer era dado por escrito e assinado (conforme Sua Majestade mandara) e decidira pelo ataque a fogo e sangue aos agaces, para castigá-los pelos danos que estavam fazendo. E, para melhor justificar sua ação, o governador mandou abrir processo contra os índios agaces e mandou juntar a outros quatro processos que os cristãos que haviam sido assaltados já haviam feito antes que o governador retornasse.

Governador soltou os prisioneiros guaicurus

Depois de decidir o que fazer com os agaces, o governador mandou chamar os índios principais guaranis e lhes determinou que trouxessem todos os prisioneiros guaicurus, que não escondessem nenhum deles, pois quem assim procedesse seria devidamente castigado. Trazidos todos os guaicurus à sua presença, disse o governador que Sua Majestade havia dito que não queria nenhum deles como escravo, pois não fizera com eles todas as diligências necessárias e por isso era mais proveitoso colocá-los em liberdade. Entre eles estava um de muito boa aparência, que parecia ser um gentil-homem, que o governador chamou e disse para que fosse avisar a todos os de sua tribo que queria falar-lhes de parte de Sua Majestade e, em seu nome, recebê-los como vassalos. Que, se assim o fizessem, os protegeria e os auxiliaria no que fosse necessário. Deu-lhe ainda alguns presentes e ele partiu muito contente.

CAPÍTULO III

Guerra e paz com os indígenas

Numa segunda-feira pela manhã, passados quatro dias da saída do prisioneiro, este chegou à margem do rio Paraguai trazendo toda sua gente, sem faltar nenhum. Estavam parados debaixo de umas árvores quando o governador ficou sabendo de sua chegada, mandando alguns cristãos cruzar o rio com intérpretes e muitas canoas para que os guaicurus fizessem a travessia. Cerca de vinte homens foram os primeiros a cruzar e vieram ante o governador, sentando-se sobre um pé, conforme era seu costume, dizendo que eram os principais de sua nação de guaicurus e que eles e todos seus antepassados haviam tido guerras freqüentes com todas as outras nações daquelas terras, tanto os guaranis como os agaces, yapirúes, guatataes, naperúes, mayaes e outras. Sempre haviam vencido e maltratado os derrotados, nunca aparecendo quem os derrotasse. Mas que agora, finalmente, haviam encontrado quem era mais forte do que eles, e assim vinham se entregar como escravos, para servir aos espanhóis. E pediram ao governador que, como principal dos espanhóis, determinasse o que eles deveriam fazer, que eles obedeceriam. Disseram também que suas mulheres e filhos haviam ficado do outro lado do rio e que viriam prestar obediência e fazer o mesmo que eles, oferecendo-se igualmente a serviço de Sua Majestade. Também esclareceram que vinham por terem sido vencidos pelos espanhóis e não pelos guaranis, pois estes eles não temiam, tendo-os vencido várias vezes.

Governador entregou prisioneiros guaicurus

Tendo ouvido atentamente o que os guaicurus lhe disseram, dispondo-se com tanta humildade a servir-lhe (o que causou grande espanto e temor em toda a terra), o governador respondeu que estava ali por mandato de Sua Majestade e para fazer com que todos aqueles que viessem ao encontro de Deus Nosso Senhor, tornando-se cristãos e vassalos de Sua Majestade, fossem devidamente recompensados e favorecidos. Que, se eles fizessem isso e parassem de causar danos aos guaranis, ele os teria como amigos, fazendo com que sempre fossem melhor tratados do que outras tribos. Além disso, que lhes devolveriam seus irmãos prisioneiros, tanto os que estavam com os espanhóis como os que estavam com os guaranis. Em seguida, mandou que trouxessem todos os prisioneiros à sua presença e os entregou aos principais guaicurus. Ao receberem os prisioneiros, mais uma vez afirmaram que passavam a ser vassalos de Sua Majestade, que não combateriam mais os índios guaranis e que daquela data em diante passariam a trazer à cidade de Ascensión tudo que conquistassem. O governador lhes agradeceu e repartiu entre os principais muitas jóias e presentes e ficaram acertadas as pazes.

Dali em diante, vieram sempre que o governador os mandou chamar, tornando-se muito obedientes. Praticamente de oito a oito dias vinham à cidade, carregados de carne de veado e de porco montanhês assada em grelha. Essas grelhas são feitas de paus e colocadas a dois palmos do solo. Salgam a carne e a colocam para assar. Também traziam muito pescado, couros de tigre, anta e veado e umas mantas que faziam a partir do cardo. Quando chegavam, levavam dois dias fazendo suas negociações. Os guaranis inclusive participavam das negociações, dando-lhes em troca muito milho, mandioca e umas frutas parecidas com avelãs, além de arcos e flechas. Esse processo de troca que se realizava de uma margem à outra do rio chegava a envolver até duzentas canoas, sendo coisa linda de ver. Algumas vezes, na pressa de atravessar o rio, duas canoas se chocavam e tudo o que carregavam ia ao fundo, o que provocava muitos risos naqueles que estavam na margem do rio. Divertiam-se tanto com isso, que chegavam a passar dois dias debochando dos que caíram. A causa das batidas das canoas é que praticamente competiam para ver quem chegava primeiro à outra margem do rio. Para fazer esse comércio iam emplumados e pintados como se fosse uma festa. Durante as negociações era tamanha a algazarra que uns não ouviam os outros. Mas tudo era feito em meio a muita alegria e divertimento.

Os aperúes também vêm fazer as pazes

Num domingo pela manhã, poucos dias depois de terem ido embora, voltaram aqueles seis índios yapirúes que o governador havia soltado. Vieram acompanhados de um batalhão e pararam do outro lado do rio, à vista da cidade, e fizeram sinais indicando que queriam atravessar. Sabendo disso, o governador mandou enviar canoas para que fizessem a travessia. Depois de chegarem à margem da cidade, os principais foram até o governador e, da mesma forma como haviam feito os guaicurus, sentaram sobre o pé e disseram que eram da nação dos yapirúes, que vinham ao encontro do principal dos cristãos para tê-lo como amigo e fazer o que este mandasse. Disseram ainda que por toda a terra se tomou conhecimentos da guerra feita contra os guaicurus e por isso todas as nações estavam muito espantadas e temerosas, visto que os mais valentes foram derrotados pelos cristãos. Trouxeram consigo algumas filhas suas e pediram ao governador que as recebesse como uma prova da amizade que queriam dedicar-lhe.

Estando na presença dos religiosos, clérigos e oficiais de Sua Majestade, o governador explicou-lhes que havia vindo àquela terra para espalhar a fé entre os nativos e fazer com que todos se tornassem cristãos e vassalos de Sua Majestade. Pedia que mantivessem a paz com os índios guaranis, naturais daquela terra e vassalos de Sua Majestade. Se fizessem tudo isso, ele os receberia em paz e amizade, podendo eles de quando em vez vir até Ascensión para negociar com os cristãos e índios que ali residem. Para manter-se seguro, o governador recebeu as mulheres e crianças que davam como reféns e entregou-os aos religiosos e clérigos para que os doutrinassem e lhes ensinassem os bons costumes. Depois de acertada a paz e de terem recebido muitos presentes, partiram muito alegres e contentes.

Esses índios nunca ficam mais de três dias num mesmo lugar. Andam sempre em busca de caça e de pesca para se manter, deslocando juntamente suas casas de um lugar para outro. Isso inclusive foi levantado pelos religiosos como o grande obstáculo para doutrinar aquela gente. Como não tinham lugar fixo para morar e eram obrigados a gastar todo o seu tempo em busca do que comer, não havia um modo seguro de estar entre eles.

Sentença contra os índios agaces

Depois de receber, em nome de Sua Majestade, a obediência daquela gente, o governador pediu para ver os processos que estavam em andamento contra os índios agaces, passando a analisá-los juntamente com os clérigos, religiosos, capitães e oficiais de Sua Majestade. Depois de muito bem examinados, sem que discordassem em nenhum ponto, emitiram parecer de que deveria ser desfechada uma guerra a fogo e sangue contra os agaces, porque assim convinha aos serviços de Deus e de Sua Majestade. Pelo que ressaltava de suas culpas, condenaram à morte, conforme o direito, treze ou quatorze de sua nação que mantinham presos. Quando o alcaide-mor e outras pessoas entraram na prisão para retirá-los, foram atacados a facadas e teriam morrido não fosse o socorro que imediatamente foi prestado por outros espanhóis. Na luta que se travou, os espanhóis mataram dois deles com suas espadas, enquanto os outros foram retirados e levados para a forca em cumprimento da sentença.

Governador manda socorro a Buenos Aires

Como as coisas estavam em paz em Ascensión, o governador decidiu enviar o capitão Gonzalo de Mendoza com dois bergantins carregados de mantimentos e cem homens para socorrer o capitão Juan Romero, que enviara antes a Buenos Aires com dois bergantins. Feito isso, mandou chamar os religiosos, clérigos e oficiais de Sua Majestade, disse-lhes que queria descobrir todas aquelas províncias e que nada deveria obstacularizar esse objetivo. Que se deveria buscar caminho por onde se colocasse em prática a entrada pela terra, sem perigo e menor perda de gente por onde houvesse povoações de índios e abastecimentos, mas afastando-se das áreas despovoadas e dos desertos (porque havia muitos por aquelas terras). Rogava-lhes em nome de Sua Majestade que observassem e fizessem o que mais proveitoso lhes parecesse, mas sempre informando-o do que executavam. Estavam ali reunidos o comissário e frei Bernaldo de Armenta, mais frei Alonso Lebrón, da ordem de São Francisco; frei Juan de Salazar, da ordem das Graças; frei Luis de Herrezuelo, da ordem de São Jerônimo; frei Francisco de Andrade, o bacharel Martín de Almenza, o bacharel Martínez, Juan Gabriel de Lezcano, capelães e clérigos da igreja da cidade de Ascensión. Além de colher o parecer destes, o governador também mandou chamar os capitães e oficiais de Sua Majestade, para que todos trocassem idéias sobre como proceder. Todos concordaram que se devia com a maior brevidade possível buscar novas terras povoadas, realizando entradas e descobrimentos, conforme o governador indicava.

Para que pudesse colocar em prática o que havia sido convencionado, mandou chamar os principais dos guaranis e disse-lhes que pretendia ir descobrir as povoações daquela província, sobre as quais eles lhe haviam falado várias vezes. Mas que, antes disso, queria enviar alguns cristãos para que investigassem o melhor caminho a ser seguido. Como eles eram cristãos e vassalos de Sua Majestade, que houvessem por bem ceder alguns dos seus para servirem de guia, de modo que pudessem fazer um amplo relato a Sua Majestade. E que por isso seriam muito bem recompensados. Os índios principais disseram que proveriam o governador de toda gente de que necessitasse, tendo ali mesmo muitos se oferecido para ir com os cristãos. O primeiro foi um índio principal de um rio chamado Aracare, que fica acima de Ascensión, sendo seguido por outros que adiante se relatará. Em vista da disposição dos índios, partiram com eles três cristãos intérpretes, homens experientes em descobrimento de terras, além de índios guaranis e de outras nações que também se ofereceram para seguir junto.

Enquanto essa gente se preparava para partir, o governador mandou preparar três bergantins, com mantimentos e utensílios necessários, e os entregou ao capitão Domingo de Irala para que, com mais noventa cristãos, os conduzisse rio Paraguai acima, por um período de três meses e meio, e descobrissem o que havia por lá, investigando se na ribeira havia algum povoado de índios e, em caso positivo, obter deles informações sobre a região. Esses três navios de cristãos partiram aos vinte dias do mês de novembro do ano de 1542, levando os três espanhóis intérpretes e aqueles índios que haveriam de fazer os descobrimentos. Foram até o porto das Pedras, setenta léguas acima de Ascensión. De lá, oito dias depois, o capitão Vergara enviou uma carta contando que os três espanhóis haviam partido com mais de oitocentos índios, seguindo o caminho que lhes era indicado por aquele índio principal do rio Aracare. Todos seguiam muito alegres e desejosos de auxiliar os espanhóis. Enquanto estes penetravam terra adentro, os bergantins seguiam rio acima para também realizarem novos descobrimentos.

Retorno dos três cristãos

Passados vinte dias da saída de Ascensión, os três espanhóis e mais os oitocentos índios liderados pelo principal de Aracare retornaram à cidade. Disseram que haviam caminhado quatro jornadas pelas terras que lhes indicava o principal de Aracare, que os guiava com muita autoridade, sendo tido como pessoa de muito ímpeto e temido por todos os índios. Por onde passavam iam colocando fogo na vegetação, o que era contra o costume dos que iam fazer descobrimentos, pois com isso os índios eram avisados de sua chegada e vinham atacá-los. Além disso, o Aracare publicamente ia dizendo aos índios que voltassem e não ensinassem o caminho para os cristãos, porque estes eram maus. Com aqueles posicionamentos, o grupo de entrada foi sendo desarticulado e desamparado, tendo os três espanhóis resolvido retornar juntamente com os índios que lhes eram fiéis.

Enquanto isso, o governador mandou que se buscasse pela selva a madeira necessária para se construir mais dez bergantins, que seriam utilizados no descobrimento daquelas terras, e uma caravela, a ser enviada a esse reino para dar conta a Sua Majestade das coisas sucedidas naquela província. Diante da importância do trabalho, o governador resolveu ir pessoalmente ajudar na coleta da madeira, processo que se estendeu por cerca de três meses. Os nativos trouxeram a madeira até a cidade de Ascensión e foram devidamente pagos pelo seu trabalho, enquanto começavam a fazer aqueles dez navios de remo que seriam usados na navegação pelos rios.

Índios voltam a se oferecer

Tendo em vista o fracasso da expedição liderada por Aracare, outros índios da região, muitos deles já convertidos ao cristianismo, vieram se oferecer ao governador para levarem os espanhóis a descobrir aquelas terras. Entre esses índios que queriam trazer o relato que o governador tanto esperava se encontravam Juan de Salazar Cupirati, Lorenzo Moquiraci, Gonzalo de Mayrairu e outros que já haviam recebido nomes cristãos e desejavam prestar bons serviços a Sua Majestade. O governador agradeceu o oferecimento e disse que pagaria e gratificaria a todos que auxiliassem nessa entrada. Vendo isso, quatro espanhóis, muito experientes em descobrimentos de terras, pediram ao governador que lhes entregasse essa tarefa para realizá-la juntamente com aqueles índios. Em vista de sua boa vontade, o governador lhes entregou a expedição.

Partiram aos quinze dias do mês de dezembro do ano de 1542 e foram navegando com suas canoas rio Paraguai acima até o porto das Pedras, tendo outro grupo seguido por terra até lá. A partir dali deveriam fazer a entrada que passaria inclusive por terras de Aracare, que mais uma vez voltou a agir, para desarticular também essa nova expedição, disseminando entre os índios os mesmos argumentos que usara anteriormente. Todavia, esses eram índios muito decididos e não deram importância para o que lhes transmitia.

Embrenhando-se pelo mato, a expedição caminhou trinta dias por terras despovoadas, passando grande fome e sede, tendo morrido alguns índios, e os cristãos ficado completamente desorientados, sem saber por onde deveriam caminhar. Em vista disso resolveram retornar, tendo comido pelo caminho apenas cardos selvagens, do qual retiravam o sumo para beber. Quando vinham rio abaixo, foram atacados por Aracare, que lhes provocou muitos danos. Mas ao cabo de quarenta e cinco dias chegaram finalmente de volta a Ascensión, todos muito fracos e esgotados, tanto cristãos como índios.

Tendo em vista os danos que causava, esse Aracare foi declarado inimigo capital de Sua Majestade, tendo o governador aberto processo contra ele, com parecer dos oficiais de Sua Majestade, e mandado comunicar-lhe, o que foi feito com enorme risco para os mensageiros, pois estes foram atacados por ele. Concluído o processo, Aracare foi sentenciado à pena de morte, que lhe foi executada, sendo dado a entender aos índios as causas justas pelas quais aquilo estava sendo feito.

Povoado de Buenos Aires é abandonado

Aos vinte dias do mês de dezembro surgiram no porto de Ascensión os quatro bergantins que o governador havia enviado ao rio Paraná para socorrer os espanhóis que vinham na nau desde a ilha de Santa Catarina. Junto vinha a referida nau, capitaneada por Pedro Destopiñán Cabeza de Vaca. Este contou que logo que chegou ao rio Paraná foi em busca do porto de Buenos Aires, na entrada do referido rio, mas que a única coisa que encontrou foi um mastro fincado na terra, com uma tabuleta escrita: "Aqui está uma carta". Aberta a dita carta, viram que estava firmada por Alonso Cabrera, inspetor de fundições, e por Domingo de Irala, basco, que se dizia tenente-governador da província. Nela diziam que haviam despovoado o porto de Buenos Aires e levado a gente que ali residia para Ascensión, por razões que explicavam.

O fato de ter encontrado vazio o povoado de Buenos Aires causou enorme mal-estar em toda a gente da nau, pois todos estavam cansados tanto da viagem como dos combates com os índios. Além disso, haviam enviado por terra pela costa do Brasil vinte e cinco cristãos e, se o socorro que lhes foi enviado tivesse demorado um dia mais, teriam todos morrido. Na própria noite em que chegou o socorro de 150 espanhóis, os índios atacaram o acampamento, tendo assim mesmo matado e ferido cinco ou seis espanhóis. É certo que todos os que ali estavam teriam morrido não fosse o socorro chegar a tempo.

Depois disso foram empreendidos novos esforços no sentido de voltar a assentar o povoado do porto de Buenos Aires, no rio Paraná, junto a um outro rio chamado San Juan, mas não houve sucesso, porque era inverno, tempo muito rigoroso, e todos os tapumes que eram feitos a água derrubava. Em vista disso foram forçados a abandonar o empreendimento e subir rio acima em busca da cidade de Ascensión. Encontraram no caminho o capitão Gonzalo de Mendoza, ao qual sempre acontecia algo de desastrado na véspera de Todos os Santos. Pois nesse dia, estando os navios na margem do rio, junto a umas barrancas altas, aconteceu um tremor de terra, tão forte que arrancou a galera de Gonzalo de Mendoza da árvore onde estava amarrada, tendo esta mesma árvore dado um golpe sobre ela e a emborcado, fazendo com que se arrastasse assim virada por mais de meia légua. O tremor fez também com que caíssem outras árvores sobre a água, virando também outras barcas que traziam, inclusive uma com mantimentos. Essa tormenta causou quatorze mortes por afogamento, entre homens e mulheres, e, segundo disseram os que estavam presentes, foi a coisa mais terrível que já viram. Com todo esse trabalho chegaram até a cidade de Ascensión, onde foram muito bem recebidos pelo governador, que os proveu de tudo que precisavam. O governador com toda a gente deram graças a Deus por tê-los livrado de tão grande perigo.

Incêndio destrói cidade de Ascensión

No dia 4 do mês de fevereiro do ano seguinte, 1543, um domingo de madrugada, três horas antes que amanhecesse, pegou fogo uma casa de palha situada bem no meio da cidade de Ascensión. Como o vento soprava forte o fogo logo se espalhou para outras casas e foi crescendo numa velocidade espantosa. Os espanhóis pensaram que os índios haviam posto fogo nas casas para expulsá-los, tendo o governador mandado que todos pegassem suas armas para defender e sustentar aquelas terras. Mas, ao buscá-las, muitos cristãos acabaram se queimando. O fogo alastrou-se com tanta força que queimou duzentas casas, sobrando apenas cinqüenta que estavam situadas junto a um arroio. Queimaram-se também de quatro a cinco mil fanegas de milho em grão, além de muita farinha de milho e outros mantimentos, como galinha e porcos. Também foram destruídas todas as roupas dos espanhóis, inclusive a que tinham no corpo. O incêndio durou quatro dias até que fossem eliminados os últimos focos. Soube-se depois que o fogo começou pela rede de uma índia. Quando esta começou a sacudir a rede para tentar acabar com o fogo, acabou provocando o incêndio da própria casa e daí todas as outras.

Como a maioria dos espanhóis ficou sem nada, o governador passou a abastecê-los com os mantimentos de seu próprio armazém. Passou a ajudá-los também a reconstruir suas casas, só que dessa vez as fizeram de taipa, para evitar novos incêndios. Como era muito grande a necessidade de todos, em poucos dias as construíram.

Retorno de Domingo de Irala

Aos quinze dias do mês de fevereiro chegou ao porto de Ascensión Domingo de Irala, com os três bergantins que havia levado para fazer as descobertas rio Paraguai acima. Disse que desde o dia 20 de outubro, quando partira de Ascensión, até o Dia de Reis, 6 de janeiro, estivera andando rio acima, contatando e tomando informações dos índios que vivem na ribeira. Disse ter encontrado uma nação de índios chamados cacocies chanes, que são ótimos lavradores e criadores de galinhas e de patos. Esses animais inclusive têm dupla finalidade: além de serem utilizados para comer, servem para eliminar os grilos que existem por ali em uma quantidade impressionante. Esses índios precisam construir vasos de barro, com tampa bem fechada, para guardar suas mantas e couros, senão os grilos comem tudo. Todavia, o divertido é ver o banquete que os patos fazem com grilos três vezes ao dia. Esses índios construíram suas casas dentro de uma lagoa, próximas umas das outras. Foi deles que Domingo de Irala obteve informação sobre as povoações terra adentro, tendo inclusive caminhado três jornadas por terra para que pudesse fazer um melhor relato ao governador. Disse que a terra lhe pareceu muito boa, pois os índios dali tinham muitos mantimentos, havendo entre eles também mostras de ouro e prata. Esses mesmos índios haviam se oferecido para guiá-los através dos caminhos que levam aos outros povoados. Disse Domingo de Irala que, por todos os lugares por onde havia passado, não lhe parecera haver melhor lugar para fazer a entrada terra adentro do que aquele. E, por ser o Dia dos Reis em que ali estavam, deu àquele lugar o nome de porto dos Reis.[37] Disse ainda que os índios dali mostraram grande desejo de conhecer o governador e os demais espanhóis.

Tomando conhecimento do que lhe contara Domingo de Irala, o governador mandou chamar todos os religiosos, clérigos e oficiais de Sua Majestade, para que estes ouvissem o mesmo relato e dessem seus pareceres sobre a conveniência ou não de se realizar uma entrada por aquele porto dos Reis. Ouvida a descrição de Domingo de Irala, todos foram unânimes em afirmar que convinha ao serviço de Deus e de Sua Majestade que se realizasse aquela entrada, pois tudo indicava que ali iriam encontrar a melhor terra até então descoberta. Todos firmaram o documento, opinando que se deveria fazer a entrada o mais breve possível.

Assim sendo, o governador mandou preparar os dez bergantins que mandara construir justamente com a finalidade de fazer esse descobrimento e solicitou aos índios guaranis que lhes vendessem todos os mantimentos que tinham, para que pudessem suprir aquelas dez embarcações. Também mandou Gonzalo de Mendoza pelo rio Paraguai acima com três bergantins para comprar mantimentos de índios amigos que viviam por ali e que eram vassalos de Sua Majestade. Determinou que pagasse regiamente os índios, dando-lhes ainda alguns presentes.

Carta de Gonzalo de Mendoza

Poucos dias depois de ter partido, Gonzalo de Mendoza enviou uma carta ao governador, informando que havia chegado ao porto de Giguy e que havia mandado gente por terra a comprar mantimentos e que muitos índios já estavam vindo com as mercadorias para vender-lhes. Alguns intérpretes, no entanto, vieram se refugiar nos bergantins, porque os amigos e parentes de um índio que andava rebelado queriam matá-los, pelo fato de eles estarem intermediando os negócios com os espanhóis. Muitos índios principais também vieram pedir ajuda para se defenderem dos índios Guazani e Tabere, que lhes faziam a guerra a fogo e sangue, destruindo seus povoados e matando sua gente. Diziam que os destruiriam totalmente se não ajudassem a expulsar os cristãos daquelas terras. Em função disso, os índios haviam inclusive parado de lhe trazer os abastecimentos que fora comprar. Para contemporizar, Gonzalo de Mendoza andava conversando entre os índios, tentando acalmá-los e procurando ajudá-los. E ajudar também os espanhóis que haviam ficado nos navios, que a essa altura já estavam também sem abastecimento, padecendo de fome.

Mais uma vez o governador mandou chamar todos os altos representantes ali presentes para discutir o que deveria ser feito, tendo concluído que, já que os índios faziam guerra contra os cristãos e contra outros índios vassalos de Sua Majestade, se deveria também ir em guerra contra eles. Antes, porém, deveria ser proposta a paz e a obediência a Sua Majestade. Essa proposta deveria ser repetida uma, duas, três ou quantas vezes fosse necessário para evitar a guerra. Mas, se com tudo isso não fosse possível dissuadi-los, deveria se fazer ver que seriam os responsáveis pelos danos que iriam acontecer, iniciando a guerra para proteger os espanhóis e os índios que eram seus aliados.

Poucos dias depois de terem tomado essa decisão, chegou outra carta de Gonzalo de Mendoza, comunicando que os índios Guazani e Tabere faziam cruel guerra aos seus amigos, matando e roubando tudo que podiam e que estes vinham desesperadamente pedir-lhe socorro, dizendo que se Mendoza não lhes ajudasse seriam obrigados a passar para o lado dos índios rebeldes para não morrerem.

Governador envia socorro a Mendoza

Em vista dessa segunda carta e depois de mais uma vez se comunicar com seus assessores, o governador enviou Domingo de Irala, com quatro bergantins e 150 homens, para ajudar Gonzalo de Mendoza e instalar a paz entre aqueles índios. Determinou que Irala fosse manter contato diretamente com aqueles principais chamados Guazani e Tabere, requerendo sua obediência de parte de Sua Majestade e dizendo-lhes também que se viessem em paz seriam esquecidos os roubos e as mortes que praticaram.

Chegando lá, Domingo de Irala mandou logo os intérpretes contatarem Guazani e Tabere, que estavam com toda sua gente a postos, à espera da guerra, e nem quiseram ouvir os emissários, mandando sua gente atacar os índios amigos dos cristãos. Diversos espanhóis foram feridos nessas escaramuças e quatro ou cinco deles vieram a morrer. Suas mortes se deram, no entanto, mais por culpa dos excessos que praticaram do que pela gravidade dos ferimentos. Um deles, por exemplo, recebeu apenas um arranhão no nariz, feito por uma flecha que continha erva. Quando se é atingido por flecha com erva é preciso repousar e guardar-se dos excessos com as mulheres, já que o demais não se precisa temer. Mas eles não se cuidaram e acabaram morrendo, mesmo tendo ido para Ascensión.

O governador escreveu a Domingo de Irala, determinando-lhe que tentasse por todas as formas estabelecer a paz com os inimigos, pois isso convinha muito ao serviço de Sua Majestade. Estando a terra em alvoroço e guerra, aconteceriam roubos e mortes, que constituem um desserviço a Deus e a Sua Majestade. Enviou-lhe também muitos presentes para repartir entre os índios. Como os índios já estavam também muito fatigados da guerra que travavam não só contra seus inimigos indígenas, mas também contra os espanhóis, e como viam os presentes que lhes eram oferecidos e ouviam as promessas de outras dádivas que lhes seriam concedidas, resolveram aceitar a paz e prestar obediência a Sua Majestade. Aqueles dois índios principais chamados Guazani e Tabere, juntamente com outros, foram até o governador acertar a paz, pedir-lhe que lhes perdoasse a desobediência passada e que, se voltassem a fazer o mesmo, poderiam ser castigados sem piedade. Em vista disso, o governador lhes deu mais presentes e se foram muito alegres.

Vendo que finalmente aquela terra estava em ordem e pacificada, mandou que se apressasse o recolhimento dos mantimentos necessários para a entrada que se faria a partir do porto dos Reis. Em poucos dias os índios trouxeram mais de três mil quintais de farinha de mandioca e de milho, com o que acabou de carregar os navios, sendo os índios muito bem pagos por isso. Também foram providenciadas as armas para os espanhóis enfrentarem a viagem.

Frades tentam fugir

Estando os bergantins devidamente apetrechados para a tarefa de descobrimento de novas terras, como havia sido acertado pelo governador com os religiosos, clérigos e oficiais de Sua Majestade, calada e encobertamente os frades frei Bernaldo de Armenta e frei Alonso Lebrón se puseram em fuga, buscando seguir o caminho pelo qual o governador havia vindo desde o Brasil. Sua intenção era fazer com que chegasse até Sua Majestade uma carta em que procuravam fazer crer que o governador estava dirigindo mal aquela província, fazendo mau uso dos poderes que lhe foram conferidos por Sua Majestade. Queriam fazer isso simplesmente porque tinham ciúme e inveja pelo fato de o governador ir fazer mais uma entrada e descobrir novas terras e, em conseqüência, prestar mais um bom serviço a Sua Majestade.

A inveja desses frades já fora percebida logo depois da chegada do governador a Ascensión, pois ele encontrara o povoado em precário estado e com os que ali residiam se queixando das ofensas e agravos que lhes faziam os oficiais de Sua Majestade. O governador acabou com tudo isso, criando tal tranqüilidade e segurança que os próprios moradores, por sua decisão, resolveram estabelecer o pagamento do quinto para servir como um fundo de reserva a ser utilizado nas novas entradas que o governador pretendia realizar. Com inveja do prestígio do governador, os frades resolveram fugir, mas a quem eles contavam seus planos exigiam que jurassem, com a mão sobre um crucifixo que traziam por baixo do manto, que não revelassem nada para ninguém. Alguns principais que haviam entregue suas filhas àqueles frades para serem introduzidas na doutrina cristã ficaram sabendo dos planos dos frades e, mais ainda, que estes queriam levar junto suas

161

filhas e depois matá-las quando chegassem ao Brasil. Para isso já as mantinham aprisionadas. Mas quando esses principais foram revelar ao governador o que eles ficaram sabendo, os frades já haviam fugido, levando junto as suas filhas. Imediatamente o governador enviou gente atrás deles, que foram alcançados duas léguas adiante e forçados a retornar ao povoado.

Eram trinta e cinco as moças que levavam consigo, mas havia ainda mais alguns cristãos e até uns oficiais de Sua Majestade que eles haviam convencido a seguir com eles. O fato causou grande alvoroço tanto entre os cristãos como entre os índios, tendo o governador mandado abrir processo contra os infratores, mandando-os prender também por delito contra Sua Majestade. Os dois padres foram entregues a um juiz para que os mantivesse sob custódia, enquanto os demais foram mantidos presos, sendo que todos foram afastados de seus ofícios, até que Sua Majestade fosse melhor servida.

CAPÍTULO IV

Cabeza de Vaca explora o Chaco e o Pantanal

Estando os dez bergantins devidamente carregados de abastecimentos e armas, o governador mandou que fossem escolhidos quatrocentos arcabuzeiros e balisteiros, determinando que metade fosse nas embarcações e a outra metade fosse por terra, juntamente com mais doze a cavalo, devendo todos se encontrar no porto de Guayviaño. Os que foram a pé partiram oito dias antes, seguindo por terras de índios guaranis, nossos amigos, por ser o caminho mais seguro e tranqüilo. Seguiram com eles o feitor Pedro Dorantes e o contador Felipe de Cáceres. Depois de oito dias o governador embarcou, deixando como lugar-tenente e capitão-geral Juan de Salazar de Espinosa, para que em nome de Sua Majestade sustentasse e governasse em paz e justiça aquela terra, deixando ali duzentos e tantos homens de guerra, arcabuzeiros e balisteiros, seis cavalos e tudo o mais que era necessário para a defesa da cidade. Deixou também refeita a igreja da cidade, que havia queimado, e na qual o governador trabalhou incessantemente para recuperar. Ao partir, além dos espanhóis, o governador levava nos bergantins 1.200 índios, todos guerreiros muito bem apetrechados e ricamente vestidos, com seus penachos, plumas e enfeites coloridos e metálicos, que resplandeciam quando batia o sol. Aquelas peças metálicas servem inclusive de arma, pois ofuscam o inimigo, permitindo-lhes atacar com maior força e determinação. Ao sair, o governador pediu ao capitão Salazar que procurasse apressar a construção da caravela que mandara fazer, para que estivesse pronta em seu retorno, de modo a poder partir logo e levar notícias a Sua Majestade. Seguindo com muito bom tempo, chegou até o porto de Tapua, onde os índios principais vieram recebê-lo. Comunicou-lhes o governador que ia em descobrimento de novas terras e pedia-lhes que continuassem sempre em paz como sempre haviam estado, pois seriam muito bem recompensados por isso. Em seguida repartiu entre eles, seus filhos e parentes, muitos dos presentes que trazia, dando tudo graciosamente, com o que ficaram todos muito contentes.

Governador deixou as provisões

Como os navios iam muito carregados de provisões, o governador resolveu deixar parte da carga neste porto de Tapua. Ficaram ali mais de duzentos quintais de mantimentos. Em seguida levantaram vela e seguiram navegando rapidamente, até chegarem a um porto que os índios chamam de Juriquizaba. A noite já havia entrado havia uma hora quando ali chegaram. Permaneceram neste porto durante três dias, conversando com os índios nativos, que lhes deram muitos mantimentos, tanto aos espanhóis como aos índios guaranis. O governador os recebeu com boas palavras porque estes índios sempre foram amigos dos cristãos. Contou-lhes que ia fazer o descobrimento daquelas terras e rogou-lhes que se mantivessem assim sempre em paz, tanto com ele como com os espanhóis que haviam ficado em Ascensión. Deixou-os muito contentes e seguiu navegando rio acima, com muito bom tempo.

Aos doze dias do mês chegou o governador a um outro porto, chamado Itaqui, onde mandou os bergantins para falar com os nativos, que também são guaranis e vassalos de Sua Majestade. Da mesma forma como ocorrera no porto anterior, muitos índios vieram para recebê-los, trazendo mantimentos e mostrando muita cordialidade. O governador deu-lhes o mesmo tratamento e lhes fez as mesmas determinações que fizera aos outros. Permaneceu ali dois dias, seguindo depois até outro porto, chamado Guazani, cujo principal havia se rebelado junto com Tabere para fazer-nos a guerra, conforme já foi relatado anteriormente, mas que agora estavam em paz e concórdia. Logo que souberam da chegada do governador vieram recebê-lo, trazendo muitos de seus índios, que o governador recebeu com muito carinho porque cumpriam a paz que haviam acertado. O governador deu-lhes muitos presentes e amplo pagamento pelos mantimentos que trouxeram. Como esses índios são os líderes daquela região, o governador falou-lhes da maneira mais harmoniosa possível, pedindo-lhes que mantivessem aquela situação de paz e amizade com os cristãos e que procurassem visitar e tratar bem os espanhóis que estavam em Ascensión, sempre obedecendo aos mandamentos de Sua Majestade. De sua parte, os índios responderam que desde que haviam acertado a paz estavam determinados a guardá-la e respeitá-la, assim como ele podia comprovar. E, para melhor comprovar isso e melhor servir Sua Majestade, Tabere, como homem experiente em guerra, ofereceu-se para seguir junto com o governador, enquanto Guazani ficaria na terra para guardá-la e mantê-la em paz e concórdia. O governador recebeu com muito agrado o oferecimento, principalmente porque isso assegurava a confirmação do que prometiam. Em função disso deu mais presentes ainda a Tabere, tendo permanecido ali por quatro dias conversando com os índios e acertando os detalhes sobre a seqüência da viagem. Nesse meio tempo morreu o cavalo do feitor Pedro Dorantes e este comunicou ao governador que sem seu cavalo não queria seguir adiante, preferindo retornar para a cidade de Ascensión, deixando em seu lugar, para assumir suas funções, seu filho Pedro Dorantes, que foi aceito pelo governador e investido no cargo.

Tendo tudo acertado, levantaram as velas e partiram do porto de Guazani, navegando rio Paraguai acima, tendo aos vinte e quatro dias do mês de setembro, uma sexta-feira, chegado ao porto de Ipananie, onde o governador mandou parar os bergantins para conversar com os índios daquelas terras, que são vassalos de Sua Majestade. Estes lhe informaram que entre eles estava um índio guarani que durante muito tempo estivera cativo dos índios payaguaes, sabendo sua língua e onde eram suas terras e povoados. Os índios payaguaes são aqueles que mataram Juan de Ayolas e os cristãos que o acompanhavam, tendo tomado destes muito ouro e prata. Como sempre, o governador foi muito bem recebido pelos índios daquele porto, tendo distribuído presentes e recebido mantimentos, pelos quais pagou um bom preço. Procurou o governador explicar-lhes sobre a necessidade que tinha de ter consigo aquele índio guarani para levá-lo como intérprete e guia na busca dos índios payaguaes. Os índios daquele porto logo enviaram alguns dos seus terra adentro para buscar aquele índio que o governador queria, para que pudesse cumprir a missão que objetivava trazer os payaguaes para a paz e a concórdia.

Três dias depois que os índios do porto de Ipananie mandaram chamar o índio que deveria servir de intérprete, o mesmo chegou onde estava o governador, oferecendo-se para seguir em sua companhia na busca dos índios payaguaes. Então, imediatamente levantaram as velas e seguiram o percurso rio Paraguai acima, chegando quatro dias depois ao porto chamado Guayviaño, onde termina a população dos índios guaranis. Esses índios vieram receber o governador festivamente, dando muitos mantimentos e recebendo em troca o pagamento e muitos presentes. Também informaram ao governador que a gente que ia a cavalo por terra já havia chegado em seus povoados, onde havia sido muito bem recebida e provida de todo o necessário para seguir a jornada. Disseram ainda que os haviam guiado e encaminhado adiante, até perto do porto de Itabitan, onde pretendiam esperar os bergantins. Ao tomar conhecimento dessa nova, o governador mandou levantar velas com toda presteza e partiu do porto de Guayviaño, navegando rio acima com muito bom vento, tendo no mesmo dia, às nove horas da manhã, chegado ao porto de Itabitan. Encontrou ali a gente que ia a cavalo, estando todos muito bem, informando que haviam passado em paz e concórdia por todos os povoados daquelas terras, onde a todos haviam dado muitos presentes e recebido todos os mantimentos necessários para seguirem sua caminhada.

Embarque dos cavalos

Estiveram dois dias naquele porto de Itabitan, quando embarcaram os cavalos e todas as coisas que a armada necessitava para seguir adiante, pois as terras dos índios payaguaes estavam muito próximas dali. Mandou que o índio do porto de Ipananie que serviria de guia e intérprete embarcasse no bergantim que ia com o capitão da armada, para que fosse avisando aos demais sobre tudo que ia descobrindo. Mandou também que os índios guaranis seguissem em bloco para que não fossem surpreendidos pelos payaguaes. À noite mandou que toda gente seguisse por terra, pela ribeira do rio, onde foram dormir sob guarda muito atenta. Os índios guaranis também deixaram suas canoas junto com os bergantins e foram se juntar aos cristãos, tendo todos ocupado uma enorme faixa de terra, por onde acenderam inúmeras fogueiras, sendo coisa muito linda de se ver. Iam com grande fartura de alimentos, pois além do que carregavam havia muita pesca e caça por onde passavam, fazendo com que fossem deixando enormes sobras pelo caminho. Essas sobras eram comidas por uns porcos que andavam freqüentemente pela água e que eram maiores do que os porcos que há na Espanha. Esses porcos têm o focinho rombudo, andando de noite pela terra e de dia pela água e são uma opção de caça para os índios, assim como também para os espanhóis, pois possuem muita carne.[38] Na ocasião nem era necessário caçá-los, pois a gente ia tão gorda e bem-alimentada que parecia que estava na Espanha. Também os cavalos iam muito gordos, sendo freqüentemente tirados à terra para serem exercitados e utilizados na caça aos veados, antas e outros animais bons para serem comidos.

Como Juan de Ayolas entrou por esse porto

Aos doze dias do mês de outubro chegaram ao porto de Candelária,[39] que era o local por onde o capitão Juan de Ayolas e sua gente haviam feito a entrada pela terra, após deixar ali à espera Domingo de Irala com os bergantins, que já não encontraram quando do retorno, sendo a causa da matança que os índios realizaram. O que aconteceu naquela ocasião foi que, ao não encontrarem mais os bergantins quando retornaram ao porto de Candelária, Juan de Ayolas e sua gente foram obrigados a permanecer ali, onde ficaram por mais de quatro meses, padecendo enorme fome. Quando os índios payaguaes viram que eles estavam muito fracos e praticamente desarmados, convidaram-nos para irem até suas casas, mas no caminho os atacaram a pauladas, matando o capitão Juan de Ayolas e mais oitenta cristãos que ainda restavam dos 180 que ali reunira para levar terra adentro. A culpa do ocorrido cabe a Domingo de Irala, que retirou os bergantins e desamparou o porto, deixando o capitão sem alternativa quando de seu retorno. Os indícios são de que fez isso propositadamente, para eliminar o capitão, o que foi um grande desserviço a Deus e a Sua Majestade, pois, decorridos doze anos daquele fato, aqueles índios ainda estão sublevados, mantendo tiranicamente aquelas terras.[40]

Chegados ao porto, o governador mandou que os pilotos medissem a altura, constatando que estavam a vinte e um graus menos um terço. Toda a gente da armada ficou recolhida, com muito cuidado, para não ser surpreendida pelos índios. No outro dia, às oito horas da manhã, surgiram na barranca do rio sete índios payaguaes. O governador determinou que igual número de espanhóis, acompanhados do intérprete, que por sinal era muito bom, fosse falar com eles. Chegaram até uma distância em que pudessem se ouvir mutuamente e então o intérprete pediu-lhes que chegassem mais perto para conversar, pois queriam dizer-lhes das intenções do governador que ali chegava, que não eram outras senão a de obter as pazes com eles. Uma vez tendo se aproximado, os índios perguntaram se os espanhóis que agora vinham eram os mesmos que costumavam andar por suas terras. E, como os espanhóis estavam avisados, disseram que não eram os mesmos, eram outros que haviam ali chegado. Após ouvirem isso, um dos payaguaes se juntou aos espanhóis e logo foi trazido até onde estava o governador. Ali, através do intérprete, lhe perguntaram por que vieram até os espanhóis. Disse que seu principal fora informado a respeito da chegada dos espanhóis e o enviou, juntamente com seus demais companheiros, para investigar se os espanhóis que agora chegavam eram os mesmos que antes por ali andaram. Disse ainda que seu principal desejava ser amigo dos espanhóis e que mandava dizer que havia recolhido tudo o que fora tirado de Juan de Ayolas e seus companheiros. Que seu principal lastimava o que havia ocorrido, mas que as mortes foram uma conseqüência da guerra. Todavia, agora pedia que perdoassem o que ocorrera e propunha devolver tudo o que haviam recolhido em troca do estabelecimento da paz. O governador perguntou-lhe qual a quantidade de ouro e prata que haviam tomado de Juan de Ayolas e ele respondeu que eram sessenta e seis cargas que traziam os índios chanes, sendo essa carga composta de braceletes, coroas, copos e outras vasilhas pequenas. Então o governador disse-lhe que comunicasse a seu principal que ele ali estava por mandado de Sua Majestade para acertar a paz. E que se devolvesse o que haviam tomado aos espanhóis e viesse falar-lhe tudo seria perdoado, e além disso seria muito bem recebido como vassalo de Sua Majestade. E, em sinal de paz, o governador lhe enviou muitos presentes, dando também alguns ao próprio índio com quem conversava e perguntando-lhe quando pretendia retornar até seu principal. Esse principal é muito temido entre todos e tem por costume, sempre que alguém o ofende, ele próprio dar dois ou três flechaços no ofensor. Depois que esse morre, chama sua esposa (se é que tem), dá-lhe uma conta e com isso quita a ofensa. Se não tem conta, dá duas plumas. Quando esse principal quer cuspir, o que está mais

perto dele põe as mãos juntas, viradas para cima, e ele cospe
nelas. Por todos aqueles rios não há um outro principal que
tenha as coisas que este tem. O índio que conversava com o
governador disse que ele e seu principal estariam ali naquele
mesmo local no outro dia pela manhã.

Nem o índio nem o principal apareceram

Passou aquele dia e mais outros quatro sem que apare-
cesse nem o índio que servira de emissário nem o principal
dos payaguaes, conforme fora prometido. O governador mandou chamar o índio que trazia por intérprete e perguntou-lhe
o que achava a respeito do atraso dos índios. Ele disse que
tinha por certo que eles não viriam, porque os índios payaguaes eram muito manhosos e muito cautelosos. E que suas
promessas de paz eram somente para deter os espanhóis e os
índios guaranis para que não passassem adiante a buscá-los
em seus povoados. Que, enquanto o governador e sua gente
ficavam a sua espera, eles recolhiam suas mulheres e crianças
e preparavam sua gente para a guerra. Por isso acreditava
que eles haviam fugido rio acima para se esconder em alguma
parte e entendia que deviam seguir logo atrás deles, pois
logo os alcançariam, visto que deveriam estar muito carregados de mantimentos e de seus pertences. Disse ainda que,
pelo que conhecia daquelas terras e daquela gente, entendia
que os payaguaes não parariam até encontrar uma lagoa, que
é onde vivia uma nação de índios chamados mataraes, que
foram dizimados pelos payaguaes que se apoderaram de suas
terras, muito férteis e de ótima pesca.

Em seguida o governador mandou preparar os bergantins e seguiu com eles rio acima. Por onde passavam iam
vendo pela ribeira marcas da caminhada dos payaguaes.
Segundo o intérprete, os homens iam pelas canoas e as mulheres e crianças seguiam caminhando pela margem do rio
por não caberem nas canoas. Ao cabo de oito dias chegaram
à lagoa dos mataraes, sem encontrar nenhum índio por ali.
Mandou o governador que metade da gente fosse terra aden-

tro em busca dos payaguaes, para acertar as pazes com eles. Como até o dia seguinte não os haviam encontrado, mandou que retornassem para não gastarem mais mantimentos em vão. Todavia, encontraram algumas canoas e remos que haviam deixado escondidos debaixo de umas árvores, tendo visto também os rastros por onde seguiam. O governador mandou recolher as canoas para os bergantins e seguir viagem rio acima. Iam viajando às vezes a vela, outras a remo e por outras ainda a sirga, em vista das muitas voltas que o rio dava. Pela margem havia muitas árvores de canafístula, muito parecida com a existente na Espanha, sendo apenas um pouco mais grossa e de gosto mais áspero. Mas as pessoas comiam muito delas. Também comiam muitas frutas selvagens que havia ao longo do rio. Havia também um limão ceutense que, na cor e no gosto, não diferia em nada do existente na Espanha, sendo apenas bem menor. Apesar da grande diversidade de árvores selvagens existentes ao longo do rio Paraguai, a maior parte delas se assemelha às existentes na Espanha, porém quanto ao pescado há enorme diferença, pois seguidamente tiravam do rio tipos de peixes de que nem podíamos imaginar a existência. Quando a navegação ia devagar, tinham oportunidade de andar caçando daqueles porcos da água, bem como lontras, que também existem em grande abundância, tudo se constituindo num bom passatempo.

Entendeu o governador que a poucas jornadas dali chegariam às terras dos índios guaxarapos, que vivem na ribeira do rio Paraguai e costumam negociar com os índios do porto dos Reis. Para não assustá-los, resolveu seguir na frente com cinco bergantins e metade da gente, determinando ao capitão Gonzalo de Mendoza que o seguisse com os outros bergantins e o restante do pessoal. Todavia, deveriam seguir aos poucos, ficando o capitão responsável por toda a gente, não devendo permitir nenhum desacerto nem entre espanhóis, nem entre índios e tampouco qualquer desagravo aos índios que encontrassem pelo caminho conservando a paz que convinha a Sua Majestade e à tranqüilidade da terra.

O governador partiu com os cinco bergantins e algumas canoas, tendo aos dezoito dias do mês de outubro chegado às terras dos índios guaxarapos. Pararam ali para conversar com aqueles índios, assegurar a manutenção da paz com os mesmos e pedir informações sobre outras nações de índios situadas adiante. Atendendo ao chamado dos índios, alguns cristãos desceram à terra, tendo estes pedido para irem até os bergantins. Chegados lá, seis dos índios guaxarapos entraram nos bergantins para conversar com o governador, que lhes falou através do intérprete, pedindo ao principal que havia entre eles que mantivesse a paz e a obediência a Sua Majestade, pois com isso seriam tidos como amigos e tudo seria feito para defendê-los de seus inimigos. Eles referendaram a promessa de paz e receberam presentes do governador.

Próximo de onde o governador estava, contou-lhe um daqueles índios guaxarapos, havia um outro rio que entrava pelo rio Paraguai, tendo a metade da largura deste, porém com uma correnteza muito mais forte. Dizem os antigos que por ali viera Garcia, o português,[41] que entrou por aquelas terras com muitos índios, fazendo a guerra à gente dali, destruindo muitos povoados. Apesar do enorme contingente que trazia, não vinham consigo mais do que cinco cristãos, além de um mulato que se chamava Pacheco,[42] que voltou à terra de Guazani e foi morto por este próprio cacique. Garcia teria retornado ao Brasil e nunca mais aparecido por aquelas terras. Mas em seu retorno muitos índios guaranis teriam se perdido e passado muitas dificuldades, sendo que alguns acabaram ficando por ali mesmo. O governador logo queria ver se encontrava algum deles para se informar tanto a respeito de Garcia como sobre as condições daquelas terras à frente. Mas o índio continuou seu relato, dizendo que por aquelas terras havia outros índios, chamados chanes, que ao fugirem de Garcia haviam se juntado com os índios sococies e xaquetes, que vivem perto do porto dos Reis.

Terminado o relato, o governador seguiu adiante para ver o rio por onde havia passado Garcia, realmente muito próximo. Chegado à boca do rio, que se chama Yapaneme, mandou sondar suas condições, constatando que na entrada era muito fundo e de muita correnteza. Determinou a um bergantim que fosse uma légua rio adentro, tendo verificado que a profundidade aumentava cada vez mais, havendo muita vegetação de um lado e outro do rio. Os guaxarapos informaram que ao longo da margem do rio havia muitas povoações de índios, que plantavam milho e mandioca e eram grandes pescadores e caçadores. Os que haviam ido rio acima disseram ao voltar que de fato haviam visto muita fumaça nas imediações das margens, o que dava a entender que havia muitas povoações por ali. Como já era muito tarde, o governador determinou que dormissem aquela noite ali mesmo, junto à boca do rio e à beira de uma serra que se chama Santa Lúcia. No outro dia pela manhã mandou que os pilotos medissem a altura do rio, constatando que estava a dezenove graus e um terço. Aquela noite passada ali foi muito trabalhosa, devido à cheia do rio e a um forte vento que soprou. Muitos preferiram ir dormir nos bergantins, que estavam bem protegidos com couros de veado e de anta.

Naquele outro dia pela manhã os índios guaxarapos vieram até a boca do rio onde estava o governador, trazendo pescado e carne. O governador recebeu os mantimentos, pagou-os regiamente e solicitou que dessem o mesmo bom tratamento aos demais espanhóis e índios guaranis que estavam mais abaixo no rio Paraguai e que ali também deveriam chegar. Eles prometeram que dariam o melhor tratamento possível, embora não o tenham cumprido. Mas tem-se como certo que toda a culpa coube a um cristão, como direi mais adiante. Assim o governador se despediu daqueles índios e seguiu navegando rio acima, com bom vento, tendo ao pôr-do-sol chegado a uns povoados de índios daquela mesma nação, que estavam assentados junto à margem do rio. Mas, para não perder tempo, que estava bom, passou por eles sem se deter. São índios lavradores, que cultivam milho e mandioca, e que se aproveitam também da caça e da pesca, em abundância por ali. Os homens vestem-se com couros, enquanto algumas mulheres também tapam suas vergonhas com couro, mas são apenas algumas, já que outras andam completamente nuas. Têm por costume riscar o rosto com tiras de bambu e trazem as orelhas e os lábios ornados. Andam pelos rios em pequenas canoas, onde não cabem mais que três pessoas. Essas canoas, porém, são muito velozes e eles são hábeis remadores, andando em enorme velocidade, tanto rio abaixo como rio acima. Nem mesmo um bergantim com dezenas de remos consegue acompanhá-los. Da mesma forma como às vezes fazem a guerra com os payaguaes, por rio e por terra, também fazem seus negócios em tempos de paz, trocando canoas por arcos e flechas, entre outras coisas.

Índios vêm viver na costa do rio

Quando as águas estão baixas, os nativos daquelas terras vêm viver junto à ribeira, trazendo suas mulheres e filhos para gozar dos prazeres da pescaria. Durante esse período levam uma vida muito alegre, cantando e dançando, porque a comida é abundante e o lugar muito agradável. Quando as águas começam a subir, que é por janeiro, voltam para as partes mais altas e seguras. As águas chegam a subir até seis braças por cima das barrancas e se estendem por toda a planície terra adentro, parecendo um mar. Isso acontece religiosamente todos os anos, cobrindo todas as árvores e vegetações da região. Dá-se isso quando o sol parte do trópico de lá e vem para o trópico de cá, que está sobre a boca do rio do Ouro. Os nativos têm umas canoas aparelhadas para essa época. São muito grandes e no meio delas fazem um fogão de barro. Depois de feito o fogão, o índio se mete ali com sua mulher e filhos, podendo, com a cheia, ir para qualquer parte. O fogão serve para cozinhar os alimentos e para aquecê-los. Assim passam quatro meses do ano, que é o período em que dura a cheia. Porém, mesmo com a cheia eles saltam à terra nas partes mais altas para caçar antas e veados que fogem da água. Essa caçada é muito rápida, pois logo voltam para suas canoas, onde ficam até que as barrancas estejam descobertas. Quando as águas estão baixando é impressionante de se ver a enorme quantidade de peixes que vão ficando presos na parte seca. Quando isso acontece, que é por volta de março e abril, toda aquela terra fica cheirando muito mal. Os espanhóis passaram muito mal durante esse tempo, com muitos achando que iam morrer, principalmente porque nesse período é verão, tornando-se ainda mais insuportável. Mas quando chegou abril todos os enfermos se recuperaram.[43] Esses índios extraem o fio que usam para fazer redes de uns cardos. Arrancam-nos e os colocam de molho por uns quinze dias. Depois os ralam com conchas de moluscos, até ficarem brancos como a neve. Ao contrário de todos os demais povos dessas paragens, essa gente não tem principal. Para evitar qualquer problema com eles, o governador procurou fazer com que espanhóis e guaranis descessem à terra o menos possível e deu muitos presentes aos nativos.

Continuando a navegar numa sexta-feira pela manhã, chegaram a uma corrente do rio muito forte, com uma parte passando por entre pedras onde cruzava uma quantidade enorme de peixes chamados dourados. Passaram por ali com os navios a vela e a remo e aproveitaram para pegar muitos peixes. Teve gente que chegou a pegar até quarenta dourados, tamanha a quantidade que existia. Tinha peixe que chegava a pesar até uma arroba. Esse é um prato muito saboroso e nutritivo e quem come dele anda sempre gordo. Desse peixe os índios também extraem muita gordura. No dia 25 de outubro o governador chegou com seus bergantins a uma parte em que o rio se dividia em três braços. Um dos braços era uma grande lagoa, mas que os índios chamam de rio Negro. Esse rio corre para o norte, terra adentro. Os outros dois braços são de água de boa cor e pouco mais abaixo vão se encontrar. O governador foi seguindo sua navegação até que chegou à boca de um rio situado à mão esquerda, na parte do poente, onde praticamente se perde o curso do rio Paraguai por causa dos muitos braços e lagoas que ali o dividem. São tantas as bocas e entradas que até os índios nativos dali, que andam sempre por elas com suas canoas, muitas vezes se perdem. Esse rio por onde entrou o governador os nativos daquelas terras chamam de Iguatu, que quer dizer água boa, e corre para a lagoa a nosso favor. Isso significa que, como até então os espanhóis andavam sempre água acima, pela primeira vez estavam andando água abaixo.

Colocaram três cruzes na boca do rio

O governador mandou colocar muitos sinais na boca do rio, com árvores cortadas, e mais três cruzes bem altas, para que servissem de indicação para os outros navios que vinham atrás. Continuou navegando a remo durante três dias, ao cabo dos quais saiu daquele rio e foi por outros dois braços que saem da lagoa, tendo chegado até a beira de umas serras muito altas e arredondadas como um sino, além de serem avermelhadas e completamente desprovidas de vegetação. Por essas condições, diferindo totalmente das outras serras dessas paragens, que são montanhosas e cheias de árvores e vegetação, acredita-se que exista muito metal por ali. Os índios disseram que em outros tempos seus antepassados tiravam dali um metal branco, mas o governador não pôde constatar a existência ou não do mineral por não levar ferramenta adequada e pela grande enfermidade que deu no pessoal por aquele período. Além disso, entendeu que poderia fazer essa investigação em outra ocasião, porque essas serras ficavam perto do porto dos Reis, vindo por terra.

Seguindo rio acima, entraram pela boca de uma outra lagoa que tem mais de uma légua e meia de largura. Cruzaram por ela, entraram por um braço estreito de água, passaram mais uma outra lagoa e chegaram ao lugar onde estão assentados os índios sacocies, saquexes e chanes. Não quis o governador seguir adiante sem antes dar conhecimento aos índios de sua chegada. E logo enviou uma canoa com alguns espanhóis e um intérprete, para comunicarem sua chegada e pedirem aos índios que viessem conversar com ele. A canoa retornou às cinco da tarde, com a informação de que os índios já sabiam da chegada do governador e tinham se alegrado muito por isso, estando desejosos de vê-lo assim como aos demais cristãos. Informaram também que àquela altura as águas já haviam baixado e por isso haviam tido tanto trabalho para chegar até ali, e que, para chegar até o porto dos Reis, era necessário descarregar os navios, porque senão eles não passariam.

No outro dia pela manhã o governador mandou os navios seguirem adiante até aquela parte que os índios haviam indicado como sendo a mais baixa e que não daria passagem. Chegando ali, mandou todo o pessoal descer para a água, que não lhes passava do joelho. Colocados todos os índios e cristãos ao lado do bergantim que se chamava *Sant Marcos*, ergueram-no e passaram a ombro, sem descarregar o que levava, até atravessar o baixio, cuja distância era de mais de tiro e meio de arcabuz. Foi enorme o trabalho para atravessá-lo. Mas, como esse era o maior dos bergantins, não foi tão difícil cruzar os outros. Depois de colocados todos os bergantins na parte funda, seguiram até o porto dos Reis, onde os nativos já estavam à espera, acompanhados de suas mulheres e filhos. Ali, diante da boa vontade dos nativos, o governador fez toda uma pregação, pedindo-lhes que aceitassem a doutrina cristã, acreditassem em Deus, criador do Céu e da Terra, e que aceitassem ser vassalos de Sua Majestade, pois com isso seriam sempre defendidos e amparados pelos espanhóis. Além disso, sendo bons, receberiam sempre muitos presentes, como recebiam aqueles que eram fiéis seguidores de Sua Majestade. E logo mandou chamar os religiosos e clérigos e disse-lhes que queria que construíssem de imediato uma igreja para ali ser rezada missa e outros ofícios religiosos, para conforto dos cristãos e exemplo para os nativos. Mandou também fazer uma cruz de madeira muito grande, que mandou fincar junto à ribeira, debaixo de umas palmeiras muito altas, o que foi feito em presença dos oficiais de Sua Majestade e de outras pessoas. E perante o escrivão da província tomou posse da terra em nome de Sua Majestade, como sendo terra novamente descoberta. Depois de ter pacificado os nativos, mandou assentar os espanhóis e os índios guaranis na margem de uma lagoa, recomendando-lhes que não fizessem nenhum dano aos índios dali. Recomendou-lhes também para que não fossem às casas daqueles índios, porque isso era uma das coisas que mais os aborrecia, e que, se fizessem negócios com eles, os pagassem convenientemente para evitar atritos.

Índios do porto dos Reis são lavradores

Os índios do porto dos Reis são lavradores que semeiam o milho, a mandioca e uma espécie de avelã que dá duas vezes ao ano. A terra é fértil e abundante, tanto de mantimentos como de caça. Criam patos (para se defenderem dos grilos, conforme já foi dito) e galinhas, que eles encerram à noite com medo dos morcegos. Esses morcegos são maiores do que pombas-rolas e cortam tão suavemente com os dentes que aquele que é mordido nem sente. Eles aparecem somente à noite e mordem preferencialmente os dedos dos pés e das mãos das pessoas. Quando começam a morder um, embora haja outros por volta, ficam somente naquele. Com a nossa presença ali descobriram um outro prato apetitoso: as orelhas dos cavalos. Durante a noite era necessário protegê-las, pois vinham atacar os animais e esses faziam tanto barulho que ninguém podia dormir. Até o governador foi mordido pelos morcegos, sendo atacado enquanto dormia. Morderam-lhe um dedo do pé, o que encharcou a cama de sangue. Quando ele se acordou ensangüentado, começou a procurar onde era o ferimento e os outros começaram a rir, por saberem que não se tratava de um ferimento, mas de uma simples mordida de morcego. Esses morcegos também fizeram um outro péssimo trabalho. É que estavam sendo levadas seis porcas prenhas que, logicamente, dariam uma grande reprodução. Só que os morcegos lhes comeram as tetas e quando os filhotes nasceram não puderam mamar e acabaram morrendo. Foi necessário então matar as porcas para serem comidas, pois não podiam mais criar seus filhotes.

Existem ali também umas formigas muito grandes, sendo umas vermelhas e outras pretas. A pessoa que elas mordem passa vinte e quatro horas gritando e contorcendo-se, sendo a coisa mais triste de se ver. Nesse porto dos Reis e nas lagoas próximas também existem muitas arraias, que têm o rabo da grossura de um dedo e cortante como uma serra. Quando esse rabo passa em alguém, provoca uma dor semelhante à que causa a formiga. Mas para este caso os índios têm um remédio, que é uma erva que tomam e que logo faz passar a dor. A ferida, todavia, leva mais de um mês para curar.

Os índios dessa terra são medianos de corpo, andam completamente nus, com suas vergonhas de fora. Costumam ornamentar as orelhas e aumentá-las tanto que dentro cabe um punho fechado. Também enfiam uns palitos pelas orelhas para fazer com que aumentem ainda mais, chegando muitas vezes perto dos ombros. Em função disso os outros índios comarcanos os chamam de orelhudos, da mesma forma como são chamados os incas do Peru.[44] Quando lutam tiram os palitos que enfiam nas orelhas, para ficarem mais à vontade. Suas mulheres também andam com suas vergonhas descobertas, tendo por tarefa semear, colher e carregar o algodão, o milho e a mandioca. A partir daqui começam as idolatrias dos índios. Fazem ídolos de madeira e, segundo informaram ao governador, outros índios de terra adentro possuem ídolos de ouro e prata. O governador procurou com boas maneiras fazê-los se afastar desses ídolos, pedindo-lhes que os queimassem e passassem a crer somente em Deus verdadeiro, criador do Céu e da Terra. Explicava que o que adoravam era o diabo, que os enganava. Queimaram então muitos desses ídolos, tendo vários dos índios principais ficado atemorizados, achando que o diabo iria matá-los. Mas, logo que foi construída a igreja e rezada a missa, o diabo fugiu dali e todos ficaram muito seguros e sem temor.

Povoados formados pelos índios de Garcia

O primeiro povoado terra adentro estava a pouco mais de meia légua e tinha umas oitocentas casas, sendo também de gente lavradora. A meia légua estava outro povoado, bem menor, de umas setenta casas. E a quatro léguas estavam os povoados dos chanes, que povoaram aquelas terras depois que para ali foram trazidos por Garcia. Esses índios tomaram mulheres daquelas redondezas e viviam ali muito felizes, sendo muito amigos dos cristãos em função do bom tratamento que lhes fora dispensado por Garcia. Todos esses índios são lavradores e criadores de patos e galinhas. O governador dispensou a esses índios muito bom tratamento, dando-lhes presentes e recebendo-os como vassalos de Sua Majestade.

O governador procurou informar-se com esses índios sobre as outras populações que havia terra adentro e sobre os caminhos para chegar até lá, a partir do porto dos Reis. O cacique dos índios chanes, que deveria ter por volta de cinqüenta anos, disse que quando Garcia os trouxe de suas terras passaram por terras dos índios mayaes e saíram nas terras dos guaranis, onde foram atacados e muitos deles mortos. Fugiram então pela margem do rio Paraguai acima, até chegar ao povoado dos sacocies, onde foram por eles recolhidos. E que não ousaram mais continuar à procura de Garcia porque os guaranis os alcançariam e os matariam. Por esse mesmo motivo nunca mais ousaram retornar para suas terras. Disse ainda que os índios guaranis que vivem nas montanhas conhecem bem todos os caminhos existentes por ali e poderiam ensiná-los. Inclusive costumam ir e voltar terra adentro para guerrear com os índios de lá, que são os chimeneos, os carcaraes e outros de terras ainda mais adentro, que são os gorgotoquies, os payzuñoes, os estarapecocies e os candirees.

Mas não são só os guaranis que vão guerrear com esses índios; disse que também os seus os enfrentam e além disso todas aquelas tribos guerreiam entre si. Da mesma forma também comerciam entre si, visando suprir suas necessidades para os combates. Assim, os arcos e flechas são trocados desde por mantas até por mulheres. Feito o relato, o índio principal se ofereceu para seguir junto com o governador, levando sua mulher e filhos, pois o que mais desejava era retornar para a sua terra.

Governador manda buscar índios de Garcia

Terminado o relato do índio, o governador mandou logo alguns espanhóis acompanhados de nativos daquelas terras procurarem aqueles índios guaranis que viviam nas montanhas e eram conhecedores da região, para que fossem levados como guias no descobrimento. Seis dias depois eles retornaram, informando que os índios guaranis não habitavam mais a região indicada, pois haviam percorrido mais de dez léguas em volta e não encontraram uma viva alma. Todos os povoados dali estavam abandonados. Perguntou então o governador aos índios chanes se sabiam para que parte poderiam ter ido os índios guaranis. Disseram então que os nativos daquele porto haviam se juntado com outros de uma ilha próxima para ir guerrear contra os guaranis, tendo-lhes causado muitas mortes, fazendo com que fugissem terra adentro. Acreditavam que haviam ido se juntar a outras nações de índios guaranis, que vivem em terras que fazem fronteira com as terras dos índios xarayes, com os quais também guerreiam. Informaram ainda que esses índios xarayes possuem alguma prata e ouro e são ótimos lavradores, semeando milho e outros alimentos, e também criadores de patos e galinhas. Suas terras são muito povoadas, podendo-se ir de parte a parte que sempre se encontra um povoado. Foi-lhes perguntado sobre a distância em que se encontrava a terra dos xarayes, tendo eles respondido que caminhando levariam de quatro a cinco dias, mas que o caminho era muito ruim devido aos muitos pântanos que existiam. Se quisessem ir por água, em canoas rio acima, levariam de oito a dez dias.

O governador mandou reunir os clérigos e oficiais de Sua Majestade para contar-lhes o que os índios haviam relatado, tendo sido acertado o envio de dois espanhóis e dois índios guaranis, acompanhados de alguns nativos daquele porto, para conversar com os índios xarayes e conhecer seus povoados, terras e costumes. Deveriam também procurar chegar até os índios guaranis que para lá haviam se refugiado, pois deles com certeza obteriam informações mais seguras sobre caminhos a serem percorridos e sobre tudo o que por ali ocorria. Nesse mesmo dia partiram os espanhóis Héctor de Acuña e Antón Correa, acompanhados de dois intérpretes dos guaranis e mais dez índios sacocies. Seguiram com a missão de falar com o principal dos xarayes, para dizer-lhes que o governador queria ser seu amigo e rogava que viesse vê-lo. Levaram muitos presentes para dar tanto ao principal dos xarayes como ao principal dos guaranis.

Um dia depois de eles terem partido chegou ao porto o capitão Gonzalo de Mendoza com sua gente e navios. Contou que, na véspera de Todos os Santos, vinham navegando pelas terras dos guaxarapos, com os quais haviam conversado e conquistado como amigos. Vinham navegando com vento contrário e, ao dobrar um curso do rio quando puderam ter vela a favor, cinco dos bergantins dispararam, ficando para trás apenas o que era capitaneado por Agustín de Campos, vindo sua gente sirgando por terra. Nessa ocasião os índios guaxarapos saltaram sobre eles, matando cinco cristãos e tendo ainda se afogado Juan de Bolaños. O ataque foi uma grande surpresa, pois todos vinham muito desprevenidos em vista da amizade que haviam acertado com aqueles índios. A morte desses cristãos foi um grande dano para a reputação dos espanhóis, porque serviu de incentivo para aqueles índios guaxarapos virem conversar com os índios do porto dos Reis, que eram seus aliados, para incentivá-los a se unir a eles e nos atacar. Diziam que os espanhóis não eram valentes, que tinham a cabeça mole e que se procurassem matá-los, eles os ajudariam. Dali em diante passaram a colocar maus pensamentos na cabeça dos índios do porto dos Reis.

Informações obtidas dos índios xarayes

Oito dias depois de terem partido, Antón Correa e Héctor de Acuña retornaram, trazendo junto um índio que o principal dos xarayes enviara para servir de guia no descobrimento daquelas terras. Os dois espanhóis contaram que no mesmo dia que haviam partido do porto dos Reis chegaram ao povoado de uns índios que se chamam artaneses, que têm uma estatura muito alta e andam completamente desnudos. São lavradores, mas possuem pouca terra boa para semear, porque a maior parte é alagadiça ou arenosa. São pobres e mantêm-se basicamente da pesca. Suas mulheres são muito feias, porque costumam fazer ranhuras no rosto, mas trazem suas vergonhas cobertas. Os índios também são muito feios, pois esticam o lábio inferior e colocam embaixo um pedaço de madeira, ficando coisa horrível de se ver. Disseram que estes índios artaneses os haviam recebido muito bem em suas casas e lhes dado de comer do que possuíam. Esses índios lhes deram um guia para conduzi-los e cabaças para carregarem água. Todo o primeiro dia a partir dali caminharam por pântanos com muita dificuldade, pois enterravam a perna até o joelho. Além da dificuldade de colocar e tirar o pé, ainda havia a alta temperatura daqueles banhados, causada por um sol inclemente, que lhes queimava as pernas e causava grande dor. Num determinado dia chegaram a pensar que iam morrer de sede, porque a água que levavam nas cabaças terminou e só restava a água pútrida dos banhados. Naquela noite tiveram de dormir no campo, em meio àqueles banhados e com muita sede, fome e cansaço. No dia seguinte, às oito da manhã, chegaram a uma lagoa de água suja, mas que serviu para saciar a sede e encher as cabaças. Assim puderam continuar a caminhada por meio de novos banhados, mas também de algumas lagoas de água mais limpa. Encontraram até mesmo algumas árvores, embaixo das quais comeram o que levavam e sestearam, não restando mais nada para comer adiante. Os índios lhes avisaram que faltava uma jornada para chegar à terra dos xarayes. No outro dia encontraram novamente os pântanos em que enfiavam uma perna e quase não mais podiam tirá-la. Andaram assim por mais de uma légua, até encontrarem um caminho mais firme e seco. A uma hora depois do meio-dia, sem que nada tivessem comido, encontraram uns vinte índios que vinham ao seu encontro com muita alegria e disposição, trazendo pão de milho, pato cozido, peixe assado e vinho de milho. Disseram que seu cacique ficara sabendo de sua vinda e os mandara recebê-los, trazendo-lhes o que comer, e para dizer que ficava muito feliz com a chegada. Não é preciso dizer da alegria que foi aquele encontro. Nesse dia, uma hora antes de anoitecer, chegaram aos povoados, mas quando estavam a um tiro de balista dali vieram recebê-los uns quinhentos índios dos xarayes enfeitados com plumas de papagaios e aventais de contas brancas com que cobriam suas vergonhas. Cercaram os espanhóis e os levaram para o povoado, onde os esperava um grande número de mulheres e crianças. Todas as mulheres tinham suas vergonhas cobertas e muitas usavam uma camisola comprida feita de algodão.

Chegando ao povoado foram levados até onde estava o principal dos xarayes, acompanhado de uns trezentos índios, todos muito bem-dispostos, sendo a maioria anciões. O cacique estava sentado em uma rede de algodão em meio de uma grande praça, cercado por seus súditos, que estavam em pé. Quando foram chegando os índios abriram alas para eles passarem e, diante do principal, colocaram dois banquinhos para os espanhóis sentarem. Em seguida mandaram vir até ali um índio guarani que há muito tempo vivia com eles, tendo inclusive casado com uma índia xaraye, que queriam muito bem e tratavam como sendo um deles. Usando esse índio como intérprete, o cacique disse que estava muito feliz com a chegada dos espanhóis, pois há muito tempo desejava vê-los. Desde os tempos em que Garcia havia andado por aquelas terras que ele tinha notícias dos cristãos, que tinha por amigos e parentes. Disse que desejava muito ver o principal dos cristãos, porque sabia que era muito boa pessoa e muito amigo dos índios, a quem presenteava muitas coisas sem pedir nada em troca. Em seguida perguntou através do intérprete se vinham buscar alguma coisa de suas terras, pois ele lhes daria de bom grado. Os espanhóis explicaram que haviam ido até lá para se informarem do caminho que leva às povoações de terra adentro, bem como saber dos povos que existem pelo caminho até lá onde moram os índios que possuem ouro e prata. O cacique respondeu que não conheciam tal caminho, nem nunca haviam ido terra adentro, porque eram muitas as águas e pântanos que impediam que eles chegassem até lá. Porém, que o próprio índio que lhes falava conhecia o caminho, já havia estado por aquelas povoações e se prontificava a servir de guia aos cristãos para levá-los aonde pretendiam.

Entenderam os cristãos que o cacique falava a verdade ao dizer que não conhecia o caminho e rogaram que os mandassem guiar até os povoados dos guaranis, porque queriam vê-los e conversar com eles, fato que deixou muito revoltado o índio guarani que servia de intérprete. Procurando dissimular sua contrariedade e demonstrando boa educação, disse que os índios guaranis eram seus inimigos, que mantinham guerra permanente com os xarayes e a cada dia se matavam uns aos outros. Como ele era amigo dos cristãos, não gostaria que fossem buscar os seus inimigos para tê-los como amigos. Mas, se quisessem muito ir ver os índios guaranis, ele os levaria no outro dia pela manhã. À noite o principal os levou para sua casa, deu-lhes de comer e também lindas redes de algodão para dormirem. Perguntou-lhes ainda se cada um queria uma moça, que lhes dariam, porém não as quiseram porque estavam muito cansados.

No outro dia, antes da aurora, começaram a fazer grande ruído de atabaques, buzinas e tambores, tendo todos os índios se reunido na praça principal, muito emplumados e ornamentados em estilo de guerra, com seus arcos e flechas. Logo o principal mandou abrir a porta de sua casa para que o vissem. Havia uns seiscentos índios reunidos ali. Então o principal disse: "Cristãos, olhai minha gente; dessa maneira irão até os povos guaranis. Eles os levarão e os trarão de volta. Se vocês fossem sozinhos eles os matariam, porque sabem que vocês estiveram em minhas terras e são meus amigos". Percebendo que dessa maneira iriam até os guaranis para guerrear e não para conversar com o principal deles, disseram aos xarayes que haviam decidido retornar para dar conta de tudo ao seu principal. Dessa maneira os índios sossegaram, tendo os espanhóis ficado aquele dia naquele povoado, que era de uns mil vizinhos mais ou menos. A meia légua dali havia outros quatro povoados que obedeciam àquele mesmo principal dali, que se chamava Camire.

Esses índios xarayes são gente muito alta, de boa constituição. São lavradores, semeiam e colhem milho, batata e mandioca duas vezes por ano. Criam patos em grande quantidade e algumas galinhas. Ornamentam os lábios da mesma forma que os artaneses. Cada um tem sua própria casa, onde vive com sua mulher e filhos. Os homens costumam lavrar e semear, enquanto as mulheres colhem e trazem para suas casas. Elas são também grandes fiadeiras de algodão.

Retorno dos intérpretes dos índios xarayes

Os espanhóis ficaram o dia todo com os xarayes, entregaram os presentes que o governador mandara e o cacique ficou maravilhado com a oferta. Em seguida mandou trazer muitos penachos e os deu aos cristãos para que levassem ao governador. Mandou também que vinte de seus índios acompanhassem os cristãos, que assim saíram para o povoado dos artaneses. Dali retornaram para suas terras, tendo o guia continuado com os espanhóis, indo até onde estava o governador, que o recebeu com muito carinho. Logo, através de intérpretes, começou a interrogá-lo, para saber se conhecia o caminho para as povoações de terra adentro, indagando também de que nação era e de onde era natural. Respondeu que era da nação dos guaranis e natural de Itati, que situa-se junto ao rio Paraguai. Contou que quando ele era muito moço os de sua nação fizeram grande chamamento à guerra, reunindo os índios de toda a região e passando todas as povoações de terra adentro para fazer a guerra. Ele foi junto com o pai e parentes, tendo tomado placas e jóias de ouro e prata daqueles índios. Logo que chegaram às primeiras povoações, começaram a fazer a guerra e a matar muitos índios, fazendo com que muitos outros fugissem de seus povoados, recolhendo-se para povoados mais adentro. Então todas as nações dali se reuniram e vieram contra os de sua nação, matando-os, desbaratando-os, perseguindo-os por todos os lugares para onde fugiam, de modo que não sobraram mais do que duzentos, de um contingente que quando ali chegou cobria todos aqueles campos. Disse que os que sobraram se espalharam pelas montanhas e passaram a viver por ali, não ousando retornar para suas terras, com medo de serem atacados pelos guaxarapos, guatos e outras nações por onde deveriam passar. Apenas alguns, inclusive esse índio, resolveram enfrentar os perigos e retornar para suas terras. Mas foram percebidos na volta e atacados por índios de outras nações, que mataram quase todos eles. Apenas esse índio, que então ainda era muito jovem, conseguiu escapar pelos montes, indo até a terra dos xarayes, que o adotaram, criaram e passaram a ter tanto amor por ele que o fizeram casar com uma de suas índias.

Foi-lhe perguntado então se conhecia bem o caminho pelo qual os de sua nação haviam ido terra adentro para combater. Disse que isso acontecera há muito tempo e que os seus companheiros foram indo e derrubando árvores e matos para abrir passagem, mas que essas vegetações já deveriam ter crescido de novo, não restando vestígio do caminho que então fora aberto. Todavia, apesar disso e mesmo que nunca mais tivesse ido por lá, acreditava que se tomasse o início do caminho seria capaz de chegar até lá. Lembrava-se que se tomava o caminho a partir de uma montanha alta, redonda, que se vê desde o porto dos Reis. Foi-lhe perguntado em quantos dias se poderia chegar à primeira povoação e respondeu que em cinco dias isto seria possível e que ali havia muitos mantimentos, pois são muito bons lavradores, embora os de sua tribo tivessem destruído suas lavouras quando por lá passaram. Mas eles já as haviam recuperado. Foi-lhe perguntado se pelo caminho há rios caudalosos, tendo respondido que vira vários rios, sendo alguns muito caudalosos, havendo também fontes, lagoas, muito mel, fruta e caça de veado e anta. Foi-lhe perguntado se no tempo em que os de sua tribo guerrearam os nativos daquelas terras haviam visto ouro e prata por lá, tendo respondido que foram saqueadas e roubadas muitas placas de ouro e prata, bem como brincos, braceletes, copos, vasilhas e outros objetos de ouro e prata. No entanto, tudo isso foi retomado por eles quando os desbarataram. Os que haviam conseguido escapar perderam esses objetos para os guaxarapos, quando foram atacados por esses ao passarem por suas terras. Mesmo assim uns poucos ainda conseguiram ficar com algum desse material, que acabou parando nas mãos dos xarayes. Estes, inclusive, quando iam à guerra usavam as placas de prata. Perguntado se gostaria de guiar os cristãos por aqueles caminhos, respondeu que faria isso com a maior boa vontade e que para isso fora enviado pelo seu principal. O governador, mesmo assim, o advertiu para que dissesse somente a verdade sobre aqueles caminhos, pois se não fosse a verdade isso poderia lhes trazer grande prejuízo. Ele respondeu que tudo o que falava não era mais que a pura verdade.

Governador determina realização da entrada

Feito o relato e ouvido o parecer dos clérigos e capitães, o governador determinou a realização da entrada para descobrir aquelas terras e povoados. Para isso destacou trezentos arcabuzeiros e balisteiros e, para enfrentar as terras que deveriam passar até chegar ao primeiro povoado, mandou reunir mantimentos para vinte dias. Designou cem homens para permanecerem no porto guardando os bergantins, juntamente com duzentos índios guaranis, tendo como capitão Juan Romero. O governador partiu do porto dos Reis aos vinte e seis dias do mês de novembro do ano de 1543. Seguiram caminhando aquele dia até quatro da tarde, entre árvores, terra fresca e boa sombra, por um caminho pouco seguido por onde o guia os conduziu. Quando chegou a noite, repousaram próximo de uns mananciais de água. No outro dia, antes que amanhecesse, seguiram caminho, indo na frente o guia e mais vinte homens para ajudarem a abrir a trilha por onde passavam, pois, quanto mais caminhavam, mais cerrada era a mata, dando muito trabalho. Às cinco da tarde chegaram a uma grande lagoa, onde índios e cristãos pegavam os peixes com as mãos. Dormiram ali aquela noite e no outro dia o guia passou a ir subindo nas árvores mais altas para certificar-se se aquele era mesmo o caminho que levava às povoações. Os índios guaranis que acompanhavam o governador se mantinham do que ele lhes dava dos mantimentos que levava, mas além disso iam extraindo mel das árvores e caçando antas, veados e porcos d'água. Mas, como era muito grande o ruído que faziam enquanto andavam, a caçada se tornava mais difícil. Tanto índios como espanhóis também comiam das frutas silvestres que iam encontrando e nunca nenhuma delas fez mal a alguém, com exceção de uma espécie de murta, de muito bom sabor, que fez alguns vomitarem, mas sem causar-lhes maiores danos.

No quinto dia de difícil caminhada por meio de densa vegetação chegaram a um pequeno rio, que sai de uma montanha e cuja água vinha muito quente, clara e limpa. Esse rio começou a desorientar o guia, dizendo que como fazia muito tempo que não passava por ali não se lembrava dele, não sabendo por onde haveria de guiar a esquadra, pois não vislumbrava os velhos caminhos. No outro dia partiram daquele rio de água quente, seguindo o caminho que o guia entendia ser o melhor, continuando porém a enfrentar grande trabalho para penetrar nos bosques e florestas. Nesse mesmo dia, às dez horas, chegaram até o governador dois índios da nação dos guaranis, que disseram que haviam ficado naquela floresta deserta quando da guerra passada que os de sua nação tiveram com os da terra adentro. Disseram que eles, com suas mulheres e filhos, totalizando quatorze pessoas, andavam por aquelas montanhas e florestas, escondendo-se dos inimigos e que, a duas jornadas dali, havia uma outra casa deles que abrigava outras dez pessoas, inclusive um cunhado de um daqueles que ali estava. Disseram também que muitos dos índios guaranis haviam se refugiado nas terras dos xarayes, que guerreavam com índios guaranis de outras tribos. Através do intérprete o governador procurou acalmá-los e mandou buscar suas mulheres e filhos, que estavam numa casa próxima dali. Perguntados pelo governador sobre como se mantinham naquelas terras, responderam que plantavam milho, caçavam e extraíam mel das árvores, além de colher frutos silvestres, que havia em muito boa quantidade naquelas terras. Disseram que quando seus pais foram mortos no combate eles eram muito pequenos e, por isso, não sabiam responder a uma outra pergunta que o governador fizera, que era se conheciam o caminho que levava às populações de terra adentro. Disseram que nunca mais haviam ido para lá, não se recordando de como se podia percorrer o caminho. Todavia, aquele cunhado que estava na outra casa a duas jornadas dali era conhecedor do caminho, pois já fora muitas vezes por ele e poderia ensiná-lo. Diante disso, o governador deu muitos presentes para aqueles índios e mandou que retornassem para suas casas.

No outro dia mandou que o guia fosse com dois espanhóis até a casa daquele cunhado, para que se certificassem se ele sabia mesmo o caminho e em quantos dias poderia ser percorrido o trajeto até o primeiro povoado. Recomendou que fizessem isso com muita presteza, para que ele pudesse tomar as providências em função do que fosse necessário fazer. Depois disso, foi se deslocando com sua gente, pouco a pouco, em direção à casa daqueles índios. Ao cabo de três dias da partida do guia, chegou até o governador um índio que fora enviado junto, trazendo uma carta do guia. Informava que haviam falado com aquele índio, que o mesmo dissera que conhecia o caminho para as populações de terra adentro e que de sua casa até o primeiro povoado estava o morro que chamam Tapuaguaçu, que é montanha muito alta, de cima da qual se podem vislumbrar muitas das povoações existentes na região. Todavia, desde sua casa até chegar ao morro de Tapuaguaçu eram dezesseis jornadas de caminho muito difícil e despovoado. Era um caminho pior que aquele que eles haviam percorrido para chegar até a casa do índio, ou seja, repleto de mata fechada. Informava também que vinham trazendo aquele índio para o governador, para que ele o informasse diretamente. Ao receber a carta, o governador partiu imediatamente em direção à casa daquele índio. Mas era tão densamente arborizado o caminho que percorriam que não conseguiam andar em um dia mais do que um tiro de balista. Enquanto isso houve uma grande chuvarada e, para que as pessoas, munições e mantimentos não se molhassem, o governador fez o pessoal voltar às cabanas que haviam deixado pela manhã.

Chegada do novo guia e intérprete

No outro dia, às três da tarde, chegou o intérprete trazendo aquele índio que dissera conhecer o caminho, que foi alegremente recebido pelo governador, que lhe deu muitos presentes, deixando-o muito contente. Ele disse que fazia muito tempo que não passava mais por ali, mas que conhecia o caminho, tendo ido muitas vezes a Tapuaguaçu e que dali se vêem as fumaças de todos os povoados daquelas terras. Disse também que costumava ir a Tapua para comprar flechas, mas que ultimamente não tinha mais ido, porque percebera fumaça de outras populações que ali vieram se estabelecer e ficara com medo de cruzar por ali. Foi-lhe perguntado se queria ir com os cristãos para lhes ensinar o caminho, tendo respondido que iria de boa vontade, apesar de ter grande medo dos índios daquelas terras.

Diante das informações do novo guia, o governador resolveu reunir os clérigos e oficiais para ter o parecer deles sobre o que fazer, pois percebia que a maior parte dos espanhóis já estava sem mantimentos, estando alguns já há três dias sem ter o que comer, o que acontecera porque o primeiro guia que pegaram havia dito que no quinto dia da caminhada encontrariam terra muito povoada e com muitos mantimentos. Como não haviam encontrado, não só ficaram sem mantimentos, como também muito desconfiados da veracidade das informações. Os mantimentos que traziam eram suficientes apenas para mais seis dias. Por isso, entendiam os consultados, era muito perigoso ir adiante sem antes se certificarem da obtenção de mantimentos. Segundo o guia, o primeiro povoado rico em mantimentos terra adentro estaria a dezesseis jornadas, mas caso não o encontrassem todos acabariam morrendo de fome, como já aconteceu com muitos outros empenhados em descobrimentos. E que lhe parecia que, para segurança e vida desses cristãos e índios que trazia, no total uns três mil, o melhor era retornarem ao porto dos Reis, onde haviam deixado os navios, pois ali poderiam se municiar novamente de mantimentos para prosseguirem a entrada. Esse era o seu parecer.

O governador disse entender que no porto dos Reis era impossível conseguir mantimentos para sustentar tanta gente e para abastecer para uma nova entrada. Que se lembrassem que o milho ainda não havia sido colhido e que os índios haviam dito que em seguida viria a subida das águas, que deixariam todos em muitas dificuldades. Mas nada do que disse o governador foi suficiente para dissuadir os demais da determinação de retornar ao porto dos Reis. Para que não houvesse contrariedade, nem desacato, concordou com a maioria e mandou preparar tudo para no outro dia retornarem ao porto dos Reis. Todavia, o capitão Francisco de Ribeira se ofereceu para ir dali para Tapua, levando consigo seis cristãos e mais aquele índio que conhecia o caminho e onze principais. Combinaram que ele iria para lá e ficaria aguardando o governador com sua gente. Assim, então, no outro dia partiram cada um para o seu destino: o capitão para Tapua e o governador para o porto dos Reis, onde em oito dias chegou com toda sua gente, muito chateado por não ter podido ir adiante.

Atentado contra os que ficaram no porto dos Reis

De volta ao porto dos Reis, o capitão Juan Romero, que ali havia ficado como tenente, certificou ao governador que poucos dias depois de sua saída os índios naturais da ilha que está a uma légua do porto tentaram matar os cristãos que ali haviam ficado e tomar-lhes os bergantins. Disse que os índios fizeram um chamamento a todos os índios da terra, inclusive aos guaxarapos, que já eram nossos inimigos, bem como a muitas outras nações de índios. Até os índios que estavam junto aos espanhóis e que tinham a incumbência de auxiliá-los passaram a espioná-los e verificar as condições propícias para um ataque. Chegaram a dizer claramente que viriam matar e destruir os cristãos. Ao saber disso, o governador mandou chamar os índios principais daquela terra e os admoestou em nome de Sua Majestade, dizendo-lhes que tratassem de sossegar sua gente e não quebrar a paz que eles haviam assegurado. Que se lembrassem das boas coisas que eles lhes faziam, inclusive a proteção contra seus inimigos. O governador fez essas advertências na presença dos clérigos e oficiais, tendo os caciques prometido que não romperiam a paz e que voltariam a ser amigos dos cristãos. Então o governador lhes deu bonés vermelhos de presente e saíram muito contentes, dizendo que iriam tirar de suas terras aqueles que para ali vieram para combater os cristãos.

Dois dias depois de ter chegado ao porto dos Reis o governador mandou verificar o que dispunham de mantimentos para atender a toda aquela população, que entre índios e cristãos somava mais de três mil. Verificou que em toda a terra não havia mais mantimentos do que aqueles que estavam nos bergantins, o que seria suficiente para dez ou doze dias. Diante da iminente necessidade de comida, o governador mandou chamar todos os intérpretes que tinha por ali e determinou-lhes que fossem pelos lugares próximos à procura de mantimentos para serem comprados. Estes foram e voltaram sem nada obter. Em função disso, chamou os índios principais e perguntou-lhes onde poderiam negociar alimentos, tendo estes respondido que a nove léguas dali, na margem de algumas lagoas, viviam uns índios chamados arrianicosies, que tinham mantimentos em grande abundância e lhes forneceriam o que fosse necessário.

Capitão Mendoza foi buscar os mantimentos

Diante da iminente necessidade de alimentos, que já fazia com que muitos quisessem se lançar terra adentro à procura do que comer, o governador reuniu os clérigos e oficiais para comunicar a informação que recebera sobre os arrianicosies, dizendo que se não fossem logo buscar os mantimentos poderiam ter grandes distúrbios. Todos concordaram que se deveria mandar a maior parte da gente que ali estava até a terra dos arrianicosies, tanto para lá se alimentar como para comprar e trazer o que todos necessitavam. Ficou acertado também que se os índios não quisessem vender os alimentos deveriam tomá-los à força, guerreando-os, pois a necessidade que enfrentavam era muito grande. E assim firmaram parecer acordando em enviar o capitão Mendoza com a seguinte instrução:

"O que vós, capitão Gonzalo de Mendoza, haveis de fazer nos povoados por onde ides buscar mantimentos para sustentar esta gente para que não morra de fome é que os mantimentos que forem comercializados deverão ser convenientemente pagos aos índios socorinos, sococies e aos demais que por estas terras vivem. E deveis dizer de minha parte que estou maravilhado com eles pela maneira como vieram me ver; que tenho informações de que continuam sendo boa gente e que desejo vê-los, tê-los por amigos, dar-lhes presentes e solicitar-lhes que venham a dar obediência a Sua Majestade, como fizeram outros. Se assim fizerem, sempre os favorecerei e os ajudarei contra os que quiserem prejudicá-los. Haveis de ter grande vigilância e cuidado pelos lugares por onde passardes, não permitindo que os índios sejam molestados, para que não venham a ter do que se queixar.

Chegando aos povoados onde ireis, pedireis aos índios que vos forneçam os mantimentos que tiverem, oferecendo-lhes o pagamento adequado, fazendo tudo com boas maneiras e palavras amorosas. Se não quiserem dar-lhe, rogai-lhes uma, duas, três ou quantas vezes julgais suportável pedir. Se ainda assim não quiserem dar, tomai-lhes pela força. E se os defenderem a mão armada, fazei-lhes a guerra, porque a fome em que nos encontramos não requer outra coisa. Tudo que suceder daqui para frente haveis de enfrentar o mais moderadamente possível, quanto convém ao serviço de Deus e Sua Majestade, o que confio a vós como servidor de Sua Majestade".

Com esta instrução partiu o capitão Gonzalo de Mendoza, levando 120 cristãos e seiscentos índios flecheiros, saindo aos quinze dias do mês de dezembro de dito ano.

Bergantim vai descobrir rio dos xarayes

Os índios nativos do porto dos Reis avisaram ao governador que as águas começavam a subir, o que lhe permitiria enviar um bergantim rio Igatu acima até as terras dos índios xarayes, que tinham muitos mantimentos. Dali também poderiam seguir por outros braços de rio, em cujas ribeiras havia outros povoados que tinham muitos mantimentos. Assim, para descobrir os segredos daquele rio, enviou o capitão Hernando de Ribera em um bergantim, com cinqüenta e dois homens. Recebeu a incumbência de ir rio acima até as terras dos xarayes, falar com o seu principal, informar-se sobre o que há adiante e ir ver e descobrir com os próprios olhos. Recebeu também a determinação de não sair à terra, exceto o intérprete com outros dois, procurando contratar com os índios da costa do rio por onde passassem, dando-lhes presentes e acertando as pazes com eles, para que pudesse voltar bem informado sobre tudo que existisse por lá. Partiu o capitão aos vinte dias do mês de dezembro de dito ano.

Alguns dias depois de ter partido, o capitão Gonzalo de Mendoza enviou uma carta contando que havia chegado à terra dos índios arrianicosies, tendo enviado o intérprete para comunicar-lhes que ia para fazer comércio com eles e que levava muitas coisas para dar em troca, como contas, facas, cunhas de ferro (que eles apreciavam muito), anzóis e outros objetos. O guia e intérprete levou alguns desses objetos de troca para mostrar aos índios e dizer-lhes que queriam dar-lhes em troca dos mantimentos, não pretendendo tomar nada a força. Todavia, o guia teve de fugir correndo daqueles índios, que lhe atiraram flechas e lhe disseram que os cristãos não fossem à sua terra, pois não queriam dar-lhes nada. Queriam era matar todos e para isso já estavam recebendo ajuda dos índios guaxarapos, que eram muito valentes, já haviam matado muitos cristãos e diziam que estes tinham a cabeça mole e não eram fortes. Gonzalo de Mendoza informou que tornara a enviar o mesmo guia, agora com alguns espanhóis, para rogar aos índios que lhes dessem os mantimentos. Todos igualmente tiveram de fugir, pois eles lhes atiraram muitas flechas, dizendo-lhes que deixassem suas terras e que não dariam os mantimentos. Diante disso, ele havia ido com toda sua gente conversar com os índios, mas logo que chegaram também foram atacados, antes mesmo que conseguissem falar. Em função disso, tiveram que se defender, tendo usado os arcabuzes e matado dois deles, o que os fez fugir para os montes.

Depois disso os cristãos foram até as casas dos índios e encontraram muitos mantimentos por lá, como milho, mandioca e outras coisas. Então o capitão tomou um índio que havia aprisionado e mandou-o até as montanhas onde estavam os seus para dizer-lhes que ele prometia tê-los como amigos, não lhes faria nenhum dano e não tomaria nada do que eles tinham em suas casas. Iria, isso sim, levar aqueles mantimentos, mas em troca do pagamento devido. Nada disso, no entanto, adiantou. Os índios vieram atacar o acampamento onde eles haviam se estabelecido e colocaram fogo em suas próprias casas, para queimar os mantimentos que ali deixaram. Além disso, conclamaram os índios de outras terras para virem ajudá-los a combater os espanhóis.

Ao tomar conhecimento do que se passava, o governador mandou dizer ao capitão Mendoza que procurasse fazer com que os índios retornassem às suas casas, sem fazer-lhes mais danos nem guerra. Mas que antes disso pagasse todos os mantimentos que haviam tomado e depois deixassem aquela gente em paz, indo buscar mantimentos em outros lugares. O capitão comunicou mais uma vez que procurara fazer tudo conforme o governador mandara, tendo mandado avisá-los para que voltassem para suas casas, que ele queria ser seu amigo e com eles estabelecer a paz. Mas estes não aceitaram a oferta e vieram fazer a guerra e todo o dano possível aos espanhóis, tendo se reunido a eles os índios guaxarapos e os guatos, que já eram nossos inimigos.

A entrada do capitão Francisco de Ribera

Aos vinte dias do mês de janeiro do ano de 1544 chegou o capitão Francisco de Ribera, que, com seis espanhóis, onze índios guaranis e mais um guia, fora enviado pelo governador para tentar descobrir as terras de dentro. Dos onze índios que levou retornaram apenas três. Os outros oito haviam voltado antes, o que fora motivo de grande revolta por parte do governador, que quis inclusive castigá-los. Com o retorno desses índios todos temeram pela sorte dos espanhóis, pelo fato de ficarem desamparados, de forma que o retorno dos mesmos foi fator de grande alegria, pelo que deram graças a Deus. Os principais queriam que o governador mandasse enforcar aqueles oito índios logo que retornaram, mas ele disse que não faria isso por ser a primeira vez que cometeram o desacato.

No outro dia o capitão Francisco de Ribera, acompanhado dos seis espanhóis, compareceu ante o governador para prestar contas do que havia feito desde que partiu daquele bosque de onde eles haviam se afastado. Dali eles seguiram caminho em busca de Tapuaguaçu que, segundo o guia, era onde começavam as populações dos das terras de dentro. Haviam caminhado vinte e um dias sem parar, por terras muito difíceis, de árvores muito cerradas, que não podiam passar sem derrubar. Alguns dias caminhavam uma légua, mas outros não iam mais do que meia, sempre em direção do poente. Durante todo o tempo comiam carne de veado, porco e anta, que os índios matavam com suas flechas, não tendo problema de fome, pois havia fartura de caça. Também extraíam mel do oco das árvores e comiam frutas silvestres que igualmente havia em abundância. Ao final dos vinte e um dias chegaram a um rio, que corria do poente e segundo o guia passava por Tapuaguaçu e pelas populações de índios piraputanas. Aproveitaram para pescar, pois o peixe também era farto ali naquele rio.

Cruzaram o rio e, andando por onde o guia os levava, encontraram pegadas de índios. Como aquele dia havia chovido e a terra estava molhada as marcas ficaram, parecendo que os índios haviam estado ali a caçar. Seguindo as pegadas dos índios chegaram até grandes plantações de milho que começavam a colher. Depararam ali com um índio, cuja linguagem não conseguiram entender. Ele tinha sob o lábio uma peça de prata e nas orelhas brincos de ouro. Tomou Francisco de Ribera pela mão e por sinais disse que fossem com ele. Assim o fizeram e foram até uma casa grande de palha e madeira que havia por perto. Quando iam se aproximando da casa viram que as mulheres e outros índios tiravam de dentro roupas de algodão e outras coisas mais que ali havia e se metiam pelo meio das plantações. O índio os mandou entrar, enquanto as mulheres e homens continuavam a tirar tudo o que estava ali dentro e, para não passarem perto de onde estavam os cristãos, abriam brechas na parede de palha e pulavam fora. De umas talhas grandes cheias de milho que estavam dentro da casa, viram tirar algumas lâminas, machadinhas e braceletes de prata e jogarem fora da casa por entre as paredes. Aquele índio, que parecia ser o principal devido ao respeito que por ele tinham, os convidou com gestos a sentar e mandou dois índios orelhudos que tinha como escravos que trouxessem de beber. Eles tomaram umas tigelas e retiraram vinho de milho de talhas que tinham dentro de casa, enterradas no solo até o pescoço. Os dois orelhudos lhes disseram que junto aos índios que se chamam payzunoes estavam alguns cristãos. Disseram também que ali lhes ensinariam a ir até Tapuaguaçu (que é um morro muito alto e grande). Mas logo em seguida começaram a chegar ali muitos índios pintados e emplumados, com arco e flecha, para a guerra. O índio que parecia ser o principal gritava-lhes palavras incentivadoras e ele próprio pegou um arco e flechas, ao mesmo tempo que enviou emissários para chamar mais índios dos povoados vizinhos, tudo indicando que estavam se reunindo para matar os espanhóis. Percebendo isso, o capitão Francisco de Ribera determinou aos cristãos que ficassem todos juntos, para saírem da casa e voltarem pelo mesmo caminho por onde haviam chegado, antes que se reunissem mais índios, pois a essa altura já chegava a trezentos o número de nativos que ali estavam. Os cristãos procuraram sair, dando a entender que iriam buscar outros cristãos que estavam pelas proximidades. Mas quando pretenderam sair os índios se colocaram diante deles para detê-los. Eles romperam o cerco e saíram, mas a um tiro de pedra da casa os índios perceberam que fugiam e saíram atrás deles, com grande gritaria e atirando flechas. Seguiram-nos até que se meteram por uns montes. Acreditando que ali havia mais cristãos, não ousaram mais segui-los.

Conseguiram escapar, embora todos feridos, e retomar o caminho que eles próprios haviam aberto e percorrido em vinte e um dias. Só que no retorno conseguiram percorrê-lo em doze. Pareceu-lhes que desde o ponto em que estavam até o porto dos Reis havia setenta léguas. O trabalho maior que tiveram no retorno do ponto em que deixaram o governador ao porto dos Reis foi cruzar uma lagoa que, quando foram, a água lhes batia pelos joelhos e, ao retornarem, tinha mais de duas lanças de profundidade. Tiveram de construir balsas para atravessá-la. Além disso, tiveram de esperar que a água da lagoa baixasse para poderem ir para a terra. Disseram ainda que aqueles índios que os queriam matar se chamavam tarapecocies, que tinham muitos mantimentos e criavam patos e galinhas.

Este relato foi feito pelo capitão Francisco de Ribera e pelos espanhóis e o guia que foram com ele. Nesse porto dos Reis estavam alguns índios da tribo dos tarapecocies, que ali haviam chegado com Garcia e permaneceram depois de serem desbaratados pelos índios guaranis. O governador mandou chamá-los e lhes mostrou as flechas que Francisco de Ribera havia trazido e eles se alegraram muito em vê-las, confirmando que eram realmente de sua tribo. O governador perguntou-lhes então por que os de sua tribo queriam matar aqueles que foram conversar com eles. Disseram então que os de sua tribo não eram inimigos dos cristãos, pelo contrário, os tinham como amigos desde que Garcia esteve em sua terra e negociou com eles. Que a razão pela qual os índios tarapecocies queriam matá-los era terem levado junto índios guaranis, que eram seus inimigos, porque em tempos passados foram até suas terras para os matar e destruir. Que os atacaram porque os cristãos não levaram um intérprete que os entendesse, pois não tinham o costume de atacar quem não lhes fizesse mal. Que se tivessem levado intérprete que os entendesse teriam dado comida e mais o ouro e a prata que possuem, que eles buscam das terras de dentro. Foi-lhes perguntado que tribos de índios possuem ouro e prata e como negociam com elas. Disseram que os payzunoes, que estão a três jornadas de suas terras, dão-lhes ouro e prata em troca de arcos, flechas e escravos que tomam de outras tribos. Os payzunoes, por sua vez, obtêm esse ouro e prata dos chanes, chimenoes, carcaraes e candirees, que os possuem em grande quantidade. Foi-lhes mostrado um castiçal de cobre muito limpo e claro para que declarassem se o ouro que tinham em sua terra era daquela qualidade. Disseram que o do castiçal era duro e ruim, enquanto aquele que possuíam em sua terra era mais amarelo, macio e não tinha aquele mau cheiro. Mostraram-lhes também um prato de estanho, muito limpo e claro, e perguntaram se a prata de sua terra era aquela mesma. Responderam que aquela prata fedia, era ruim e fraca, enquanto a de sua terra era mais branca, dura e não cheirava mal. Quando lhes mostraram uma peça de prata eles se alegraram muito e disseram que aquilo é o que havia em sua terra em grande quantidade, da qual eles faziam copos, braceletes, machadinhas, coroas e outras peças.

Índios fazem picado dos cristãos

O governador mandou chamar Gonzalo de Mendoza, para que retornasse da terra dos arrianicosies com a gente que levara, para se organizar e prover das coisas necessárias para a entrada e descobrimento da terra, porque assim mais convinha ao serviço de Sua Majestade. Mas que, antes de partir para essa tarefa, procurasse fazer os índios arrianicosies retornarem às suas casas, acertando as pazes com eles. Com a chegada de Francisco de Ribera e os demais seis espanhóis ao porto dos Reis, todo o pessoal que ali estava começou a adoecer de febre, que atingiu todo mundo, inclusive os índios guaranis, não restando ninguém em boas condições para manter a guarda do acampamento, tendo muita gente inclusive morrido. Ao mesmo tempo o capitão Gonzalo de Mendoza mandou avisar, da terra dos arrianicosies, que todos os que estavam com ele também haviam adoecido de febre alta e os enviava com os bergantins, enfermos e fracos. Além disso, avisava que não havia conseguido estabelecer as pazes, embora por diversas vezes tenha prometido dar muitas oferendas em troca. A causa de toda aquela enfermidade, no seu entender, era o fato de a água das lagoas ter ficado suja, inclusive salobra, por motivo da subida das águas.

Vendo os cristãos enfermos e fracos, os índios de uma ilha situada a uma légua do porto dos Reis, chamados socorinos e xaqueses, resolveram fazer-lhes a guerra e deixaram de negociar com os cristãos e de avisá-los sobre as intenções de outros índios, que eram inimigos, especialmente os guaxarapos, que se reuniram e se meteram pelas proximidades para fazer-lhes a guerra. Os índios guaranis que acompanhavam a armada costumavam sair para pescar na lagoa, sendo quase sempre acompanhados de alguns cristãos. Um dia saíram com cinco cristãos, quatro deles moços de pouca idade. Já amanhecia quando iam em suas canoas e então caíram sobre eles os índios xaqueses, socorinos e outros da ilha, matando muitos índios e capturando os cristãos. Levaram-nos com eles, mataram-nos, os despedaçaram e repartiram os pedaços entre eles e os índios guaxarapos e guatos que haviam convocado para a guerra. Depois de reparti-los, os comeram e, como o pessoal estava enfermo e fraco, vieram com grande atrevimento colocar fogo no povoado onde estavam, levando mais alguns cristãos, entre eles um que se chamava Pedro Mepen, e eles gritaram desesperadamente para que atacassem os índios senão eles os matariam. Também pegaram mais alguns outros cristãos que estavam pescando na lagoa e os comeram da mesma forma como fizeram com os outros cinco. Depois disso saíram com suas canoas, fazendo grande alarido e erguendo suas flechas e arcos, dando a entender que estavam jubilosos pelo seu feito. Embrenharam-se em seguida pela ilha existente na lagoa do porto dos Reis, onde dessa vez mataram cinqüenta e oito cristãos. O governador pediu ao principal dos índios do porto dos Reis que falasse com os índios da ilha para que devolvessem os cristãos e índios guaranis que haviam levado. Responderam que os índios guaxarapos os levaram e não estavam mais com eles, e continuaram a vir de noite percorrer a lagoa para ver se capturavam cristãos ou guaranis que estivessem pescando. Diziam que aquelas terras eram suas, que os espanhóis saíssem, senão os matariam. O governador mandou pedir-lhes que preservassem a paz que haviam acertado e viessem trazer os cristãos e índios que haviam levado, que então os teria como amigos. Mas, se não quisessem atender essa oferta de paz, que iria sobre eles como inimigos, fazendo-lhes guerra total. Visto que não obteve uma resposta positiva, o governador mandou reunir clérigos e oficiais, tendo conjuntamente decidido declarar os índios inimigos e fazer-lhes a guerra, o que foi executado, assegurando-se o controle da terra e livrando-a dos danos que faziam.

Retorno do capitão Hernando de Ribera

Aos trinta dias do mês de janeiro do ano de 1543 chegou o capitão Hernando de Ribera com o navio e a gente com que o governador o enviara rio acima para fazer descobrimentos. Quando chegou se encontrava muito doente, com febre alta e calafrios, assim como toda sua gente, não podendo fazer o relato de seus descobrimentos.[45] Enquanto isso as águas dos rios subiram de tal maneira que toda aquela terra estava coberta e alagada, não sendo possível fazer qualquer descobrimento. Os índios asseguravam que essas cheias duravam quatro meses, subindo até cinco ou seis braças, período durante o qual eles passavam a viver em suas canoas, só saltando à terra depois de as águas baixarem. Então voltam a construir suas casas onde as tinham antes, mas toda a terra torna-se pestilenta pelos peixes que ficam no seco e o calor que incide sobre eles. Outro detalhe dessa gente é que se matam e comem uns aos outros.

Três meses esteve o governador no porto dos Reis, com toda a gente enferma, inclusive ele, esperando que Deus fosse servido em dar-lhes saúde e fazer baixar as águas, para poderem realizar a entrada e descobrimento da terra. Todavia, a cada dia aumentava a enfermidade e as águas, de modo que foram obrigados a se retirar do porto dos Reis, carregando tantos mosquitos que não os deixavam sossegar, tanto de noite como de dia, tornando-se um verdadeiro tormento, pior que a febre alta. Diante dessa situação, os oficiais e clérigos procuraram convencer o governador que o melhor era retornar à cidade de Ascensión, pois há muito que haviam se afastado de lá e todos os que ali estavam sofriam algum tipo de enfermidade, necessitando de cuidados. O governador acabou concordando, mas apenas não permitiu que os cristãos levassem junto cerca de cem moças que lhes haviam sido dadas por seus pais quando ali chegaram. Considerava o governador que, embora essa oferta tenha sido um gesto de boa vontade por parte dos índios, deveriam deixá-las, pois levá-las junto constituiria uma ofensa a Deus. O governador pediu aos seus pais que as mantivessem até o retorno dos cristãos àquele porto. E, para maior importância ao ato que praticava, mandou publicar uma instrução de Sua Majestade em que estabelecia que "ninguém ouse tirar um índio de suas terras, sob graves penas". Com isso os nativos ficaram muito contentes, mas os espanhóis muito queixosos, porque queriam levar suas companheiras. Muitos chegaram a romper com o governador e passaram a hostilizá-lo a partir de então, como direi posteriormente.

Embarcada a gente, em doze dias chegaram ao porto e cidade de Ascensión, percorrendo um trajeto em que levaram dois meses quando foram rio acima. Como vinham todos muito doentes, mas loucos para chegar, tiravam forças da fraqueza para conduzir os bergantins e combater os inimigos que foram encontrando pelo caminho. Nesse particular, não foi pouco o trabalho que tiveram de enfrentar, pois seguidamente tinham de largar os remos para pegar nas armas e enfrentar os índios que os atacavam. Os índios guaranis vinham em suas canoas em meio aos bergantins para serem protegidos dos outros que queriam matá-los. Para melhor protegê-los, o governador ainda colocou alguns cristãos nas canoas. Quando passavam pelas terras dos guaxarapos, estes vieram em grande quantidade atacá-los, jogando flechas e dardos. Um desses dardos atingiu no peito um cristão chamado Miranda, natural de Valladolid, que caiu morto ali mesmo. Feriram ainda outros cristãos, que não puderam ter grande reação devido à fraqueza em que vinham.

CAPÍTULO V

Governador chega a Ascensión e é preso

Aos oito dias do mês de abril do dito ano o governador chegou à cidade de Ascensión com sua gente, navios e índios guaranis, todos muito enfermos e fracos. Chegando ali encontrou o capitão Salazar, que tinha feito um chamamento em toda a terra, reunindo mais de vinte mil índios e muitas canoas, para ir por terra e água atacar os índios agaces. Isso porque desde que o governador partira eles não pararam de atacar os cristãos que haviam ficado na cidade. Tinham conseguido fazer muitos danos aos nativos, roubando suas mulheres e filhos, saqueando suas terras e casas e colocando fogo em tudo que podiam. Com a chegada do governador cessaram essa mobilização. O governador também encontrou quase pronta a caravela que mandara construir para ir dar conhecimento a Sua Majestade sobre tudo o que por ali se passava, bem como sobre as entradas que havia realizado.

Quinze dias depois da chegada, os oficiais de Sua Majestade que estavam revoltados com as proibições que lhes foram impostas, bem como pelo fato de ter sido despovoado o melhor e principal porto da província, organizaram um movimento para prender o governador. Vendo que o governador e a gente que levava chegara mais perto da morte do que da vida, resolveram aproveitar suas fraquezas físicas para se confederar. No dia de São Marcos[46] se reuniram e decidiram que naquela noite iriam prender o governador. Para ganhar apoio ao movimento que realizavam, começaram a espalhar a notícia, a uns cem homens mais ou menos que haviam ficado em Ascensión, de que o governador iria tirar-lhes suas terras, fazendas, casas e índias para repartir entre os que haviam ido com ele, o que era uma grande injustiça e um grande desserviço que prestavam a Sua Majestade. Combinaram com essas pessoas que iriam todos pedir ao governador que não lhes tirasse suas casas e índias, mas que deveriam ir todos armados, porque se o governador os mandasse prender por causa disso deveriam resistir. Assim, combinaram que na hora da Ave-Maria iriam até duas casas que eles lhes indicariam, onde deveriam esperar até que eles avisassem o que deveriam fazer. Feito isso, dez ou doze deles entraram no quarto onde o governador estava, muito mal de saúde, aos gritos de: *Liberdade! Liberdade! Viva o Rei!* Estavam entre eles o inspetor Alonso Cabrera, o contador Felipe de Cáceres, o tenente de tesoureiro Garci-Vanegas, um criado do governador chamado Pedro de Oñate, que estava dentro do quarto e abriu a porta para os outros entrarem, e ainda Diego de Acosta, um português que servia de intérprete, um tal de Solórzano, natural da Gran Canária, dom Francisco de Mendoza e Jaime Rasquím, que colocou uma balista com um arpão com ervas no peito do governador.[47] Apesar do grave estado de saúde do governador e da alta febre que enfrentava, o aprisionaram gritando: *Liberdade! Liberdade!* Chamaram-no de tirano e mantiveram a balista em seu peito, dizendo estas e outras palavras: *Aqui pagareis as injúrias e danos que nos tem feito*. Saindo à rua toparam com o pessoal que haviam trazido para aguardar-lhes, que, vendo que o governador vinha preso daquela maneira, se manifestou da seguinte maneira ao feitor Pedro Dorantes e aos demais que o acompanhavam: *Estão agindo como traidores; traíram-nos para que sejamos cúmplices ao dizerem que iriam nos tomar fazendas, casas e índias; não fizeram qualquer requerimento ao governador, mas simplesmente o prenderam. Quereis fazer-nos também traidores de nosso rei prendendo nosso governador?* Dizendo isto, sacaram suas espadas, manifestando sua revolta por verem o governador preso. Como estavam perto da casa de Garci-Vanegas, os que estavam com o governador o puxaram para dentro, enquanto os outros ficaram na porta dizendo que haviam sido enganados. Mas os que haviam aprisionado o governador disseram-lhes para que não afirmassem que não sabiam o que estava sendo feito e que tratassem de ajudá-los a manter o governador preso, pois se o soltassem ele mandaria cortar a cabeça de todos indistintamente. E que se o mantivessem preso poderiam repartir entre eles as fazendas, roupas e índias do governador. Logo alguns oficiais entraram onde o governador estava, que era uma peça muito pequena, e lhe colocaram algemas e guardas. Feito isso foram à casa de Francisco de Peralta, que era o aguazil, e à casa de Juan de Pavón, alcaide-mor. Quando chegaram à casa deste, o biscaio Martín de Ucre se adiantou e lhe arrancou da mão a vara de alcaide-mor, passando a agredi-lo a socos e empurrões, da mesma forma como já haviam feito com o aguazil. Em seguida prenderam esses dois, chamando-os de traidores, e os levaram para o cárcere público. Depois de jogá-los para dentro da prisão libertaram os presos que ali estavam, inclusive um condenado à morte por ter matado um fidalgo de Sevilha chamado Morales. Em seguida apanharam um tambor e saíram para as ruas tocando e gritando: *Liberdade! Liberdade! Viva o Rei!* Deram uma volta pela cidade alvoroçando o povo e foram até a casa de Pero Hernández, escrivão da província, que também estava doente, e o prenderam, assim também fazendo com Bartolomé González, não sem antes pegarem as escrituras de fazendas que estavam com o escrivão. Levaram os dois presos até a casa de Domingo de Irala, onde os acorrentaram e colocaram guardas. E por sua própria conta fizeram a seguinte proclamação: *Determinam os senhores oficiais de Sua Majestade que ninguém ouse andar pelas ruas; que todos se recolham às suas casas sob pena de traição e de morte.* Apregoado este edital, saíram a empurrar e a dar de prancha com as espadas em quem estava na rua, fazendo com que entrasse em sua casa.

Foram depois até a casa do governador, abriram uma arca em que ele guardava os documentos e retiraram as escrituras que ali estavam, todos os processos que haviam sido abertos contra os oficiais por delitos cometidos, bem como todos os documentos em que recebia poderes de Sua Majestade como governador e capitão-geral. Pegaram todos os seus bens, roupas, mantimentos e tudo o mais, saqueando tudo que podiam, ao mesmo tempo que o chamavam de tirano. Tomaram inclusive dez bergantins que o governador possuía e praticamente toda sua fazenda, que era avaliada, pelos preços de lá, em cem mil castelhanos. O pouco que deixaram colocaram sob custódia de gente de sua confiança, seus aliados.

No dia seguinte, pela manhã, os oficiais mandaram apregoar pelas ruas que todos se reunissem diante da casa do capitão Domingo de Irala. Ali todos reunidos, o pregoeiro leu em alta voz o libelo informatório, dizendo, entre outras coisas, que o governador havia ordenado que fossem tomadas todas suas fazendas e todos tomados por escravos, mas que eles, pela liberdade de todos, o haviam prendido. E conclamaram: *Agora dizei: liberdade, liberdade; Viva o Rei!* Diante de todas essas manifestações, os demais acabaram também se indignando e revoltando contra o governador. *Vamos matar esse tirano que queria nos destruir e matar,* começaram a gritar os demais. Em seguida os oficiais nomearam Domingo de Irala como governador e capitão-geral da província, depondo por ciúme e maldade Francisco Ruiz, que fora muito bom tenente daquela província. Quando alguém indagou ao inspetor Alonso Cabrera por que estavam depondo Francisco Ruiz, uma vez que ele havia povoado aquela terra e a sustentava com tanto trabalho, respondeu que o depunha porque não queria fazer o que ele queria. Donde se deduziu que ele nomeava Domingo de Irala, que era o menos qualificado de todos, simplesmente porque este fazia o que ele queria. Nomearam por alcaide-mor um tal de Pero Díaz del Valle, que era amigo de Domingo de Irala. As varas dos aguazis foram entregues a Bartolomé de la Marilla, natural de Trujillo, amigo de Nunfro de Chaves, e a Sancho de Salinas, natural de Cazalla.

Feito isso, os oficiais e Domingo de Irala começaram a divulgar que queriam tornar a fazer a mesma entrada pelas terras que o governador havia descoberto, com o intento de buscar ouro e prata e enviar esse material a Sua Majestade para que os perdoasse das atitudes que tomaram e dos delitos que cometeram. Decidiram também que, se não encontrassem ouro e prata, se embrenhariam terra adentro para povoá-la e não mais retornar para onde seriam castigados. Procuravam ir granjeando a simpatia de todos com promessas de que encontrariam muito ouro e prata se seguissem com eles. Mas a maioria conhecia as maldades que fizeram e que estavam fazendo e quase ninguém quis dar consentimento para a entrada. A partir dali a maior parte do pessoal começou a reclamar e a exigir que soltassem o governador. Mas esses oficiais passaram a molestar e a perseguir aqueles que exigiam a retirada do governador da prisão. A perseguição era tamanha que chegavam até a tirar suas fazendas e mantimentos, e aqueles que se refugiavam nas igrejas eram isolados para que padecessem de fome. A outros tiravam as armas e diziam publicamente que os que sentissem pesar pela prisão seriam castigados e destruídos.

Escândalos e alvoroços que aconteceram na terra

Dali em diante começaram os escândalos e alvoroços entre o pessoal da província, porque os que estavam ao lado de Sua Majestade diziam publicamente aos oficiais e aos inspetores que eles eram traidores. Estes, pelo temor de que os outros se levantassem contra eles, passaram a andar sempre com a arma na mão, tendo-se reunido em cinco casas, onde cercaram as ruas e ergueram trincheiras em volta. O governador foi tirado da casa de Alonso Cabrera e levado para a de Garci-Vanegas, para ficar bem no meio deles. Adotaram o costume de todos os dias investigar em volta da casa onde estava o governador, para ver se não havia algum túnel cavado. Quando os oficiais viam dois ou três homens da amizade do governador reunidos, tratavam logo de separá-los e iam até onde estava o governador, para, com a mão sobre o punhal, dizer: "Juro por Deus que se alguém tentar tirá-lo daqui cortarei sua cabeça com este punhal e a entregarei para os que vieram buscá-lo". Nomearam quatro homens, entre os mais fortes e valentes, para exercer essa função de guarda do governador e de iminente aplicador das punhaladas. Para estarem prontos para o cumprimento dessa missão, os quatro amolaram seus punhais à vista de todos. Entre os executores dessa missão estavam Garci-Vanegas e Andrés Hernández.

A prisão do governador foi fator de escândalos e alvoroços entre os espanhóis, com muitas brigas e acusações mútuas de traição. Durante a noite os oficiais chegavam a colocar até trinta homens armados para patrulhar as ruas. Todos os que eles encontravam pela rua iam logo prendendo para depois indagar o que estavam fazendo. Como os distúrbios aumentavam a cada dia e os oficiais e inspetores já andavam cansados de tantos enfrentamentos, pediram ao governador que baixasse uma norma estabelecendo que ficassem todos sossegados, que ninguém se movesse sem autorização, estabelecendo pena para quem a desrespeitasse. Depois de assinado o documento e referendado pelos oficiais, desistiram de notificá-lo porque chegaram à conclusão de que teriam contra si quase toda a população.

Enquanto essas coisas aconteciam, o governador estava mal, na cama, muito fraco, tendo ainda os pés algemados. O quarto em que estava era completamente escuro, tendo apenas uma vela à cabeceira para iluminá-lo. Era tão úmido que nascia vegetação embaixo da cama. Para cuidá-lo, buscaram, entre todos, aquele que mais detestava o governador. Acharam um tal de Hernando de Sosa, a quem o governador havia castigado porque dera uma bofetada e uma paulada em um índio principal. Colocaram-no como guarda no mesmo quarto em que estava o governador, mantendo a porta fechada a cadeado. Além disso, os oficiais ficaram em torno com suas armas à mão, juntamente com seus aliados, que eram uns 150. Todos tiravam seus mantimentos da fazenda do governador.

Havia uma índia que todas as noites levava a janta para o governador. Uma noite conseguiram fazer com que ela levasse uma carta, na qual os seus aliados contavam tudo o que se passava e pediam orientação sobre como deveriam proceder, pois as três quartas partes da população que ficara a seu lado estava determinada a lutar até morrer, com a ajuda dos índios. Explicavam ao governador que não tentavam tirá-lo da prisão devido às condições em que estava, pois é certo que antes que chegassem lhe cortariam o pescoço. Informaram também que mais de setenta dos que estavam ao lado dos oficiais já haviam se confederado com eles, estando acertada uma maneira de tirar o governador da prisão. O governador respondeu dizendo que não fizessem a tentativa de resgatá-lo naquele momento, porque não era a ocasião ideal, visto que isso estabeleceria uma luta entre cristãos da qual os índios poderiam se aproveitar para exterminar os espanhóis, fazendo com que perdessem tudo que haviam conquistado.

A cada três noites aquela índia trazia uma carta e levava outra. A maneira como procedia era a mais sutil possível, pois quando passava pelos guardas era obrigada a ficar nua em pêlo. Então lhe examinavam todo o corpo, desde a boca, ouvidos, cabelos, catando até nas partes que é vergonhoso de se assinalar. A tática que a índia usava era trazer esta carta, que era escrita num pedaço de papel muito pequeno e fino, enrolada e colocada no oco dos dedos do pé, coberta com cera preta e presa com linha também preta. A escrita era feita com um pó que havia naquela terra, que misturado à água ou a um pouco de saliva ficava como tinta. Os oficiais começaram a desconfiar que o governador estava sabendo de tudo o que se passava fora da prisão e então determinaram a quatro jovens para que se envolvessem com a índia e tentassem arrancar dela alguma informação. Todavia, entre aqueles índios são escassas as pessoas que rompem um segredo. Mesmo se envolvendo com ela e dando-lhe muitas coisas, não conseguiram arrancar nada, tendo o trato e conversação durado onze meses.

Revoltosos tomavam terras e fazendas à força

Logo que prenderam o governador, Domingo de Irala e os oficiais e inspetores deram licença a todos os amigos e criados para que fossem pelos povoados dos índios e tomassem suas mulheres e filhas à força, bem como todos seus pertences, sem nada pagar, o que era totalmente contra a pacificação da terra e um desserviço a Sua Majestade. Assim andavam por todos os povoados, explorando os índios e escravizando-os para trabalharem em sua plantações. Quando os índios vinham se queixar a Domingo de Irala e aos oficiais, estes diziam que nada poderiam fazer, o que era uma resposta que agradava muito aos cristãos que estavam se apossando de tudo. Estes receberam a informação de que agora eram livres e poderiam fazer o que queriam. De maneira que, com essas respostas e maus-tratos, a terra começou a ficar despovoada. Os nativos iam para as montanhas, onde podiam ficar longe dos cristãos. Fugiam inclusive os índios que já haviam se convertido ao cristianismo, perdendo assim a doutrina que os religiosos e clérigos com muito trabalho os haviam ensinado.

Poucos dias depois de terem prendido o governador, mandaram destruir a caravela que ele mandara fazer para notificar a Sua Majestade sobre o que se passava na província. Acreditavam que poderiam primeiro fazer a entrada pelas terras que o governador descobrira, extrair ouro e prata da mesma e com isso ganhar as honras do serviço que pensavam estar fazendo a Sua Majestade. Nessa época, a justiça deixou de existir naquelas terras. Os oficiais cometiam tantos agravos e atos de injustiça contra os próprios espanhóis, aprisionando-os e tomando suas terras e fazendas, que mais de cinqüenta deles decidiram partir dali, em busca da costa do Brasil, para ver se encontravam alguma maneira de avisar Sua Majestade sobre os grandes males e danos que aqui estavam sendo praticados. Alguns dos que tentaram escapar acabaram sendo presos, tendo perdido suas armas e todos os pertences, que eram distribuídos entre os amigos de Domingo de Irala.

Como a situação estava tão revoltosa e má, o frei Bartolomé de Armenta entendeu que essa era uma boa oportunidade para ele tentar a sua ida para o Brasil, que lhe fora negada anteriormente pelo governador. Resolveu ir pedir licença a Domingo de Irala para empreender a viagem e justamente pelo fato de o governador ter negado antes é que Irala resolveu autorizar, ajudando ainda no que era necessário para empreender a viagem, dando-lhe seis espanhóis e algumas índias às quais haviam ensinado a doutrina.

Mesmo estando na prisão, o governador pediu muitas vezes que, para acabar com os distúrbios, intrigas e outros males que a cada dia aconteciam, que lhe deixassem nomear uma pessoa como tenente de governador, que colocasse a terra em paz e administrasse a justiça. Que ele, governador, depois disso feito, concordaria em ir até a presença de Sua Majestade para dar conta do passado e presente. Os oficiais lhe responderam que depois que fora preso perdera o poder de nomear e que bastava para ocupar o posto a pessoa que eles indicavam. E a cada dia continuavam entrando na prisão do governador e ameaçando-o apunhalá-lo ou cortar-lhe o pescoço. Ele lhes disse que, quando se determinassem a fazer isso, antes lhe dessem um religioso para se confessar. Eles responderam que, se tivessem que lhe dar um confessor, este seria Francisco de Andrada, biscaio, ou outros religiosos biscaios, que eram os principais de sua comunidade. E que se não quisesse se confessar com nenhum deles não dariam outro, porque todos os demais eram tidos como seus amigos. Haviam inclusive prendido os clérigos Antón de Escalera, Rodrigo de Herrera e Luis de Miranda, porque estes haviam condenado a prisão do governador, dizendo que isso era um grande desserviço a Sua Majestade, que implicaria perder toda aquela terra que já fora conquistada. Luis de Miranda foi mantido preso junto com o alcaide-mor por oito meses, período em que não viram o sol nem a lua.

Um jovem de dezoito anos, filho de fidalgo, chamado Antón Bravo, foi preso e castigado porque disse um dia que buscaria uma forma de libertar o governador da prisão. Deram-lhe cem açoites publicamente e o acusaram de traição. Aproveitaram para prender e castigar muitos outros que odiavam e prometeram que os soltariam se eles acusassem alguns outros que queriam incriminar. Os oficiais e Domingo de Irala desencadearam uma perseguição para tentar prender os que andavam escrevendo frases de protesto pelas paredes como: *Por teu rei e por tua lei morrerás.* Prenderam e castigaram muita gente para tentar descobrir os autores das frases. Muitos também tentavam fazer minas debaixo da terra para tentar chegar até a prisão do governador. Os que foram presos acabaram ficando aleijados de pernas ou braços devido às torturas que sofreram.

Estando as coisas no estado que tenho dito, um cidadão chamado Pedro de Molina, regedor daquela cidade, vendo os grandes danos, distúrbios e malefícios que aconteciam, se determinou, por serviço a Sua Majestade, a entrar na paliçada em que estavam Domingo de Irala e os oficiais e apresentar-lhes um requerimento, que foi entregue ao escrivão Martín de Ure para que lesse na presença de todos. Pedia que tirassem o governador da prisão, pois com isso acabariam os distúrbios, danos e injustiças que passaram a ocorrer desde que ele fora preso. E, se não quisessem tirá-lo, que lhe dessem poderes para designar, em nome de Sua Majestade, quem ele entendesse que pudesse governar aquela província com paz e justiça. A princípio o escrivão se recusou a pegar o requerimento, mas diante da insistência disse a Pedro de Molina que, se quisesse que ele o lesse, que então lhe pagasse os seus direitos. Pedro de Molina sacou a espada da cintura e a entregou ao escrivão, mas este recusou, dizendo que não a aceitava como prenda. Molina tirou então uma carapuça e a entregou dizendo: "Agora leia, pois não tenho prenda melhor". Martín de Ure pegou a carapuça e o documento e largou-os no chão, junto a seus pés, dizendo que não queria notificar àqueles senhores. Em seguida levantou-se Garci-Vanegas, tenente de tesoureiro, e disse a Pedro de Molina muitas palavras ofensivas e vergonhosas, dizendo-lhe que sua vontade era matá-lo a pau, que era o que merecia por ousar dizer aquelas palavras que dizia. Pedro de Molina foi embora, não sem passar muito trabalho para dali se livrar.

Autorizaram os índios a comer carne humana

Para atrair os índios da terra, Domingo de Irala e os oficiais os autorizaram a matar e comer os índios seus inimigos, buscando com isso fazer com que não se fossem daquelas terras, que estavam ficando a cada dia mais despovoadas, e lhes ajudassem. Muitos para os quais deram licença já eram cristãos convertidos, o que constituía um enorme desserviço a Deus e a Sua Majestade. Disseram também para os índios que o governador era pessoa má, que não consentia que comessem seus inimigos e por isso o haviam prendido.

Como não haviam cessado os distúrbios e as desavenças, pelo contrário, eles aumentavam a cada dia, decidiram tirar o governador da província e enviá-lo para Castela. Os mesmos que decidiram enviar o governador decidiram ficar naquela província e não vir a esses reinos, o que foi fator de descontentamento por parte dos outros que os apoiavam. Entendiam que o governador não poderia vir só com os seus, devendo alguns oficiais deles virem junto para prestar conta do ocorrido a Sua Majestade. Depois de muitas discussões acertaram que dois oficiais ficariam e outros dois acompanhariam o governador. Para trazê-lo prepararam um dos bergantins que o governador havia feito para o descobrimento e conquista da província. Mas a decisão de tirar o governador da província provocou grande alvoroço, pois os que estavam a seu lado entendiam que com sua saída a terra iria acabar despovoada. Para amenizar a situação, os oficiais prometeram que tão pronto o governador saísse iriam soltar os seus adeptos que estavam presos. Mesmo assim começou a haver a desconfiança de que o governador já estaria morto e que iriam retirar apenas o seu cadáver. Pediram que deixassem dois sacerdotes e dois cavalheiros entrarem na prisão onde estava o governador para se certificarem de que estava vivo. Os oficiais prometeram que três ou quatro dias antes de embarcar permitiriam a visita.

Quando isso se passou, os oficiais distribuíram muitas minutas à sua gente para que escrevessem a Sua Majestade contra o governador, para colocá-lo mal ante todos. Muitos assim o fizeram e, para dar maior colorido às suas denúncias, colocaram coisas que nunca haviam acontecido. Enquanto preparavam o bergantim que deveria trazer o governador, os seus amigos, agindo secretamente, apanharam uma madeira grossa, tiraram o seu miolo e ali colocaram um processo de informação geral que o governador havia preparado anteriormente para Sua Majestade, bem como outras informações que foram preparadas por seus amigos. Envolveram esse material num encerado e pregaram o barrote na popa do bergantim, dizendo que era para reforçar o barco. Apenas um marinheiro foi avisado sobre o que se tratava, para que tomasse as devidas providências quando chegasse à Espanha.

Mais uma vez os oficiais descumpriram o que haviam prometido. Trataram de partir sem permitir que vissem o governador. Um dia, à meia-noite, foram até a prisão com muitos arcabuzeiros, cada um deles trazendo três mechas entre os dedos. Foram até o local onde o governador estava preso o inspetor Alonso Cabrera e o feitor Pedro Dorantes, levantando-o pelos braços sem tirar-lhe as algemas dos pés. Como ainda estava muito mal de saúde e fraco, arrastaram-no até a porta que dava para a rua. Quando ele viu o céu (que desde que fora preso não mais vira), pediu-lhes que o deixassem dar graças a Deus, tendo em seguida se postado de joelhos. E, ao ver-se diante de muita gente, o governador declarou: "Senhores, sede testemunhas de que deixo como meu lugar-tenente o capitão Juan de Salazar de Espinosa, para que por mim e em nome de Sua Majestade mantenha esta terra em paz e justiça até que Sua Majestade determine o que melhor lhe convier". Mal terminou de dizer estas palavras, Garci-Vanegas arremeteu contra ele com um punhal na mão, dizendo: "Não acredito no que dizes e se continuares a mentir em nome do rei te arrancarei o coração". Sua irritação foi muito grande porque tinha avisado o governador que não pronunciasse nada para as pessoas que visse pela rua, pois temiam que qualquer coisa que dissesse pudesse gerar uma revolta. Porém, logo que Garci-Vanegas se afastou, o governador voltou a repetir o que havia dito. Então, Garci-Vanegas, tremendamente irritado, colocou-lhe o punhal na fronte, ameaçando-o de furar-lhe a cabeça se voltasse a falar. Em seguida deu-lhe um empurrão que jogou ao solo tanto o governador como os dois que o sustentavam, um dos quais chegou a perder o boné. Em função disso, levaram-no a toda pressa para o bergantim, colocando-o dentro e fechando a popa com tábuas. Colocaram-lhe mais dois cadeados, de modo que não podia mover-se. E assim partiram rio abaixo.

Dois dias depois da partida do governador, Domingo de Irala, o contador Felipe de Cáceres e o feitor Pedro Dorantes reuniram seus amigos e foram até a casa do capitão Salazar e o prenderam juntamente com Pedro de Estopiñán Cabeza de Vaca. Colocaram os dois em um bergantim que também remeteram rio abaixo, até encontrarem o que conduzia o governador. Ali os passaram para aquele barco, seguindo todos juntos e presos para Castela. Enquanto vinham rio abaixo, continuavam fazendo intrigas contra o governador. Contavam injustiças e maldades que supostamente o governador havia praticado e indagavam às pessoas: "O que lhe parece, prestamos ou não prestamos um bom serviço a Sua Majestade ao prendê-lo?" E, diante da resposta afirmativa dos que eram enganados, pediam-lhes que assinassem a denúncia contra o governador, de maneira que encheram quatro mãos de papel.

Deram rosalgar três vezes ao governador

Seguindo rio abaixo, Domingo de Irala e os oficiais determinaram a um biscaio chamado Machín e a um outro seu aliado, chamado Lope Duarte, todos culpados com eles, que se encarregassem de cuidar do governador. Estando assim encarregados de sua guarda, deram-lhe três vezes rosalgar,[48] o que só não matou o governador pelo fato de ele carregar consigo uma garrafa de azeite. Tomava aquilo, o que lhe provocava vômito e a eliminação do veneno. Em outro dia pediu a Alonso Cabrera e a Garci-Vanegas que sua comida só lhe fosse dada por dois de seus criados. Eles responderam que deveria receber a comida das mãos de quem lhe desse e que ninguém estava interessado em matá-lo. Com isso, chegou a passar alguns dias sem comer, mas a necessidade o obrigou a aceitar o que lhe traziam.

Os oficiais e Domingo de Irala haviam prometido a muitas pessoas que as levariam junto na embarcação que viria para estes reinos, desde que favorecessem a prisão do governador. Entre estas estavam Francisco de Paredes, de Burgos, e o frei Juan de Salazar, da ordem de Nossa Senhora das Graças. Mas, como durante a viagem sentiram que eles não iriam favorecer as denúncias contra o governador, resolveram mandá-los de volta a Ascensión nos bergantins que iam rio acima. Como estes haviam vendido suas casas e fazendas por um preço muito inferior ao que valiam, já que iam viajar, lastimavam-se muito por terem de retornar.

Seguindo rio abaixo, chegaram até a ilha de São Gabriel. Ali tiraram os criados do governador, que até então o vinham servindo e ajudando a remar, o que o entristeceu muito e não menos aos criados. Estiveram dois dias ali, ao cabo dos quais partiram uns para Ascensión e outros para a Espanha. O bergantim que trazia o governador tinha onze bancos e nele vinham vinte e sete pessoas. Seguiram viagem rio abaixo e dali saíram ao mar. Desde que entraram no mar foram tomados por uma tormenta que encheu de água todo o bergantim, fazendo com que perdessem quase todos os mantimentos, sobrando apenas um pouco de farinha, um pouco de manteiga de porco, de pescado e de água. A tormenta foi tamanha que estiveram a ponto de morrer todos afogados. E já durava quatro dias, quando os oficiais entenderam que aquilo era castigo de Deus pelas ofensas e injustiças que faziam ao governador. Assim, resolveram soltá-lo, sendo que foi o próprio Alonso Cabrera, inspetor, quem limou as correntes que o prendiam, enquanto Garci-Vanegas se ajoelhou em sua frente e lhe beijou os pés, implorando perdão. Disseram publicamente que confessavam que Deus os havia castigado com aqueles quatro dias de tormenta pelos agravos e injustiças que, sem razão, haviam feito ao governador. E que era mentira e falsidade tudo o que haviam dito contra ele, tudo sendo praticado por ciúme e maldade pelo fato de que em apenas três meses ele descobrira terras e caminhos que em doze anos eles não conseguiram descobrir. Rogavam que, por amor a Deus, os perdoasse, que haveriam de relatar a Sua Majestade a maneira como agiram para o prender. Mal o soltaram, cessou a tempestade que há quatro dias não lhes dava sossego.

Assim continuou o bergantim sua trajetória de 2.500 léguas pelo mar, navegando sem ver terra e não mais que o céu e a água. Para comer não havia mais do que uma torta de farinha. Dessa maneira navegaram até as ilhas dos Açores, do sereníssimo rei de Portugal, tendo levado três meses para chegar ali. Tamanho era o sentimento de culpa deles pelos crimes que haviam praticado que, apesar da enorme fome que todos passavam, não ousavam parar na costa do Brasil ou ir até a ilha de Santo Domingo, que é nas Índias, pois tinham medo de que, ao chegarem nessas terras, fossem presos como homens que iam rebelados contra seu rei. Quando chegaram aos Açores houve discussão entre os oficiais, que acabaram se dividindo em virtude de suas paixões e traições. Dali seguiram separados, sendo que os primeiros que embarcaram tentaram fazer com que a justiça açoriana prendesse o governador, dizendo que, ao passar por Cabo Verde, havia roubado no porto em terra. Objetivavam com isso fazer com que o governador ficasse detido ali e não fosse a Castela, onde certamente denunciaria tudo o que fizeram com ele. Ouvidos pelo corregedor, mandou que fossem embora porque "seu rei não era homem de pensar assim do governador, tampouco seus portos estavam desprotegidos, de modo que alguém ousasse saqueá-los". Frustrado o seu maléfico intento, embarcaram e vieram para estes reinos de Castela, onde chegaram uns oito ou dez dias antes que o governador, porque este teve tempos contrários. Chegando à corte primeiro, disseram que o governador havia ido à presença do rei de Portugal para dar-lhe informações sobre aquelas partes. Mas logo que o governador chegou a Madri foi instaurada investigação pelo bispo de Cuenca, que presidia o Conselho das Índias, que tinha o desejo de castigar o delito praticado contra Sua Majestade naquelas terras.

Por medida de precaução, todos os envolvidos no inquérito foram presos, inclusive o governador, embora conseguissem liberdade sob fiança. Pouco tempo depois de instaurada a corte de justiça, morreu o bispo de Cuenca. Alguns dias mais, morreu Garci-Vanegas, de morte súbita e desastrada, que lhe fez saltar os olhos da cara, sem nada declarar sobre a verdade do passado. O inspetor Alonso Cabrera, seu companheiro, perdeu o juízo e nesse estado matou sua mulher em Lora. Morreram também súbita e desastradamente os frades que participaram das rebeliões contra o governador. Tudo indicava a pouca culpa do governador, mas mesmo assim ele permaneceu preso oito anos por algumas causas que lhe moveram, até que o deram por livre. Todavia, tiraram-lhe a governança, porque seus contrários diziam que se voltasse à terra iria castigar os culpados dos distúrbios e levantes, o que iria provocar novas agitações. E assim lhe tiraram o cargo sem ter-lhe recompensado pelo serviço que prestou em ir socorrer a gente que lá estava e descobrir novas terras.

Relato de Hernando de Ribera

Na cidade de Ascensión (que fica no rio Paraguai, província do rio da Prata), aos três dias do mês de março, do ano de nascimento de nosso salvador Jesus Cristo de 1545, compareceu diante de mim, escrivão público, e de testemunhas adiante relacionadas, o capitão Hernando de Ribera, estando todos dentro da igreja e mosteiro de Nossa Senhora das Graças, tendo esse conquistador dessa província feito o seguinte relato: Que ao tempo em que o senhor Álvar Núñez Cabeza de Vaca, governador, adiantado e capitão-geral desta província do rio da Prata por mandato de Sua Majestade, estando no porto dos Reis por onde entrou a descobrir no ano passado de 1543, o enviou com um bergantim e certa gente a descobrir um rio acima que chamam de Igatu, que se constitui em um braço de dois rios muito grandes e caudalosos chamados Yacareati e Yaiva, de acordo com o que disseram os nativos que vivem naquelas terras. E que, tendo chegado ao povoado dos índios que se chamam xarayes, deixou o bergantim no porto, sob bom cuidado, e entrou com quarenta homens terra adentro para descobrir e ver com os próprios olhos tudo que por lá existia. Seguindo a caminhar por muitos povoados de índios, foi tomando dos mesmos informações as mais diversas, que ele procurou balançar, examinar e detalhar em busca da mais absoluta verdade, procurando utilizar sua experiência de homem que conhecia a língua guarani, aprendida ao longo de anos de convivência com esses índios.

Disse que levou em sua companhia Juan Valderas, escrivão de Sua Majestade, que anotou muitas coisas do dito descobrimento. Porém, a verdade das coisas, das riquezas, das populações e diversidades de gente daquelas terras não quis dizer ao dito Juan Valderas, porque era sua intenção comunicar diretamente ao governador, para que este logo entrasse pessoalmente a conquistar aquela terra, porque isso era o que mais convinha ao serviço de Deus e de Sua Majestade. E que, depois de ter entrado por terra certas jornadas, retornou ao porto dos Reis mas encontrou o governador enfermo, bem como toda sua gente, e não pôde relatar-lhe o descobrimento. Poucos dias depois, premido pela doença e pela necessidade, e para evitar que toda sua gente morresse, teve de retornar à cidade de Ascensión, onde logo depois foi preso pelos oficiais de Sua Majestade (como é notório), de modo que não pôde lhe fazer o relato. Agora, como via que pretendiam levar o governador para os reinos da Espanha, podendo nesse meio tempo suceder sua ausência prolongada ou mesmo sua morte, resolveu comparecer ante mim, escrivão, para evitar que se perdesse o relato deste descobrimento, o que seria um desserviço e uma perda para Sua Majestade. Por isso, requeria a mim, escrivão, que recebesse e anotasse o relato, feito da seguinte forma:

Disse e declarou o dito capitão Hernando de Ribera que aos vinte dias do mês de dezembro do ano passado de 1543, partiu do porto dos Reis em um bergantim chamado *Golondrino,* com cinqüenta e dois homens, por mandado do senhor governador, e foi navegando pelo rio Igatu, que é um braço dos ditos rios Yacareati e Yaiva. Esse braço é muito grande e caudaloso. A seis jornadas entrou no que, segundo os nativos da região, é a mãe desses rios, que é o rio Yaiva, o qual deve proceder das serras de Santa Marta. É um rio muito grande e poderoso, maior que o Yacareati, que, segundo os índios, procede das serras do Peru. Entre um rio e outro há uma grande distância de terras e povos de infinitas gentes, segundo os nativos disseram. Os rio Yaiva e Yacareati vêm juntar-se em terras dos índios perobazaes. Ali tornam a dividir-se e setenta léguas mais abaixo voltam a se juntar. Tendo navegado dezessete jornadas pelo dito rio passou por terras dos índios perobazaes e chegou à terra dos índios que se chamam xarayes, que são gente lavradora, de muitos mantimentos, criadores de patos, galinhas e outras aves, além de pesca e caça. São gente de razão que obedece ao seu principal.

Chegando a essa tribo de índios xarayes, cujo principal se chama Camire, recebeu informações das populações de terra adentro. O principal daquele povoado, que é de até mil casas, deu-lhe muito bom tratamento e boas informações sobre aquela região. Deixou ali o bergantim com doze homens de guarda e com um guia dos ditos índios xarayes passou adiante, caminhando três jornadas até chegar às terras e povoados de índios que se chamam urteses. Dali foi caminhando por terras todas povoadas, em direção oeste, até colocar-se a quinze graus menos dois terços.

Estando ali nesses povoados dos urteses e aburuñes, vieram ali muitos índios principais de outros povoados de terras mais adentro, para falar com ele, trazendo-lhe plumas semelhantes às do Peru, além de alguns objetos velhos de ouro e prata. Obteve deles muitas informações sobre os povos e terras que havia adiante. Os ditos índios, em conformidade, sem discordar, disseram que a dez jornadas dali, pelo lado oeste-noroeste, havia povoados grandes, sendo um só de mulheres, que tinham muito metal branco e amarelo, e que os assentos e objetos de suas casas eram todos desse metal. Essas índias tinham por principal uma mulher, sendo elas gente temida e guerreira. E que antes de chegar à tribo das ditas mulheres havia uma tribo de índios muito pequenos, com os quais costumavam guerrear, assim como com a tribo desses índios que prestavam a informação. Durante certo período do ano essas mulheres costumam se juntar com os índios comarcanos, com os quais têm sua conjugação carnal. Ao ficarem grávidas, se geram filhas, criam para si, mas se são meninos criam até deixarem de mamar, quando então os enviam para seus pais. Informaram ainda que por aquela parte em que moravam as ditas mulheres havia ainda muitas outras populações, cujas terras limitavam com as delas. Pelo que disseram, estas populações eram perto de um lago muito grande, que os índios chamavam de Casa do Sol, porque era ali que o sol desaparecia. De forma que as mulheres deveriam habitar a região que fica entre a serra de Santa Marta e o dito lago, para o lado oeste-noroeste. Adiante do povoado das mulheres, segundo disseram, havia outros povoados grandes, cujos habitantes são negros e possuem barba como aguilena, à maneira dos mouros. Foi-lhes perguntado como sabiam que eram negros, tendo respondido que foram seus pais que os haviam visto, havendo também informações de outras populações comarcanas. Dizem que são povos que andam vestidos, que possuem casas de pedra e terra, muito grandes. São pessoas muito grandes e possuem tanto metal branco e amarelo que fazem dele todos seus utensílios domésticos. Perguntados a que distância estavam esses povos negros, disseram que moravam a noroeste e que a quinze jornadas se poderia chegar até as suas vizinhanças. Segundo o que disseram, esses povos estariam a doze graus pelo lado noroeste, entre as serras de Santa Marta e de Marañón, que são guerreiros e lutam com arco e flecha.

Disseram os índios que seguindo de oeste-noroeste para noroeste, quarto norte, encontram-se outras populações muito grandes, de gente que anda vestida e que também utiliza o metal branco e amarelo. Para lá poderiam ir muito ligeiro, atravessando por terra muito povoada. E para o lado oeste havia um lago muito grande,[49] onde não se via terra de um lado a outro. Na margem desse lago também havia muitas populações de gente vestida, que trabalhavam a pedra e cujas roupas eram todas bordadas e reluziam muito. Eram também lavradores, caçadores e pescadores, possuindo grande fartura de alimentos. Dali onde estavam se poderia chegar lá em quinze jornadas por terras povoadas e de bons caminhos quando as águas baixavam. Naquela época as águas estavam altas, mas quando baixassem os índios se dispunham a levá-los até lá. O único problema é que eram muito poucos cristãos e deveriam passar pelo meio de muitas populações, correndo o risco de serem exterminados por alguma delas com a qual se atritassem.

Já para o lado oeste, quarto sudoeste, havia outras grandes populações, que tinham casas de terra, gente muito rica, que andava vestida, tinha metal e criava ovelhas muito grandes,[50] que usam em suas lavouras. Disseram que para se chegar até lá se passa por uma outra população de cristãos, havendo pelo caminho grandes desertos de areia e com falta de água. Foi-lhes perguntado como sabiam da existência de um povoado de cristãos, tendo respondido que em tempos passados os índios comarcanos daquelas províncias haviam ouvido dizer dos nativos das ditas províncias que indo sua gente pelo deserto havia visto vir muita gente branca, com barbas e que traziam uns animais (que pela descrição deveriam ser cavalos) sobre os quais vinham montados. Pelo fato de não haver água haviam retornado, mas muitos deles morreram e os índios da dita província acreditavam que eles vinham daquele lado dos desertos. Disseram ainda que, para o lado oeste, quarto sudoeste, havia grandes montanhas de área despovoada e que os índios tinham informação sobre a existência de gente do outro lado, mas não conseguiam passar para lá porque morriam de fome e sede. Ao serem perguntados sobre como sabiam disso, disseram que havia grande comunicação entre eles e que tinham como certo que haviam visto cristãos e cavalos que vinham pelos ditos desertos[51] e que na caída das ditas serras, na parte sudoeste, havia populações muito grandes, com gente muito rica, com muito metal. E que os índios que prestavam essas informações diziam que tinham notícia de que do outro lado, na água salgada, andavam navios muito grandes. Foi-lhes perguntado se entre aquelas populações havia principais, tendo eles respondido que todas as tribos tinham apenas um principal a quem obedeciam.

Declarou o capitão Ribera que, para obter a verdade dos ditos índios e conferir se discrepavam ou não, passou todo um dia e uma noite ouvindo a cada um separadamente, indagando sob as mais diversas formas, constatando por fim que não havia diferença entre uma informação e outra. Declarou o capitão que tais informações foram obtidas com toda clareza, lealdade, sem engano, sem fraude e com toda a cautela, podendo se dar ampla e total fé às mesmas, pelo que jurava por Deus, por Santa Maria e pelas palavras dos Santos Evangelhos, tendo colocado sua mão direita sobre o Livro Sagrado, que era portado pelo reverendo padre Francisco González de Paniagua, aberto que estava justamente na parte dos Santos Evangelhos. Enfatizou que não declarava nada a mais, nem nada a menos daquilo que ouvira dos índios por onde passara, tendo procurado conversar com os principais e os anciãos para obter as informações mais fidedignas possíveis. E disse mais, que depois de ter preparado este relato, vieram até ele outros índios de outros povos, principalmente de um povo chamado uretabere, que também confirmaram o que lhe fora dito. Assim feito, pedia que se o que dizia fosse a verdade, que Deus o ajudasse, mas se fosse o contrário, que Deus desse o pior castigo deste mundo ao seu corpo e do outro mundo à sua alma. À confissão de dito juramento disse: "Sim, juro, amém", e requereu a mim, escrivão, que o desse por fé e testemunho ao dito senhor governador. Estavam presentes como testemunhas o dito reverendo padre Paniagua e mais Sebastián de Valdivieso, camareiro do senhor governador, Gaspar de Hortigosa e Juan de Hoces, vizinhos da cidade de Córdoba, todos os quais firmaram o documento diante de mim, *Pero Hernández,* escrivão.

NOTAS

1. Em 1534, dom Pedro de Mendoza foi nomeado Adiantado do rio da Prata e a 1º de setembro do mesmo ano partiu de San Lúcar com uma poderosa armada de 11 navios, com cerca de 1.500 tripulantes e mais de cem cavalos. A expedição foi responsável pela fundação de Buenos Aires, em 2 de fevereiro de 1536, e pela exploração dos rios da Prata e Paraná, quando foi morto Juan de Ayolas, lugar-tenente e substituto do Adiantado. Mendoza, que sofria de sífilis, morreu e foi sepultado no mar quando regressava à Espanha em 1537, convencido do fracasso de sua missão. Antes de partir, recomendara o abandono de Buenos Aires, que seria concretizado por Domingo de Irala em 1540. (N.E.)
2. Antiga medida para líquidos, equivalente a 516 litros. (N.E.)
3. O porto de Cananéia, no litoral sul de São Paulo, era bem conhecido desde as primeiras expedições ao Brasil. Em 1531, Martim Afonso de Souza encontrara lá vários náufragos e degredados, vivendo com as tribos locais. Cabeza de Vaca "tomou posse da terra em nome de Sua Majestade" porque, na época, Portugal e Espanha ainda discutiam muito o ponto exato por onde passava a linha demarcatória do tratado de Tordesilhas. Para os portugueses, era em Laguna (SC). Para os espanhóis, em Iguape (SP). (N.E.)
4. A ilha de São Francisco do Sul, no litoral norte de Santa Catarina, que Sebastião Caboto já visitara em 1526.
5. Cabeza de Vaca aportou na baía norte da ilha de Santa Catarina, que chamou de baía de Ramos. (N.E.)
6. A ilha de Santa Catarina, bem como todo o resto do litoral sul do Brasil, de Cananéia ao norte do Rio Grande do Sul, era habitada pelos carijós, do grupo étnico tupi-guarani. (N.E.)
7. Durante o tempo em que permaneceu na ilha de Santa Catarina, Cabeza de Vaca acampou nas praias da baía norte. Logo em seguida, porém, transferiu-se para o local que os índios chamavam de Yurúmirim ("passagem pequena"), no atual Estreito. Batizou o local com o nome de porto de Vera. (N.E.)
8. Biaza, Ibiaça ou Viaça, atual Massiambu, no continente, ao sul da ilha de Santa Catarina. A lagoa de Imaruí era chamada também de lagoa de Biaza.
9. Os *payaguos* ou *payaguas,* habitantes nativos do Paraguai, eram uma tribo essencialmente pescadora e de excelentes nadadores. Consideravam certos peixes sagrados e praticavam a exogamia. (N.E.)

10. Atual Assunção, fundada em 15 de agosto de 1537 por Juan Salazar de Espinosa, com o nome de Nuestra Señora Santa Maria de la Ascensión. Salazar era o chefe da expedição que partira para buscar notícias de Juan de Ayolas, enviado meses antes por Mendoza para explorar o rio Paraná, onde foi morto pelos índios. (N.E.)

11. A nação *charrua* compreendia numerosas tribos, entre as quais se incluíam os chanes. Eram tribos ferozmente guerreiras, que deixaram sangrentas lembranças de suas lutas contra os espanhóis. Habitantes das selvas, os chanes eram nômades e esplêndidos caçadores. (N.E.)

12. Cabeza de Vaca se refere à expedição de Pero Lobo que, seguindo as ordens de Martim Afonso de Souza, partiu de Cananéia em $1^{\underline{o}}$ de setembro de 1531, seguindo o curso do rio Ribeira, e depois tomou a direção oeste, no mesmo rumo da jornada épica realizada por Aleixo Garcia, em 1524. A expedição de Pero Lobo era composta por 80 homens: 40 arcabuzeiros e 40 besteiros, que foram dizimados pelos índios. (N.E.)

13. Hoje, Campos Gerais. É uma vasta extensão plana, parte do Planalto Meridional Brasileiro, que começa no norte do Paraná prolongando-se até o Rio Grande do Sul. (N.E.)

14. Hoje, Itapucu, no litoral norte de Santa Catarina, próximo a Barra Velha.

15. Cabeza de Vaca ficou, portanto, seis meses na ilha de Santa Catarina, onde náufragos, como Aleixo Garcia, viveram por mais de dez anos. (N.E.)

16. A Serra do Mar, no norte de Santa Catarina e sul do Paraná. (N.E.)

17. Os guaranis eram uma das maiores e mais importantes tribos da América do Sul. Agricultores, puderam ser catequizados e reunidos em torno das cidades dos espanhóis e portugueses com muito mais facilidade do que os índios nômades e indômitos do pampa e do Chaco. (N.E.)

18. Cabeza de Vaca e seus homens atingiram o curso superior do Iguaçu, na região de Tindiquera, atual Araucária. (N.E.)

19. No curso superior do Tibagi, a oeste da atual cidade de Lagos, nas proximidades de Ponta Grossa. (N.E.)

20. Era o grande aldeamento chamado Abapany, por onde cruzava o caminho transcontinental "Peabiru" ou "Peá-byiu" (o "caminho cujo percurso se iniciou"), que unia a costa do Brasil meridional com os Andes. (N.E.)

21. Hoje, rio Ivaí, que De Vaca transpôs acima do Salto de Ubá. (N.E.)

22. Evidentemente trata-se da *Araucária brasiliensis,* o pinheiro brasileiro por excelência. (N.E.)

23. São pecaris *(Dicotyles labiatus).* (N.E.)
24. Muitas vezes os conquistadores chamavam macacos de gatos. O próprio Gonzalo de Oviedo os chama de "gatos macaquinhos" em sua monumental *História General y Natural de las Índias.* (N.E.)
25. Esse povoado ficava nas nascentes do rio Cantu. A tropa de Cabeza de Vaca, após cruzar o Ivaí, venceu com grandes dificuldades a escarpa do planalto paranaense pelo vale do rio Pedra Preta. (N.E.)
26. O alto Pequiri. (N.E.)
27. O rio Cobre. (N.E.)
28. Dessa vez, os espanhóis atravessaram o rio Iguaçu próximo à foz do rio Cotegipe. (N.E.)
29. Cabeza de Vaca foi o primeiro branco a contemplar a foz do Iguaçu.
30. Juan de Ayolas (1493-1538) era o substituto do adiantado Pedro de Mendoza. Quando Cabeza de Vaca foi enviado ao rio da Prata, deveria submeter-se ao comando de Ayolas, caso este estivesse vivo. Só com a morte de Ayolas De Vaca poderia assumir o cargo de Adiantado. Ayolas, no entanto, já estava morto dois anos antes de Cabeza de Vaca partir da Europa, sem que ninguém o soubesse com certeza. (N.E.)
31. Tendo saído da ilha de Santa Catarina em 18 de outubro de 1541, Cabeza de Vaca levou, portanto, cinco meses para chegar a Assunção. (N.E.)
32. A língua guarani era, por isso, chamada de "língua geral". (N.E.)
33. Hans Staden, aventureiro alemão que foi durante alguns anos prisioneiro dos tupiniquins, em Ubatuba, São Paulo, descreve o ritual antropofágico de maneira muito semelhante. (N.E.)
34. Trata-se do grupo de oficiais que apoiava Domingo de Irala. Desde as mortes de Mendoza e Ayolas, a briga pelo poder e comando da expedição que fundou Buenos Aires e Assunção fora grande. Irala venceu-a e autoproclamou-se governador de Assunção, despovoando Buenos Aires. Com a chegada de Cabeza de Vaca, foi destituído do cargo, que recuperaria articulando a rebelião que derrubou De Vaca. (N.E.)
35. Os guaicurus – grupo étnico ao qual pertenciam os querandis, tobas, obipones e outros – eram índios ferozes que habitavam o Chaco e os pampas. (N.E.)
36. Os guaranis foram aliados dos espanhóis, formando exércitos trajados com roupas e equipados com armas vindas da Espanha. Esses exércitos foram responsáveis pelo extermínio de muitas nações nômades do Chaco e dos pampas. (N.E.)

37. Porto dos Reis, de localização ainda discutida. Para alguns historiadores, ficava no local onde hoje se ergue Corumbá, no Mato Grosso. Para outros, era próximo à cidade de Cáceres, no mesmo estado. A citada lagoa de Yaiba é, provavelmente, a atual lagoa de Gaíba, na fronteira entre o Brasil e a Bolívia, próxima à localidade de Puerto Quijarro. (N.E.)

38. São as capivaras. (N.E.)

39. Candelária tem sua localização também muito discutida. Ficava a 120 léguas de Assunção, próxima à atual cidade de Olimpo, no Paraguai. (N.E.)

40. Acusação grave e injusta de Cabeza de Vaca contra seu desafeto Domingo de Irala. Juan de Ayolas partiu em direção ao Chaco e ao Peru em fevereiro de 1537, pedindo que Irala o aguardasse por quatro meses. Somando suas duas estadias no local combinado, Irala aguardou seu chefe por mais de um ano e somente abandonou o porto de Candelária por fome, pela hostilidade dos indígenas e pelo mau estado de seus navios. Mesmo assim, retornou muitas vezes em busca de Ayolas, do qual somente em 1540 soube como e quando havia morrido. (N.E.)

41. Trata-se de Aleixo Garcia que naufragou na ilha de Santa Catarina, em frente à praia que a partir de então passou a chamar-se de Naufragados, em abril de 1516. Depois de viver anos entre os carijós, Garcia empreendeu sua jornada épica até os contrafortes dos Andes, sendo morto quando retornava a Santa Catarina. (N.E.)

42. Trata-se de Francisco Pacheco, que naufragara junto com Garcia. (N.E.)

43. Trata-se, evidentemente, da região do Pantanal mato-grossense. (N.E.)

44. Os espanhóis chamavam de orelhudos os índios que tinham o costume de aumentar as orelhas, porém, não se deve confundi-los com os "orelhudos" peruanos, que constituíam uma casta superior e dominante, aparentados com o Inca. (N.E.)

45. Veja-se ao final o relato de Hernando de Ribeira. (N.E.)

46. Dia 25 de abril (N.E.)

47. Domingo de Irala, o principal articulador da conspiração, não tomou parte no golpe para, no futuro, usar esse argumento para inocentar-se, mantendo-se assim no cargo de Adiantado. (N.E.)

48. Nome vulgar do óxido de arsênico, composto muito venenoso. (N.E.)

49. O lago Titicaca. (N.E.)

50. Alusão às lhamas do Peru. (N.E.)

51. Alusão à conquista do Peru por Pizarro e à exploração do Chile por Almagro. (N.E.)

Coleção L&PM POCKET

470. **Pequenos pássaros** – Anaïs Nin
471. **Guia prático do Português correto – vol.3** – Cláudio Moreno
472. **Atire no pianista** – David Goodis
473. **Antologia Poética** – García Lorca
474. **Alexandre e César** – Plutarco
475. **Uma espiã na casa do amor** – Anaïs Nin
476. **A gorda do Tiki Bar** – Dalton Trevisan
477. **Garfield um gato de peso (3)** – Jim Davis
478. **Canibais** – David Coimbra
479. **A arte de escrever** – Arthur Schopenhauer
480. **Pinóquio** – Carlo Collodi
481. **Misto-quente** – Bukowski
482. **A lua na sarjeta** – David Goodis
483. **O melhor do Recruta Zero (1)** – Mort Walker
484. **Aline: TPM – tensão pré-monstrual (2)** – Adão Iturrusgarai
485. **Sermões do Padre Antonio Vieira**
486. **Garfield numa boa (4)** – Jim Davis
487. **Mensagem** – Fernando Pessoa
488. **Vendeta** *seguido de* **A paz conjugal** – Balzac
489. **Poemas de Alberto Caeiro** – Fernando Pessoa
490. **Ferragus** – Honoré de Balzac
491. **A duquesa de Langeais** – Honoré de Balzac
492. **A menina dos olhos de ouro** – Honoré de Balzac
493. **O lírio do vale** – Honoré de Balzac
497. **A noite das bruxas** – Agatha Christie
498. **Um passe de mágica** – Agatha Christie
499. **Nêmesis** – Agatha Christie
500. **Esboço para uma teoria das emoções** – Sartre
501. **Renda básica de cidadania** – Eduardo Suplicy
502. (1). **Pílulas para viver melhor** – Dr. Lucchese
503. (2). **Pílulas para prolongar a juventude** – Dr. Lucchese
504. (3). **Desembarcando o diabetes** – Dr. Lucchese
505. (4). **Desembarcando o sedentarismo** – Dr. Fernando Lucchese e Cláudio Castro
506. (5). **Desembarcando a hipertensão** – Dr. Lucchese
507. (6). **Desembarcando o colesterol** – Dr. Fernando Lucchese e Fernanda Lucchese
508. **Estudos de mulher** – Balzac
509. **O terceiro tira** – Flann O'Brien
510. **100 receitas de aves e ovos** – J. A. P. Machado
511. **Garfield em toneladas de diversão (5)** – Jim Davis
512. **Trem-bala** – Martha Medeiros
513. **Os cães ladram** – Truman Capote
514. **O Kama Sutra de Vatsyayana**
515. **O crime do Padre Amaro** – Eça de Queiroz
516. **Odes de Ricardo Reis** – Fernando Pessoa
517. **O inverno da nossa desesperança** – Steinbeck
518. **Piratas do Tietê (1)** – Laerte
519. **Rê Bordosa: do começo ao fim** – Angeli
520. **O Harlem é escuro** – Chester Himes
522. **Eugénie Grandet** – Balzac
523. **O último magnata** – F. Scott Fitzgerald
524. **Carol** – Patricia Highsmith
525. **100 receitas de patisseria** – Sílvio Lancellotti
527. **Tristessa** – Jack Kerouac
528. **O diamante do tamanho do Ritz** – F. Scott Fitzgerald
529. **As melhores histórias de Sherlock Holmes** – Arthur Conan Doyle
530. **Cartas a um jovem poeta** – Rilke
532. **O misterioso sr. Quin** – Agatha Christie
533. **Os analectos** – Confúcio
536. **Ascensão e queda de César Birotteau** – Balzac
537. **Sexta-feira negra** – David Goodis
538. **Ora bolas – O humor de Mario Quintana** – Juarez Fonseca
539. **Longe daqui aqui mesmo** – Antonio Bivar
540. **É fácil matar** – Agatha Christie
541. **O pai Goriot** – Balzac
542. **Brasil, um país do futuro** – Stefan Zweig
543. **O processo** – Kafka
544. **O melhor de Hagar 4** – Dik Browne
545. **Por que não pediram a Evans?** – Agatha Christie
546. **Fanny Hill** – John Cleland
547. **O gato por dentro** – William S. Burroughs
548. **Sobre a brevidade da vida** – Sêneca
549. **Geraldão (1)** – Glauco
550. **Piratas do Tietê (2)** – Laerte
551. **Pagando o pato** – Ciça
552. **Garfield de bom humor (6)** – Jim Davis
553. **Conhece o Mário?** vol.1 – Santiago
554. **Radicci 6** – Iotti
555. **Os subterrâneos** – Jack Kerouac
556. (1). **Balzac** – François Taillandier
557. (2). **Modigliani** – Christian Parisot
558. (3). **Kafka** – Gérard-Georges Lemaire
559. (4). **Júlio César** – Joël Schmidt
560. **Receitas da família** – J. A. Pinheiro Machado
561. **Boas maneiras à mesa** – Celia Ribeiro
562. (9). **Filhos sadios, pais felizes** – R. Pagnoncelli
563. (10). **Fatos & mitos** – Dr. Fernando Lucchese
564. **Ménage à trois** – Paula Taitelbaum
565. **Mulheres!** – David Coimbra
566. **Poemas de Álvaro de Campos** – Fernando Pessoa
567. **Medo e outras histórias** – Stefan Zweig
568. **Snoopy e sua turma (1)** – Schulz
569. **Piadas para sempre (1)** – Visconde da Casa Verde
570. **O alvo móvel** – Ross Macdonald
571. **O melhor do Recruta Zero (2)** – Mort Walker
572. **Um sonho americano** – Norman Mailer

573. **Os broncos também amam** – Angeli
574. **Crônica de um amor louco** – Bukowski
575(5). **Freud** – René Major e Chantal Talagrand
576(6). **Picasso** – Gilles Plazy
577(7). **Gandhi** – Christine Jordis
578. **A tumba** – H. P. Lovecraft
579. **O príncipe e o mendigo** – Mark Twain
580. **Garfield, um charme de gato (7)** – Jim Davis
581. **Ilusões perdidas** – Balzac
582. **Esplendores e misérias das cortesãs** – Balzac
583. **Walter Ego** – Angeli
584. **Striptiras (1)** – Laerte
585. **Fagundes: um puxa-saco de mão cheia** – Laerte
586. **Depois do último trem** – Josué Guimarães
587. **Ricardo III** – Shakespeare
588. **Dona Anja** – Josué Guimarães
589. **24 horas na vida de uma mulher** – Stefan Zweig
591. **Mulher no escuro** – Dashiell Hammett
592. **No que acredito** – Bertrand Russell
593. **Odisseia (1): Telemaquia** – Homero
594. **O cavalo cego** – Josué Guimarães
595. **Henrique V** – Shakespeare
596. **Fabulário geral do delírio cotidiano** – Bukowski
597. **Tiros na noite 1: A mulher do bandido** – Dashiell Hammett
598. **Snoopy em Feliz Dia dos Namorados! (2)** – Schulz
600. **Crime e castigo** – Dostoiévski
601. **Mistério no Caribe** – Agatha Christie
602. **Odisseia (2): Regresso** – Homero
603. **Piadas para sempre (2)** – Visconde da Casa Verde
604. **À sombra do vulcão** – Malcolm Lowry
605(8). **Kerouac** – Yves Buin
606. **E agora são cinzas** – Angeli
607. **As mil e uma noites** – Paulo Caruso
608. **Um assassino entre nós** – Ruth Rendell
609. **Crack-up** – F. Scott Fitzgerald
610. **Do amor** – Stendhal
611. **Cartas do Yage** – William Burroughs e Allen Ginsberg
612. **Striptiras (2)** – Laerte
613. **Henry & June** – Anaïs Nin
614. **A piscina mortal** – Ross Macdonald
615. **Geraldão (2)** – Glauco
616. **Tempo de delicadeza** – A. R. de Sant'Anna
617. **Tiros na noite 2: Medo de tiro** – Dashiell Hammett
618. **Snoopy em Assim é a vida, Charlie Brown! (3)** – Schulz
619. **1954 – Um tiro no coração** – Hélio Silva
620. **Sobre a inspiração poética (Íon) e ...** – Platão
621. **Garfield e seus amigos (8)** – Jim Davis
622. **Odisseia (3): Ítaca** – Homero
623. **A louca matança** – Chester Himes
624. **Factótum** – Bukowski
625. **Guerra e Paz: volume 1** – Tolstói
626. **Guerra e Paz: volume 2** – Tolstói
627. **Guerra e Paz: volume 3** – Tolstói
628. **Guerra e Paz: volume 4** – Tolstói
629(9). **Shakespeare** – Claude Mourthé
630. **Bem está o que bem acaba** – Shakespeare
631. **O contrato social** – Rousseau
632. **Geração Beat** – Jack Kerouac
633. **Snoopy: É Natal! (4)** – Charles Schulz
634. **Testemunha da acusação** – Agatha Christie
635. **Um elefante no caos** – Millôr Fernandes
636. **Guia de leitura (100 autores que você precisa ler)** – Organização de Léa Masina
637. **Pistoleiros também mandam flores** – David Coimbra
638. **O prazer das palavras** – vol. 1 – Cláudio Moreno
639. **O prazer das palavras** – vol. 2 – Cláudio Moreno
640. **Novíssimo testamento: com Deus e o diabo, a dupla da criação** – Iotti
641. **Literatura Brasileira: modos de usar** – Luís Augusto Fischer
642. **Dicionário de Porto-Alegrês** – Luís A. Fischer
643. **Clô Dias & Noites** – Sérgio Jockymann
644. **Memorial de Isla Negra** – Pablo Neruda
645. **Um homem extraordinário e outras histórias** – Tchékhov
646. **Ana sem terra** – Alcy Cheuiche
647. **Adultérios** – Woody Allen
651. **Snoopy: Posso fazer uma pergunta, professora? (5)** – Charles Schulz
652(10). **Luís XVI** – Bernard Vincent
653. **O mercador de Veneza** – Shakespeare
654. **Cancioneiro** – Fernando Pessoa
655. **Non-Stop** – Martha Medeiros
656. **Carpinteiros, levantem bem alto a cumeeira & Seymour, uma apresentação** – J.D.Salinger
657. **Ensaios céticos** – Bertrand Russell
658. **O melhor de Hagar 5** – Dik e Chris Browne
659. **Primeiro amor** – Ivan Turguêniev
660. **A trégua** – Mario Benedetti
661. **Um parque de diversões da cabeça** – Lawrence Ferlinghetti
662. **Aprendendo a viver** – Sêneca
663. **Garfield, um gato em apuros (9)** – Jim Davis
664. **Dilbert (1)** – Scott Adams
666. **A imaginação** – Jean-Paul Sartre
667. **O ladrão e os cães** – Naguib Mahfuz
669. **A volta do parafuso** *seguido de* **Daisy Miller** – Henry James
670. **Notas do subsolo** – Dostoiévski
671. **Abobrinhas da Brasilônia** – Glauco
672. **Geraldão (3)** – Glauco
673. **Piadas para sempre (3)** – Visconde da Casa Verde
674. **Duas viagens ao Brasil** – Hans Staden
676. **A arte da guerra** – Maquiavel

677. **Além do bem e do mal** – Nietzsche
678. **O coronel Chabert** *seguido de* **A mulher abandonada** – Balzac
679. **O sorriso de marfim** – Ross Macdonald
680. **100 receitas de pescados** – Sílvio Lancellotti
681. **O juiz e seu carrasco** – Friedrich Dürrenmatt
682. **Noites brancas** – Dostoiévski
683. **Quadras ao gosto popular** – Fernando Pessoa
685. **Kaos** – Millôr Fernandes
686. **A pele de onagro** – Balzac
687. **As ligações perigosas** – Choderlos de Laclos
689. **Os Lusíadas** – Luís Vaz de Camões
690(11). **Átila** – Éric Deschodt
691. **Um jeito tranquilo de matar** – Chester Himes
692. **A felicidade conjugal** *seguido de* **O diabo** – Tolstói
693. **Viagem de um naturalista ao redor do mundo** – vol. 1 – Charles Darwin
694. **Viagem de um naturalista ao redor do mundo** – vol. 2 – Charles Darwin
695. **Memórias da casa dos mortos** – Dostoiévski
696. **A Celestina** – Fernando de Rojas
697. **Snoopy: Como você é azarado, Charlie Brown! (6)** – Charles Schulz
698. **Dez (quase) amores** – Claudia Tajes
699. **Poirot sempre espera** – Agatha Christie
701. **Apologia de Sócrates** *precedido de* **Êutifron e** *seguido de* **Críton** – Platão
702. **Wood & Stock** – Angeli
703. **Striptiras (3)** – Laerte
704. **Discurso sobre a origem e os fundamentos da desigualdade entre os homens** – Rousseau
705. **Os duelistas** – Joseph Conrad
706. **Dilbert (2)** – Scott Adams
707. **Viver e escrever** (vol. 1) – Edla van Steen
708. **Viver e escrever** (vol. 2) – Edla van Steen
709. **Viver e escrever** (vol. 3) – Edla van Steen
710. **A teia da aranha** – Agatha Christie
711. **O banquete** – Platão
712. **Os belos e malditos** – F. Scott Fitzgerald
713. **Libelo contra a arte moderna** – Salvador Dalí
714. **Akropolis** – Valerio Massimo Manfredi
715. **Devoradores de mortos** – Michael Crichton
716. **Sob o sol da Toscana** – Frances Mayes
717. **Batom na cueca** – Nani
718. **Vida dura** – Claudia Tajes
719. **Carne trêmula** – Ruth Rendell
720. **Cris, a fera** – David Coimbra
721. **O anticristo** – Nietzsche
722. **Como um romance** – Daniel Pennac
723. **Emboscada no Forte Bragg** – Tom Wolfe
724. **Assédio sexual** – Michael Crichton
725. **O espírito do Zen** – Alan W. Watts
726. **Um bonde chamado desejo** – Tennessee Williams
727. **Como gostais** *seguido de* **Conto de inverno** – Shakespeare
728. **Tratado sobre a tolerância** – Voltaire
729. **Snoopy: Doces ou travessuras? (7)** – Charles Schulz
730. **Cardápios do Anonymus Gourmet** – J.A. Pinheiro Machado
731. **100 receitas com lata** – J.A. Pinheiro Machado
732. **Conhece o Mário?** vol.2 – Santiago
733. **Dilbert (3)** – Scott Adams
734. **História de um louco amor** *seguido de* **Passado amor** – Horacio Quiroga
735(11). **Sexo: muito prazer** – Laura Meyer da Silva
736(12). **Para entender o adolescente** – Dr. Ronald Pagnoncelli
737(13). **Desembarcando a tristeza** – Dr. Fernando Lucchese
738. **Poirot e o mistério da arca espanhola & outras histórias** – Agatha Christie
739. **A última legião** – Valerio Massimo Manfredi
741. **Sol nascente** – Michael Crichton
742. **Duzentos ladrões** – Dalton Trevisan
743. **Os devaneios do caminhante solitário** – Rousseau
744. **Garfield, o rei da preguiça (10)** – Jim Davis
745. **Os magnatas** – Charles R. Morris
746. **Pulp** – Charles Bukowski
747. **Enquanto agonizo** – William Faulkner
748. **Aline: viciada em sexo (3)** – Adão Iturrusgarai
749. **A dama do cachorrinho** – Anton Tchékhov
750. **Tito Andrônico** – Shakespeare
751. **Antologia poética** – Anna Akhmátova
752. **O melhor de Hagar 6** – Dik e Chris Browne
753(12). **Michelangelo** – Nadine Sautel
754. **Dilbert (4)** – Scott Adams
755. **O jardim das cerejeiras** *seguido de* **Tio Vânia** – Tchékhov
756. **Geração Beat** – Claudio Willer
757. **Santos Dumont** – Alcy Cheuiche
758. **Budismo** – Claude B. Levenson
759. **Cleópatra** – Christian-Georges Schwentzel
760. **Revolução Francesa** – Frédéric Bluche, Stéphane Rials e Jean Tulard
761. **A crise de 1929** – Bernard Gazier
762. **Sigmund Freud** – Edson Sousa e Paulo Endo
763. **Império Romano** – Patrick Le Roux
764. **Cruzadas** – Cécile Morrisson
765. **O mistério do Trem Azul** – Agatha Christie
768. **Senso comum** – Thomas Paine
769. **O parque dos dinossauros** – Michael Crichton
770. **Trilogia da paixão** – Goethe
773. **Snoopy: No mundo da lua! (8)** – Charles Schulz
774. **Os Quatro Grandes** – Agatha Christie
775. **Um brinde de cianureto** – Agatha Christie
776. **Súplicas atendidas** – Truman Capote
779. **A viúva imortal** – Millôr Fernandes
780. **Cabala** – Roland Goetschel
781. **Capitalismo** – Claude Jessua
782. **Mitologia grega** – Pierre Grimal
783. **Economia: 100 palavras-chave** – Jean-Paul Betbèze

784. **Marxismo** – Henri Lefebvre
785. **Punição para a inocência** – Agatha Christie
786. **A extravagância do morto** – Agatha Christie
787(13). **Cézanne** – Bernard Fauconnier
788. **A identidade Bourne** – Robert Ludlum
789. **Da tranquilidade da alma** – Sêneca
790. **Um artista da fome** *seguido de* **Na colônia penal e outras histórias** – Kafka
791. **Histórias de fantasmas** – Charles Dickens
796. **O Uraguai** – Basílio da Gama
797. **A mão misteriosa** – Agatha Christie
798. **Testemunha ocular do crime** – Agatha Christie
799. **Crepúsculo dos ídolos** – Friedrich Nietzsche
802. **O grande golpe** – Dashiell Hammett
803. **Humor barra pesada** – Nani
804. **Vinho** – Jean-François Gautier
805. **Egito Antigo** – Sophie Desplancques
806(14). **Baudelaire** – Jean-Baptiste Baronian
807. **Caminho da sabedoria, caminho da paz** – Dalai Lama e Felizitas von Schönborn
808. **Senhor e servo e outras histórias** – Tolstói
809. **Os cadernos de Malte Laurids Brigge** – Rilke
810. **Dilbert (5)** – Scott Adams
811. **Big Sur** – Jack Kerouac
812. **Seguindo a correnteza** – Agatha Christie
813. **O álibi** – Sandra Brown
814. **Montanha-russa** – Martha Medeiros
815. **Coisas da vida** – Martha Medeiros
816. **A cantada infalível** *seguido de* **A mulher do centroavante** – David Coimbra
819. **Snoopy: Pausa para a soneca (9)** – Charles Schulz
820. **De pernas pro ar** – Eduardo Galeano
821. **Tragédias gregas** – Pascal Thiercy
822. **Existencialismo** – Jacques Colette
823. **Nietzsche** – Jean Granier
824. **Amar ou depender?** – Walter Riso
825. **Darmapada: A doutrina budista em versos**
826. **J'Accuse...! – a verdade em marcha** – Zola
827. **Os crimes ABC** – Agatha Christie
828. **Um gato entre os pombos** – Agatha Christie
831. **Dicionário de teatro** – Luiz Paulo Vasconcellos
832. **Cartas extraviadas** – Martha Medeiros
833. **A longa viagem de prazer** – J. J. Morosoli
834. **Receitas fáceis** – J. A. Pinheiro Machado
835(14). **Mais fatos & mitos** – Dr. Fernando Lucchese
836(15). **Boa viagem!** – Dr. Fernando Lucchese
837. **Aline: Finalmente nua!!!** (4) – Adão Iturrusgarai
838. **Mônica tem uma novidade!** – Mauricio de Sousa
839. **Cebolinha em apuros!** – Mauricio de Sousa
840. **Sócios no crime** – Agatha Christie
841. **Bocas do tempo** – Eduardo Galeano
842. **Orgulho e preconceito** – Jane Austen
843. **Impressionismo** – Dominique Lobstein
844. **Escrita chinesa** – Viviane Alleton
845. **Paris: uma história** – Yvan Combeau
846(15). **Van Gogh** – David Haziot
848. **Portal do destino** – Agatha Christie
849. **O futuro de uma ilusão** – Freud
850. **O mal-estar na cultura** – Freud
853. **Um crime adormecido** – Agatha Christie
854. **Satori em Paris** – Jack Kerouac
855. **Medo e delírio em Las Vegas** – Hunter Thompson
856. **Um negócio fracassado e outros contos de humor** – Tchékhov
857. **Mônica está de férias!** – Mauricio de Sousa
858. **De quem é esse coelho?** – Mauricio de Sousa
860. **O mistério Sittaford** – Agatha Christie
861. **Manhã transfigurada** – L. A. de Assis Brasil
862. **Alexandre, o Grande** – Pierre Briant
863. **Jesus** – Charles Perrot
864. **Islã** – Paul Balta
865. **Guerra da Secessão** – Farid Ameur
866. **Um rio que vem da Grécia** – Cláudio Moreno
868. **Assassinato na casa do pastor** – Agatha Christie
869. **Manual do líder** – Napoleão Bonaparte
870(16). **Billie Holiday** – Sylvia Fol
871. **Bidu arrasando!** – Mauricio de Sousa
872. **Os Sousa: Desventuras em família** – Mauricio de Sousa
874. **E no final a morte** – Agatha Christie
875. **Guia prático do Português correto – vol. 4** – Cláudio Moreno
876. **Dilbert (6)** – Scott Adams
877(17). **Leonardo da Vinci** – Sophie Chauveau
878. **Bella Toscana** – Frances Mayes
879. **A arte da ficção** – David Lodge
880. **Striptiras (4)** – Laerte
881. **Skrotinhos** – Angeli
882. **Depois do funeral** – Agatha Christie
883. **Radicci 7** – Iotti
884. **Walden** – H. D. Thoreau
885. **Lincoln** – Allen C. Guelzo
886. **Primeira Guerra Mundial** – Michael Howard
887. **A linha de sombra** – Joseph Conrad
888. **O amor é um cão dos diabos** – Bukowski
890. **Despertar: uma vida de Buda** – Jack Kerouac
891(18). **Albert Einstein** – Laurent Seksik
892. **Hell's Angels** – Hunter Thompson
893. **Ausência na primavera** – Agatha Christie
894. **Dilbert (7)** – Scott Adams
895. **Ao sul de lugar nenhum** – Bukowski
896. **Maquiavel** – Quentin Skinner
897. **Sócrates** – C.C.W. Taylor
899. **O Natal de Poirot** – Agatha Christie
900. **As veias abertas da América Latina** – Eduardo Galeano
901. **Snoopy: Sempre alerta! (10)** – Charles Schulz
902. **Chico Bento: Plantando confusão** – Mauricio de Sousa
903. **Penadinho: Quem é morto sempre aparece** – Mauricio de Sousa
904. **A vida sexual da mulher feia** – Claudia Tajes
905. **100 segredos de liquidificador** – José Antonio Pinheiro Machado

906. **Sexo muito prazer 2** – Laura Meyer da Silva
907. **Os nascimentos** – Eduardo Galeano
908. **As caras e as máscaras** – Eduardo Galeano
909. **O século do vento** – Eduardo Galeano
910. **Poirot perde uma cliente** – Agatha Christie
911. **Cérebro** – Michael O'Shea
912. **O escaravelho de ouro e outras histórias** – Edgar Allan Poe
913. **Piadas para sempre (4)** – Visconde da Casa Verde
914. **100 receitas de massas light** – Helena Tonetto
915(19). **Oscar Wilde** – Daniel Salvatore Schiffer
916. **Uma breve história do mundo** – H. G. Wells
917. **A Casa do Penhasco** – Agatha Christie
919. **John M. Keynes** – Bernard Gazier
920(20). **Virginia Woolf** – Alexandra Lemasson
921. **Peter e Wendy** *seguido de* **Peter Pan em Kensington Gardens** – J. M. Barrie
922. **Aline: numas de colegial (5)** – Adão Iturrusgarai
923. **Uma dose mortal** – Agatha Christie
924. **Os trabalhos de Hércules** – Agatha Christie
926. **Kant** – Roger Scruton
927. **A inocência do Padre Brown** – G.K. Chesterton
928. **Casa Velha** – Machado de Assis
929. **Marcas de nascença** – Nancy Huston
930. **Aulete de bolso**
931. **Hora Zero** – Agatha Christie
932. **Morte na Mesopotâmia** – Agatha Christie
934. **Nem te conto, João** – Dalton Trevisan
935. **As aventuras de Huckleberry Finn** – Mark Twain
936(21). **Marilyn Monroe** – Anne Plantagenet
937. **China moderna** – Rana Mitter
938. **Dinossauros** – David Norman
939. **Louca por homem** – Claudia Tajes
940. **Amores de alto risco** – Walter Riso
941. **Jogo de damas** – David Coimbra
942. **Filha é filha** – Agatha Christie
943. **M ou N?** – Agatha Christie
945. **Bidu: diversão em dobro!** – Mauricio de Sousa
946. **Fogo** – Anaïs Nin
947. **Rum: diário de um jornalista bêbado** – Hunter Thompson
948. **Persuasão** – Jane Austen
949. **Lágrimas na chuva** – Sergio Faraco
950. **Mulheres** – Bukowski
951. **Um pressentimento funesto** – Agatha Christie
952. **Cartas na mesa** – Agatha Christie
954. **O lobo do mar** – Jack London
955. **Os gatos** – Patricia Highsmith
956(22). **Jesus** – Christiane Rancé
957. **História da medicina** – William Bynum
958. **O Morro dos Ventos Uivantes** – Emily Brontë
959. **A filosofia na era trágica dos gregos** – Nietzsche
960. **Os treze problemas** – Agatha Christie
961. **A massagista japonesa** – Moacyr Scliar
963. **Humor do miserê** – Nani
964. **Todo o mundo tem dúvida, inclusive você** – Édison de Oliveira
965. **A dama do Bar Nevada** – Sergio Faraco
969. **O psicopata americano** – Bret Easton Ellis
970. **Ensaios de amor** – Alain de Botton
971. **O grande Gatsby** – F. Scott Fitzgerald
972. **Por que não sou cristão** – Bertrand Russell
973. **A Casa Torta** – Agatha Christie
974. **Encontro com a morte** – Agatha Christie
975(23). **Rimbaud** – Jean-Baptiste Baronian
976. **Cartas na rua** – Bukowski
977. **Memória** – Jonathan K. Foster
978. **A abadia de Northanger** – Jane Austen
979. **As pernas de Úrsula** – Claudia Tajes
980. **Retrato inacabado** – Agatha Christie
981. **Solanin (1)** – Inio Asano
982. **Solanin (2)** – Inio Asano
983. **Aventuras de menino** – Mitsuru Adachi
984(16). **Fatos & mitos sobre sua alimentação** – Dr. Fernando Lucchese
985. **Teoria quântica** – John Polkinghorne
986. **O eterno marido** – Fiódor Dostoiévski
987. **Um safado em Dublin** – J. P. Donleavy
988. **Mirinha** – Dalton Trevisan
989. **Akhenaton e Nefertiti** – Carmen Seganfredo e A. S. Franchini
990. **On the Road – o manuscrito original** – Jack Kerouac
991. **Relatividade** – Russell Stannard
992. **Abaixo de zero** – Bret Easton Ellis
993(24). **Andy Warhol** – Mériam Korichi
995. **Os últimos casos de Miss Marple** – Agatha Christie
996. **Nico Demo: Aí vem encrenca** – Mauricio de Sousa
998. **Rousseau** – Robert Wokler
999. **Noite sem fim** – Agatha Christie
1000. **Diários de Andy Warhol (1)** – Editado por Pat Hackett
1001. **Diários de Andy Warhol (2)** – Editado por Pat Hackett
1002. **Cartier-Bresson: o olhar do século** – Pierre Assouline
1003. **As melhores histórias da mitologia: vol. 1** – A.S. Franchini e Carmen Seganfredo
1004. **As melhores histórias da mitologia: vol. 2** – A.S. Franchini e Carmen Seganfredo
1005. **Assassinato no beco** – Agatha Christie
1006. **Convite para um homicídio** – Agatha Christie
1008. **História da vida** – Michael J. Benton
1009. **Jung** – Anthony Stevens
1010. **Arsène Lupin, ladrão de casaca** – Maurice Leblanc
1011. **Dublinenses** – James Joyce
1012. **120 tirinhas da Turma da Mônica** – Mauricio de Sousa
1013. **Antologia poética** – Fernando Pessoa

1014. **A aventura de um cliente ilustre** *seguido de* **O último adeus de Sherlock Holmes** – Sir Arthur Conan Doyle
1015. **Cenas de Nova York** – Jack Kerouac
1016. **A corista** – Anton Tchékhov
1017. **O diabo** – Leon Tolstói
1018. **Fábulas chinesas** – Sérgio Capparelli e Márcia Schmaltz
1019. **O gato do Brasil** – Sir Arthur Conan Doyle
1020. **Missa do Galo** – Machado de Assis
1021. **O mistério de Marie Rogêt** – Edgar Allan Poe
1022. **A mulher mais linda da cidade** – Bukowski
1023. **O retrato** – Nicolai Gogol
1024. **O conflito** – Agatha Christie
1025. **Os primeiros casos de Poirot** – Agatha Christie
1027(25). **Beethoven** – Bernard Fauconnier
1028. **Platão** – Julia Annas
1029. **Cleo e Daniel** – Roberto Freire
1030. **Til** – José de Alencar
1031. **Viagens na minha terra** – Almeida Garrett
1032. **Profissões para mulheres e outros artigos feministas** – Virginia Woolf
1033. **Mrs. Dalloway** – Virginia Woolf
1034. **O cão da morte** – Agatha Christie
1035. **Tragédia em três atos** – Agatha Christie
1037. **O fantasma da Ópera** – Gaston Leroux
1038. **Evolução** – Brian e Deborah Charlesworth
1039. **Medida por medida** – Shakespeare
1040. **Razão e sentimento** – Jane Austen
1041. **A obra-prima ignorada** *seguido de* **Um episódio durante o Terror** – Balzac
1042. **A fugitiva** – Anaïs Nin
1043. **As grandes histórias da mitologia greco-romana** – A. S. Franchini
1044. **O corno de si mesmo & outras historietas** – Marquês de Sade
1045. **Da felicidade** *seguido de* **Da vida retirada** – Sêneca
1046. **O horror em Red Hook e outras histórias** – H. P. Lovecraft
1047. **Noite em claro** – Martha Medeiros
1048. **Poemas clássicos chineses** – Li Bai, Du Fu e Wang Wei
1049. **A terceira moça** – Agatha Christie
1050. **Um destino ignorado** – Agatha Christie
1051(26). **Buda** – Sophie Royer
1052. **Guerra Fria** – Robert J. McMahon
1053. **Simons's Cat: as aventuras de um gato travesso e comilão – vol. 1** – Simon Tofield
1054. **Simons's Cat: as aventuras de um gato travesso e comilão – vol. 2** – Simon Tofield
1055. **Só as mulheres e as baratas sobreviverão** – Claudia Tajes
1057. **Pré-história** – Chris Gosden
1058. **Pintou sujeira!** – Mauricio de Sousa
1059. **Contos de Mamãe Gansa** – Charles Perrault
1060. **A interpretação dos sonhos: vol. 1** – Freud
1061. **A interpretação dos sonhos: vol. 2** – Freud
1062. **Frufru Rataplã Dolores** – Dalton Trevisan
1063. **As melhores histórias da mitologia egípcia** – Carmem Seganfredo e A.S. Franchini
1064. **Infância. Adolescência. Juventude** – Tolstói
1065. **As consolações da filosofia** – Alain de Botton
1066. **Diários de Jack Kerouac – 1947-1954**
1067. **Revolução Francesa – vol. 1** – Max Gallo
1068. **Revolução Francesa – vol. 2** – Max Gallo
1069. **O detetive Parker Pyne** – Agatha Christie
1070. **Memórias do esquecimento** – Flávio Tavares
1071. **Drogas** – Leslie Iversen
1072. **Manual de ecologia (vol.2)** – J. Lutzenberger
1073. **Como andar no labirinto** – Affonso Romano de Sant'Anna
1074. **A orquídea e o serial killer** – Juremir Machado da Silva
1075. **Amor nos tempos de fúria** – Lawrence Ferlinghetti
1076. **A aventura do pudim de Natal** – Agatha Christie
1078. **Amores que matam** – Patricia Faur
1079. **Histórias de pescador** – Mauricio de Sousa
1080. **Pedaços de um caderno manchado de vinho** – Bukowski
1081. **A ferro e fogo: tempo de solidão (vol.1)** – Josué Guimarães
1082. **A ferro e fogo: tempo de guerra (vol.2)** – Josué Guimarães
1004(17). **Desembarcando o Alzheimer** – Dr. Fernando Lucchese e Dra. Ana Hartmann
1085. **A maldição do espelho** – Agatha Christie
1086. **Uma breve história da filosofia** – Nigel Warburton
1088. **Heróis da História** – Will Durant
1089. **Concerto campestre** – L. A. de Assis Brasil
1090. **Morte nas nuvens** – Agatha Christie
1092. **Aventura em Bagdá** – Agatha Christie
1093. **O cavalo amarelo** – Agatha Christie
1094. **O método de interpretação dos sonhos** – Freud
1095. **Sonetos de amor e desamor** – Vários
1096. **120 tirinhas do Dilbert** – Scott Adams
1097. **200 fábulas de Esopo**
1098. **O curioso caso de Benjamin Button** – F. Scott Fitzgerald
1099. **Piadas para sempre: uma antologia para morrer de rir** – Visconde da Casa Verde
1100. **Hamlet (Mangá)** – Shakespeare
1101. **A arte da guerra (Mangá)** – Sun Tzu
1104. **As melhores histórias da Bíblia (vol.1)** – A. S. Franchini e Carmen Seganfredo
1105. **As melhores histórias da Bíblia (vol.2)** – A. S. Franchini e Carmen Seganfredo
1106. **Psicologia das massas e análise do eu** – Freud
1107. **Guerra Civil Espanhola** – Helen Graham
1108. **A autoestrada do sul e outras histórias** – Julio Cortázar
1109. **O mistério dos sete relógios** – Agatha Christie
1110. **Peanuts: Ninguém gosta de mim... (amor)** – Charles Schulz

lepmeditores

**www.lpm.com.br
o site que conta tudo**

IMPRESSÃO:

PALLOTTI
GRÁFICA

Santa Maria - RS | Fone: (55) 3220.4500
www.graficapallotti.com.br

1289.**Fora de mim** – Martha Medeiros
1290.**Divã** – Martha Medeiros
1291.**Sobre a genealogia da moral: um escrito polêmico** – Nietzsche
1292.**A consciência de Zeno** – Italo Svevo
1293.**Células-tronco** – Jonathan Slack
1294.**O fim do ciúme e outros contos** – Proust
1295.**A jangada** – Júlio Verne
1296.**A ilha do dr. Moreau** – H. G. Wells
1297.**Ninho de fidalgos** – Ivan Turguéniev
1298.**Jane Eyre** – Charlotte Brontë
1299.**Sobre gatos** – Bukowski
1300.**Sobre o amor** – Bukowski
1301.**Escrever para não enlouquecer** – Bukowski
1302.**222 receitas** – J. A. Pinheiro Machado
1303.**Reinações de Narizinho** – Monteiro Lobato
1304.**O Saci** – Monteiro Lobato
1305.**Memórias da Emília** – Monteiro Lobato
1306.**O Picapau Amarelo** – Monteiro Lobato
1307.**A reforma da Natureza** – Monteiro Lobato
1308.**Fábulas** seguido de **Histórias diversas** – Monteiro Lobato
1309.**Aventuras de Hans Staden** – Monteiro Lobato
1310.**Peter Pan** – Monteiro Lobato
1311.**Dom Quixote das crianças** – Monteiro Lobato
1312.**O Minotauro** – Monteiro Lobato
1313.**Um quarto só seu** – Virginia Woolf
1314.**Sonetos** – Shakespeare
1315(35).**Thoreau** – Marie Berthoumieu e Laura El Makki
1316.**Teoria da arte** – Cynthia Freeland
1317.**A arte da prudência** – Baltasar Gracián
1318.**O louco** seguido de **Areia e espuma** – Khalil Gibran
1319.**O profeta** seguido de **O jardim do profeta** – Khalil Gibran
1320.**Jesus, o Filho do Homem** – Khalil Gibran
1321.**A luta** – Norman Mailer
1322.**Sobre o sofrimento do mundo e outros ensaios** – Schopenhauer
1323.**Epidemiologia** – Rodolfo Saracci
1324.**Japão moderno** – Christopher Goto-Jones
1325.**A arte da meditação** – Matthieu Ricard
1326.**O adversário secreto** – Agatha Christie
1327.**Pollyanna** – Eleanor H. Porter
1328.**Espelhos** – Eduardo Galeano
1329.**Vênus das peles** – Sacher-Masoch
1330.**O 18 de brumário de Luís Bonaparte** – Karl Marx
1331.**Um jogo para os vivos** – Patricia Highsmith
1332.**A tristeza pode esperar** – J.J. Camargo
1333.**Vinte poemas de amor e uma canção desesperada** – Pablo Neruda
1334.**Judaísmo** – Norman Solomon
1335.**Esquizofrenia** – Christopher Frith & Eve Johnstone
1336.**Seis personagens em busca de um autor** – Luigi Pirandello
1337.**A Fazenda dos Animais** – George Orwell
1338.**1984** – George Orwell
1339.**Ubu Rei** – Alfred Jarry
1340.**Sobre bêbados e bebidas** – Bukowski
1341.**Tempestade para os vivos e para os mortos** – Bukowski
1342.**Complicado** – Natsume Ono
1343.**Sobre o livre-arbítrio** – Schopenhauer
1344.**Uma breve história da literatura** – John Sutherland
1345.**Você fica tão sozinho às vezes que até faz sentido** – Bukowski
1346.**Um apartamento em Paris** – Guillaume Musso
1347.**Receitas fáceis e saborosas** – José Antonio Pinheiro Machado
1348.**Por que engordamos** – Gary Taubes
1349.**A fabulosa história do hospital** – Jean-Noël Fabiani
1350.**Voo noturno** seguido de **Terra dos homens** – Antoine de Saint-Exupéry
1351.**Doutor Sax** – Jack Kerouac
1352.**O livro do Tao e da virtude** – Lao-Tsé
1353.**Pista negra** – Antonio Manzini
1354.**A chave de vidro** – Dashiell Hammett
1355.**Martin Éden** – Jack London
1356.**Já te disse adeus, e agora, como te esqueço?** – Walter Riso
1357.**A viagem do descobrimento** – Eduardo Bueno
1358.**Náufragos, traficantes e degredados** – Eduardo Bueno
1359.**Retrato do Brasil** – Paulo Prado
1360.**Maravilhosamente imperfeito, escandalosamente feliz** – Walter Riso
1361.**E...** – Millôr Fernandes
1362.**Duas tábuas e uma paixão** – Millôr Fernandes
1363.**Selma e Sinatra** – Martha Medeiros
1364.**Tudo que eu queria te dizer** – Martha Medeiros
1365.**Várias histórias** – Machado de Assis
1366.**A sabedoria do Padre Brown** – G. K. Chesterton
1367.**Capitães do Brasil** – Eduardo Bueno
1368.**O falcão maltês** – Dashiell Hammett
1369.**A arte de estar com a razão** – Arthur Schopenhauer
1370.**A visão dos vencidos** – Miguel León-Portilla
1371.**A coroa, a cruz e a espada** – Eduardo Bueno
1372.**Poética** – Aristóteles
1373.**O reprimido** – Agatha Christie
1374.**O espelho do homem morto** – Agatha Christie
1375.**Cartas sobre a felicidade e outros textos** – Epicuro
1376.**A cortiça e outras histórias** – Anton Tchékhov
1377.**N a estrada da beatitude** – Eduardo Bueno

1208. O spleen de Paris: pequenos poemas em prosa – Charles Baudelaire
1209. Satiricon – Petrônio
1210. O avarento – Molière
1211. Queimando na água, afogando-se na chama – Bukowski
1212. Miscelânea septuagenária: contos e poemas – Bukowski
1213. Que filosofar é aprender a morrer e outros ensaios – Montaigne
1214. Da amizade e outros ensaios – Montaigne
1215. O medo à espreita e outras histórias – H.P. Lovecraft
1216. A obra de arte na era de sua reprodutibilidade técnica – Walter Benjamin
1217. Sobre a liberdade – John Stuart Mill
1218. O segredo de Chimneys – Agatha Christie
1219. Morte na rua Hickory – Agatha Christie
1220. Ulisses (Mangá) – James Joyce
1221. Ateísmo – Julian Baggini
1222. Os melhores contos de Katherine Mansfield – Katherine Mansfield
1223. (31). Martin Luther King, uma antologia de A Bíblia do Caos – Míllôr Fernandes
1225. O Clube das Terças-Feiras e outras histórias – Agatha Christie
1226. Por que sou tão sábio – Nietzsche
1227. Sobre a mentira – Platão
1228. Sobre a leitura seguido do Depoimento de Céleste Albaret – Proust
1229. O homem do terno marrom – Agatha Christie
1230. (32). Jimi Hendrix – Franck Médioni
1231. Amor e amizade e outras histórias – Jane Austen
1232. Lady Susan, Os Watson e Sandíton – Jane Austen
1233. Uma breve história da ciência – William Bynum
1234. Macunaíma: o herói sem nenhum caráter – Mário de Andrade
1235. A máquina do tempo – H.G. Wells
1236. O homem invisível – H.G. Wells
1237. Os 36 estratagemas: manual secreto da arte da guerra – Anônimo
1238. A mina de ouro e outras histórias – Agatha Christie
1239. Pic – Jack Kerouac
1240. O habitante da escuridão e outros contos – H.P. Lovecraft
1241. O chamado de Cthulhu e outros contos – H.P. Lovecraft
1242. O melhor de Meu reino por um cavalo! – Edição de Ivan Pinheiro Machado
1243. A guerra dos mundos – H.G. Wells
1244. A estrada perfeita e outras histórias – Agatha Christie
1245. Morte por afogamento e outras histórias – Agatha Christie
1246. Assassinato no Comitê Central – Manuel Vázquez Montalbán
1247. O papai é pop – Marcos Piangers
1248. O papai é pop 2 – Marcos Piangers
1249. A mamãe é rock – Ana Cardoso
1250. A saída – Molière
1251. Paris libertária – Dan Franck
1252. Paris ocupada – Dan Franck
1253. Uma anedota infame – Dostoiévski
1254. O último dia de um condenado – Victor Hugo
1255. Nem só de caviar vive o homem – J.M. Simmel
1256. Amanhã é outro dia – J.M. Simmel
1257. Mulherzinhas – Louisa May Alcott
1258. Reforma Protestante – Peter Marshall
1259. História econômica global – Robert C. Allen
1260. (33). Che Guevara – Alain Foix
1261. Câncer – Nicholas James
1262. Akhenaton – Agatha Christie
1263. Aforismos para a sabedoria de vida – Arthur Schopenhauer
1264. Uma história do mundo – David Coimbra
1265. Ame e não sofra – Walter Riso
1266. Desapegue-se! – Walter Riso
1267. Os Sousa: Uma família do barulho – Maurício de Sousa
1268. Nico Demo: O rei da travessura – Maurício de Sousa
1269. Testemunha de acusação e outras peças – Agatha Christie
1270. (34). Dostoiévski – Virgil Tanase
1271. O melhor de Hagar 8 – Dik Browne
1272. O melhor de Hagar 9 – Dik Browne
1273. O melhor de Hagar – Dik Browne
1274. Considerações sobre o governo representativo – John Stuart Mill
1275. O homem Moisés e a religião monoteísta – Freud
1276. Inibição, sintoma e medo – Freud
1277. Além do princípio de prazer – Freud
1278. O direito de dizer não! – Walter Riso
1279. A arte de ser flexível – Walter Riso
1280. Casados e descasados – August Strindberg
1281. Da Terra à Lua – Júlio Verne
1282. Minhas galerias e meus pintores – Kahnweiler
1283. A arte do romance – Virginia Woolf
1284. Teatro completo v. 1: As aves da noite seguido de O opinião – Hilda Hilst
1285. Teatro completo v. 2: O verdugo seguido de O visitante – Hilda Hilst
1286. Teatro completo v. 3: O rato no muro seguido de Auto da barca de Camiri – Hilda Hilst
1287. Teatro completo v. 4: A empresa seguido de O novo sistema – Hilda Hilst

1111.**Cadê o bolo?** – Mauricio de Sousa
1112.**O filósofo ignorante** – Voltaire
1113.**Totem e tabu** – Freud
1114.**Filosofia pré-socrática** – Catherine Osborne
1115.**Desejo de status** – Alain de Botton
1118.**Passageiro para Frankfurt** – Agatha Christie
1120.**Kill All Enemies** – Melvin Burgess
1121.**A morte da sra. McGinty** – Agatha Christie
1122.**Revolução Russa** – S. A. Smith
1123.**Até você, Capitu?** – Dalton Trevisan
1124.**O grande Gatsby (Mangá)** – F. S. Fitzgerald
1125.**Assim falou Zaratustra (Mangá)** – Nietzsche
1126. **Peanuts: É para isso que servem os amigos (amizade)** – Charles Schulz
1127(27).**Nietzsche** – Dorian Astor
1128.**Bidu: Hora do banho** – Mauricio de Sousa
1129.**O melhor do Macanudo Taurino** – Santiago
1130.**Radicci 30 anos** – Iotti
1131.**Show de sabores** – J.A. Pinheiro Machado
1132.**O prazer das palavras** – vol. 3 – Cláudio Moreno
1133.**Morte na praia** – Agatha Christie
1134.**O fardo** – Agatha Christie
1135.**Manifesto do Partido Comunista (Mangá)** – Marx & Engels
1136.**A metamorfose (Mangá)** – Franz Kafka
1137.**Por que você não se casou... ainda** – Tracy McMillan
1138.**Textos autobiográficos** – Bukowski
1139.**A importância de ser prudente** – Oscar Wilde
1140.**Sobre a vontade na natureza** – Arthur Schopenhauer
1141.**Dilbert (8)** – Scott Adams
1142.**Entre dois amores** – Agatha Christie
1143.**Cipreste triste** – Agatha Christie
1144.**Alguém viu uma assombração?** – Mauricio de Sousa
1145.**Mandela** – Elleke Boehmer
1146.**Retrato do artista quando jovem** – James Joyce
1147.**Zadig ou o destino** – Voltaire
1148.**O contrato social (Mangá)** – J.-J. Rousseau
1149.**Garfield fenomenal** – Jim Davis
1150.**A queda da América** – Allen Ginsberg
1151.**Música na noite & outros ensaios** – Aldous Huxley
1152.**Poesias inéditas & Poemas dramáticos** – Fernando Pessoa
1153.**Peanuts: Felicidade é...** – Charles M. Schulz
1154.**Mate-me por favor** – Legs McNeil e Gillian McCain
1155.**Assassinato no Expresso Oriente** – Agatha Christie
1156.**Um punhado de centeio** – Agatha Christie
1157.**A interpretação dos sonhos (Mangá)** – Freud
1158.**Peanuts: Você não entende o sentido da vida** – Charles M. Schulz
1159.**A dinastia Rothschild** – Herbert R. Lottman
1160.**A Mansão Hollow** – Agatha Christie
1161.**Nas montanhas da loucura** – H.P. Lovecraft
1162(28).**Napoleão Bonaparte** – Pascale Fautrier
1163.**Um corpo na biblioteca** – Agatha Christie
1164.**Inovação** – Mark Dodgson e David Gann
1165.**O que toda mulher deve saber sobre os homens: a afetividade masculina** – Walter Riso
1166.**O amor está no ar** – Mauricio de Sousa
1167.**Testemunha de acusação & outras histórias** – Agatha Christie
1168.**Etiqueta de bolso** – Celia Ribeiro
1169.**Poesia reunida (volume 3)** – Affonso Romano de Sant'Anna
1170.**Emma** – Jane Austen
1171.**Que seja em segredo** – Ana Miranda
1172.**Garfield sem apetite** – Jim Davis
1173.**Garfield: Foi mal...** – Jim Davis
1174.**Os irmãos Karamázov (Mangá)** – Dostoiévski
1175.**O Pequeno Príncipe** – Antoine de Saint-Exupéry
1176.**Peanuts: Ninguém mais tem o espírito aventureiro** – Charles M. Schulz
1177.**Assim falou Zaratustra** – Nietzsche
1178.**Morte no Nilo** – Agatha Christie
1179.**Ê, soneca boa** – Mauricio de Sousa
1180.**Garfield a todo o vapor** – Jim Davis
1181.**Em busca do tempo perdido (Mangá)** – Proust
1182.**Cai o pano: o último caso de Poirot** – Agatha Christie
1183.**Livro para colorir e relaxar** – Livro 1
1184.**Para colorir sem parar**
1185.**Os elefantes não esquecem** – Agatha Christie
1186.**Teoria da relatividade** – Albert Einstein
1187.**Compêndio da psicanálise** – Freud
1188.**Visões de Gerard** – Jack Kerouac
1189.**Fim de verão** – Mohiro Kitoh
1190.**Procurando diversão** – Mauricio de Sousa
1191.**E não sobrou nenhum e outras peças** – Agatha Christie
1192.**Ansiedade** – Daniel Freeman & Jason Freeman
1193.**Garfield: pausa para o almoço** – Jim Davis
1194.**Contos do dia e da noite** – Guy de Maupassant
1195.**O melhor de Hagar 7** – Dik Browne
1196(29).**Lou Andreas-Salomé** – Dorian Astor
1197(30).**Pasolini** – René de Ceccatty
1198.**O caso do Hotel Bertram** – Agatha Christie
1199.**Crônicas de motel** – Sam Shepard
1200.**Pequena filosofia da paz interior** – Catherine Rambert
1201.**Os sertões** – Euclides da Cunha
1202.**Treze à mesa** – Agatha Christie
1203.**Bíblia** – John Riches
1204.**Anjos** – David Albert Jones
1205.**As tirinhas do Guri de Uruguaiana 1** – Jair Kobe
1206.**Entre aspas (vol.1)** – Fernando Eichenberg
1207.**Escrita** – Andrew Robinson